"湖北省楚天学者计划"资助成果

湖北省教育厅科学技术研究项目
"城市社会治理视域下的公共传播研究"（项目编号：Q20224108）资助成果

作为公共传播的电视商议

实践逻辑与路径

TELEVISION DELIBERATION
AS PUBLIC COMMUNICATION

RESEARCH ON ITS PRACTICAL LOGIC AND PATH

吕永峰　著

社会科学文献出版社
SOCIAL SCIENCES ACADEMIC PRESS (CHINA)

推荐语

吕永峰博士的《作为公共传播的电视商议：实践逻辑与路径》聚焦"电视商议"这一兼具学术价值与现实意义的重要议题，将公共传播理论与中国治理语境深度结合，构建出逻辑自洽、科学合理的研究框架。作为青年学者的探索之作，视野开阔、思路清晰，展示出作者严谨治学的态度和创新意识，对电视媒介参与基层社会创新治理具有较大的实践指导意义。

——中国社会科学院新闻与传播研究所所长、中国社会科学院大学新闻传播学院院长、中国传播学会会长、《中国社会科学》杂志编委、《新闻与传播研究》杂志主编

胡正荣

吕永峰博士的这本书在公共传播理论视野中展示了电视商议作为公共平台的角色转变，作者仔细分析其中的实践逻辑，建立了公共传播的新实践模型，即主体间理性对话、平等协商、积极行动，在信任中达成解决问题的共识，这种实践模型对于数字时代的民主建设和公民精神培养具有特殊的意义。

——教育部人文社会科学重点研究基地武汉大学媒体发展研究中心主任、武汉大学新闻与传播学院教授、博士生导师

单波

在信息爆炸与舆论多元的时代，媒体如何重塑公共性，成为重要的学术与现实议题。吕永峰博士的《作为公共传播的电视商议：实践逻辑与路径》视野开阔，逻辑严谨，既有理论高度，也具备实践价值，是一本兼具知识深度与公共服务价值的创新力作。

——知名数字经济学者、工信部信息通信经济专家委员会委员、DCCI互联网研究院院长、CCTV特约评论员、中关村数字媒体产业联盟执行主席、中国社会科学院大学数字中国研究院特聘研究员

刘兴亮

新闻传媒不仅是事实的记录者，更是公共议题的发掘者与对话场域的建构者。吕永峰博士的《作为公共传播的电视商议：实践逻辑与路径》，立足公共传播视角，深入剖析电视商议在推进多元主体公共对话与理性协商中的关键作用，理论严谨，案例丰富，对于新闻工作者在新时代助力公共治理、履行媒体责任方面具有重要启发价值，值得一读。

——湖北省人大常务委员会委员、湖北省新闻工作者协会主席

向培凤

推荐语

媒体的责任不仅要记录、传播事实,更在于搭建与受众的沟通桥梁、增进公共理性。吕永峰博士的《作为公共传播的电视商议:实践逻辑与路径》,以翔实的研究和深刻的思辨,揭示了电视媒体在推动多元主体共识构建与社会治理协同中的独特价值。该书是传播学界的重要研究成果,也是新闻人履行社会责任、坚守职业使命的有力参照。

——新华社高级记者、湖北省老新闻工作者协会会长

方政军

吕永峰博士的著作《作为公共传播的电视商议:实践逻辑与路径》是一部深入探讨电视媒介在公共传播领域中独特作用的力作。作者以敏锐的洞察力和扎实的理论功底,剖析了电视商议的实践逻辑与实践路径,为理解电视媒介在现代社会中的功能提供了全新的视角。书中既有对电视商议理论的系统梳理,也有对实践案例的深入分析,兼具学术价值与现实意义。无论是传播学研究者、媒体从业者,还是关心公共传播与社会治理的读者,都能从中获得启发与思考。

——中国新闻史学会新闻传播教育史专业委员会副理事长、华中科技大学新闻与信息传播学院教授、博士生导师

何志武

公共传播与公共领域是新时代舆论生态建设不能回避的两个议题。基于公共传播的电视商议便是穿行于公共领域的一种传播形态，弥足珍贵。吕永峰博士的《作为公共传播的电视商议：实践逻辑与路径》努力跳出监督政府、问责官员的"电视问政"思维模式，尝试构建着眼于平等协商、着力于解决问题的新型舆论生态，是一部兼具理论价值和实践价值的精品力作。

——湖北省新华书店（集团）有限公司总经理、高级记者

陈　栋

《作为公共传播的电视商议：实践逻辑与路径》将对话理论、社会实践理论与中国社会治理语境深度融合，系统构建了作为公共传播实践载体的电视商议的理论框架与实施路径，为公共传播领域提供了原创性的研究视角，做出了方法论贡献。

——安徽大学新闻传播学院院长、教授、博士生导师

葛明驷

序　言

做新闻写评论20多年，到大学做讲座，提问环节时常会被学生问到这个问题：老师20年前评论中提出的问题、20年前评论的很多事，20年前被舆论监督曝光的现象，很多今天都没有改变，仍然不断成为新闻，不断成为评论批评的对象，问题没有解决，新闻只是重复旧闻，作为媒体人和评论员，会不会产生强烈的新闻疲劳和无力感？

我一般会这样回答：媒体和记者凭什么觉得，只要报道了，问题就会得到解决？媒体报道是一锤定音必须执行的法院判决吗？还是说，媒体是让人必须服从的权威立法机构，或者某个强大的行政决策部门？我理解这个问题的提出者，是对"新闻能改变什么"感到很悲观，常产生一种"报道了也没有用"的无力感。但这样的提问，其实包含着一种新闻人常有的自信，认为新闻应该有一种强大的力量，公开报道形成的舆论压力，能推动问题迅速得到解决。

做新闻需要克服这种"以自我为中心"的自信，别把自己的报道想象得太重要。在解决问题的社会复杂治理系统中，媒体只是一个中介化、协商性、对话性的存在，并不起关键和决定性的作用。报道有时简单，但解决问题是一件很复杂的事，涉及多种利益的平衡，多部门的协商，多主体的博弈，多回合的反复。媒体人常津津乐道的"一篇报道废除一部恶法""一篇社论推动某个时代""一条新闻解决某个问题"等，如果我们撤除那种自我神化和自恋来看，也只是极特殊情况下才发生的、反常的事。多数时候，正常情况下，人们在日常生活中所感知的新闻，都没有那种神奇感和神话感，没有多少事能"一报道就解决"，而是充满重复和反复，不断在"这个问题没那么简单""那个问题又来了"中艰难纠缠。

看到永峰兄这部研究电视商议的书稿，我欣喜地看到他的努力：破除那种新闻专业人常有的自信，把媒体在解决问题上所扮演的公共角色，从"聚光灯下的中心主角"拉回到"谦抑的商议组织者"。在公共传播的理论视野中，媒体并不是中心，对话才是中心。电视商议中的对话，便是具有平等身份的公民在开放的场所，遵循公开、公正、相互尊重和容纳等原则展开的涉及共同关心议题或相关利益的交往。破除那种"一报道就解决"的媒介权力自负，弱化"施压"而强化"商议"，在公共传播的沟通视域中看待问题，问题也许才能更好地得到解决。

实际上，当年电视问政最火爆、公众迷恋于"问政对抗性"的时候，永峰兄已经看到问题。这就是学术的意义，它在与现实的"间离"中保持一种前瞻性的冷峻观察，时时给现实作有价值的指引。想起陈平原教授的一段话：当一个学者说出一句话、表达一个观点或者写出一本书来，大家都叫好，证明你跟大众的水平是差不多的，这样才可能有一呼百应的效果。一个好的学者，说出来的话、做出来的事情，十年以后才能感觉到它的价值，二十年以后大家会觉得它有预见性，这才是学者应该做的事情。

实际上，这本书定位于电视商议的实践逻辑与路径研究，而没有用更贴近大众表达习惯的"电视问政"一词，就体现了一种可贵的"学术间离"，与日常保持距离，在高维层次上审视日常问题。爱因斯坦说："你无法在制造问题的同一思维层次上解决这个问题。"什么意思呢？这体现了高阶思维的重要，要想解决一个问题，需要思维的升级，否则很容易陷于问题逻辑中无法抽离。电视商议不是弱对抗版、脱敏化的电视问政，而是一种高维的存在：是在地方治理体系和公共传播层面看待电视商议，而不是仅仅将其当成一个收视率高的电视节目；是把电视这种公开展演的媒介当成协调矛盾的一种方法，以解决问题为中心，而不是以新闻呈现为中心。

从作为爆款节目的"电视问政"，到作为公共传播的"电视商议"，这不仅是一种概念上的学术升维，更体现了问题意识和观念水位的提升：商议是平等的对话，而问政则带着一种咄咄逼人的优越。百家争鸣需要一张桌子，商议是面向公共，而问政则包含着媒介的偏私与自恋。一个高质量的研究，会让读者在掩卷之余脑海里冒出这两句话：第一句话是，"原来这事儿没那么简单"；第二句话是，"那么问题又来了"。确实，电视商议不是想象中那么简单，那么问题又来了！在结尾，作者提出不少问题，比如，电视商议的魅力保持需要公共性，如果电视商议失去公共性，被资本收买或与资本合谋，从而设置大量商业化议题，如"如何正确使用视力矫正仪""中学生培优机构如何选择"等，那么电视商议便会逐渐失去公信力和吸引力，最终被公众抛弃。作者还提醒，在我国特定的政治与社会语境下，电视商议不能被窄化为社会治理制度构型中用以凝聚多元社会主体的工具或塑造形象的工具，而应坚持公共传播的价值底色和实践品格，为公共领域的言说与政治参与提供诸多可能。

曹 林

华中科技大学教授、知名评论员

2024 年 12 月 19 日

摘　要

　　进入21世纪以来，我国社会结构快速转型，阶层不断变动，社会呈现出高度复杂性和不确定性特点，一些新的社会公共问题不断显现。面对关涉各方利益的共同问题，政府、公众、市场、传媒等多元主体相互理解、认同，进而构筑共同体展开合作行动，这既是解决问题的有力武器，也是治理体系和治理能力现代化的应有之义。合作要求联结，而联结必须对话。然而，如何推动多元主体的有效对话？其实践载体和平台是什么？

　　本书以我国近年来逐渐兴起的一种电视节目形态——电视商议作为研究对象，主要运用文献研究法、个案分析法、深度访谈法和文本分析法，致力于将对话理论、社会实践理论与公共传播的理念贯穿于电视商议实践中，并对公共传播、电视商议、共识制造、认同生产、共同体构筑和合作治理进行逻辑勾连，从而探讨作为公共传播的电视商议的价值意义、实践逻辑与路径问题。

　　本书认为，电视商议是在治理理念被纳入国家战略的背景下，在党政部门指导和监督下，电视媒体动员、组织与协调，政府、市场、公众等多元主体在由电视媒体及其新媒体（合作）平台搭建的场域中，围绕公共议题进行理性对话和平等协商的一种政治沟通实践，其目的是通过充分的对话协商达成共识，实现公共利益的最大化。

　　本书分析指出，电视商议与公共传播二者理念一致、逻辑互洽，电视商议可以作为公共传播的有效载体之一，同时承载和表征电视媒体的公共性职能。在价值层面，作为公共传播的电视商议能够拓展民主形式、促进公众参与、培育公共精神，并且通过多元治理主体的对话交往与合作行动，实现公共问题的高效解决。

在结构层面,空间建构、主体参与、议题确认、互动呈现、目标达成是电视商议的核心要件,它们彼此关联,共同建构了电视商议的实践逻辑——电视媒体搭建公开性、开放性和可见性的公共场域,动员和组织政府、公众、市场等多元利益主体围绕公共议题进行同场共时的具身性交流,并通过科学规范的协商程序和对话规则来保障多轮的意见交互、观点碰撞、利弊权衡和利益博弈,整个对话与交流过程通过电视及其新媒体(合作)平台完整呈现;对话和协商推动了参与(或观看)节目的多元主体共识的达成、认同的生产以及共同体的构筑,并促成他们的合作行动,实现了问题的解决和公共利益的维护。与此同时,在对话协商及合作行动中,多元主体进一步加深了理解、增进了互信,从而不断夯实共同体的存在基础。

研究发现,作为公共传播的电视商议既是"黏合剂",又是"催化剂",它不仅组织和动员多元主体积极参与,而且还能在一定程度上使多元主体达成共识、认同和合作,推动社会治理共同体的构筑和公共问题的解决,为联结多元主体、推进合作治理开辟了一条可行路径。同时,应该看到的是,在我国,电视商议本身及其所体现的媒介化治理理念都是在严格的政治体制逻辑内生成的,因此,稳定性、持续性和公共性对于保持电视商议的生命力和吸引力至关重要。

本书尝试构建了作为公共传播的电视商议的实践模型,凸显了公共传播的价值底色和实践特色,为创新公共传播的实践方式、提升电视商议的品质及其参与社会治理的能力提供了具体的路径。

目 录

绪 论 ……………………………………………………………………… 001

第一章 作为公共传播的电视商议的意涵与价值 …………………… 035
- 第一节 作为公共传播的电视商议：公共传播与电视商议的逻辑互洽 ……………………………………………………… 035
- 第二节 从电视访谈到电视商议：电视对话公共性实践的发展 ……………………………………………………………… 049
- 第三节 沟通、认同与合作：电视商议的价值 ………………… 057

第二章 电视商议的空间及其建构 …………………………………… 067
- 第一节 真实性空间 ……………………………………………… 067
- 第二节 开放性空间 ……………………………………………… 073
- 第三节 可见性空间 ……………………………………………… 078

第三章 电视商议的主体及其参与 …………………………………… 085
- 第一节 多元主体：电视商议的参与者和行动者 ……………… 085
- 第二节 个人利益与公共利益：多元主体参与电视商议的逻辑 ……………………………………………………………… 094
- 第三节 差异性与代表性：对话主体的本质特征及其实现 …… 102
- 第四节 科学性与权威性：对话主体的效能要求及其保障 …… 109

第四章 电视商议的内容及其确认 …………………………………… 117
- 第一节 公共议题：电视商议的指向和内容 …………………… 117
- 第二节 内容的显现：议题的收集与发现 ……………………… 119

第三节　公共性分析：议题的确认与安排 …………………… 123
　　第四节　立场的"沉淀"：观点诉求的酝酿与归结 …………… 130

第五章　电视商议的互动及其呈现 …………………………………… 132
　　第一节　相遇的对话与展演：电视商议的呈现形式 ………… 132
　　第二节　语言杂多：观点诉求的复调表达 …………………… 138
　　第三节　理性对话与平等协商：电视商议的核心规范 ……… 143
　　第四节　对话效率与话语平衡：电视商议的程序规则 ……… 159

第六章　电视商议的目标及其实现 …………………………………… 169
　　第一节　公共利益：电视商议的本质指向 …………………… 169
　　第二节　共识达成：电视商议的直接目的 …………………… 172
　　第三节　认同生产与共同体构筑：电视商议的共识扩散 …… 189
　　第四节　合作行动与问题解决：电视商议促发共同体的治理实践
　　　　　　 …………………………………………………………… 204

第七章　结论与讨论 …………………………………………………… 212
　　第一节　结论 …………………………………………………… 212
　　第二节　讨论 …………………………………………………… 215

参考文献 …………………………………………………………… 221

附录1　受访对象基本情况一览表 ………………………………… 243

附录2　访谈提纲 …………………………………………………… 244

附录3　北京卫视《向前一步》主题统计 ………………………… 246

附录4　杭州电视台《我们圆桌会》主题统计 …………………… 254

后　记 ……………………………………………………………… 278

绪　论

党的十八届三中全会首次提出创新社会治理体制，要求发挥政府主导作用，鼓励和支持社会各方面参与；党的十八届五中全会进一步提出构建全民共建共享的社会治理格局；① 党的十九大报告专章论述了"打造共建共治共享的社会治理格局"②。从"社会管理"到"社会治理"，反映出新发展语境下的理论变革和思想创新，"如果说'管理'一词带有一定政治上的强制意味的话，那么，'治理'一词则带有较强的'怀柔'色彩。如果说'管理'是自上而下的单向行为，其主体是国家机关，那么，'治理'则是多中心的多维互动，其主体是多元的"③。因此，社会治理的提出，充分体现出政府、市场、社会、传媒等多元主体合作治理与协同行动的必要性和重要性。事实上，治理作为一种过程，"除了公权力的实施外，更为基础的是在不同的情境中，不同的利益相关方——包括权力持有者和公众群体——相互之间所展开的不同形态的商议与协调"④。因此，电视商议作为一种媒介逻辑与政治逻辑相融合的公共传播载体，建构了"政府与公众、政府不同部门之间，以及不同社会利益群体之间碰撞的界面"，为多元主体的合作治理和协同行动提供了一个公开的平台，这将"进一步推动中国政治运行惯习的改变，提高公众的政治卷入度，促使政治精英不断适应经由媒体

---

① 授权发布：中国共产党第十八届中央委员会第五次全体会议公报 [EB/OL]. [2020-12-12]. https://www.xinhuanet.com/politics/2015-10/29/c_1116983078.htm.
② 习近平：决胜全面建成小康社会 夺取新时代中国特色社会主义伟大胜利——在中国共产党第十九次全国代表大会上的报告 [EB/OL]. [2021-07-12]. https://www.gov.cn/zhuanti/2017-10/27/content_5234876.htm.
③ 郝宇青. 基层社会治理的政治学论纲 [J]. 社会科学, 2020, (6): 15-31.
④ C. Landwehr. Discourse and Coordination: Modes of Interaction and Their Roles in Political Decision-Making [J]. Journal of Political Philosophy, 2010, 18 (1): 101-122.

中介所建构的社会现实，提升其政治回应力，同时强化中国执政中尊重民情民意和官民对话的正当性，为实现局部范围内的多元会话提供可能性"①。

一 研究问题与研究价值

进入21世纪以来，我国社会结构全面转型，阶层不断变动，社会呈现出高度复杂性和不确定性，各种社会改革的复杂局面开始逐步显现。在此背景下，基于权力本位的传统社会管理方式愈加难以应对各种复杂的、专业的、不确定的社会公共问题和公共事务，从而造成"政府失灵"的尴尬局面。事实上，"治理问题之所以在近年来日益受到世界各国普遍的重视，更深刻的原因在于政府体制和市场体制的局限性和在若干领域中的失效"②。而"社会治理从不是单方面的行动，而是所有相关主体通过有效整合而形成合力的过程"③。因此，面对社会发展过程中出现的关涉各方利益的共同问题，政府、市场、社会、传媒等多元主体应相互承认、理解、认同，从而构筑社会治理共同体，用合作行动创造治理动力、提升治理效能，这是治理体系和治理能力现代化的题中应有之义。

（一）研究问题

合作要求联结，而联结必须对话。然而，新的时空境遇和社会环境下，不同利益群体之间的对话和沟通面临着一定的困难，这主要表现在两个方面：第一，近年来，教育、收入、消费、地缘、业缘、趣缘等异质化程度日益提升，引发群体分化、利益多元化、价值多样化、公共精神衰退、政治归属感流失，从而导致社会矛盾不断凸显，这无疑给更广范围内的沟通、承认与认同造成障碍；第二，虽然互联网、无线通信与数字媒体技术的飞速发展为人们之间的会话提供了极大便利，形成了一种"易得的连接"，但是"易得的连接"更多体现的是技术层面上的功能实现，它并不意味着人与人之间信任关系及合作行动的自然建立和开展。尤其是在移动互联网时代，网络社

---

① 闫文捷，潘忠党，吴红雨．媒介化治理——电视问政个案的比较分析［J］．新闻与传播研究，2020，（11）：37-56．
② 俞可平．中国治理评估框架［J］．经济社会体制比较，2008，（6）：1-9．
③ 韩震．人民民主的强大生命力和巨大优越性［EB/OL］．（2019-12-04）．http://www.qstheory.cn/wp/2019-12/04/c_1125304501.htm．

群逐渐形成，而广泛存在其中的"回声室效应"使得网络社群巴尔干化现象更加严重，从而让圈子与圈子之间的沟通与对话愈发困难，由此还加剧了社会纽带的瓦解和社会群体的撕裂。① 新冠疫情的常态化防控，推动了基于腾讯会议、ZOOM等互联网远程通信软件的"云对话"的大流行，但是，这种看似便捷、低成本的对话因为缺少了身体与身体、眼神与眼神的相遇和碰撞，在一定程度上降低了沟通与合作的效能。

由是观之，连接并不意味着沟通，更不代表着联合。事实上，缺少沟通、承认和认同会阻滞维护社会正义、捍卫公共利益所需要的合作。可见，当前社会治理所面临的挑战之一便是找到新的路径和方法来培养多元主体的归属感和团结感，进而促进合作治理。而以对话为核心特征的公共传播可以将政治延伸至公共领域的建设中，建立多元主体政治参与和政治沟通的机制，使得他们能够表达诉求、相互沟通，进而化解矛盾、弥合分歧、达成共识、促进合作。那么，公共传播应由谁发起？其进行的场域在哪里？落地的载体又有哪些？覆盖范围最广的电视能否承担起公共传播的责任？通过公共传播，电视能否在备受新媒体冲击和被观众"冷落"的颓势下实现传播力和影响力的有力提升？

随着新媒体技术的飞速发展，电视的可看性、可见性和开放性都得到了很大的提升，传播场域也从电视机延伸至网络空间，譬如"两微（微博、微信）一端（手机客户端）一抖（抖音）一快（快手）"等，电视由此具备了更强的传播力和影响力。在泛娱乐化的洪流中，构建公共协商平台、推进公共对话，既是发挥主流媒体公共性职责、进行公共传播的重要手段，也是提高电视媒体影响力、公信力和引导力的重要方式。事实上，我国的一些电视媒体已经开始初步探索推出具有公共传播色彩的电视商议节目，比如北京卫视的《向前一步》、杭州电视台的《我们圆桌会》、南京电视台的《民声》等。这类节目面向公共领域、关注公共问题、指向公共利益，因此播出后很快获得了社会和官方的共同认可，同时也荣获了业界的多项大奖。然而，电视商议节目的实践理念及逻辑尚未得到相关研究者

---

① 李彪. 后真相时代网络舆论场的话语空间与治理范式新转向[J]. 新闻记者，2018，(5)：28-34.

和从业者的充分认知，因此在实践过程暴露出诸多问题，比如空间建构不合理、参与主体的差异性和代表性不足、议题设置不科学、对话程序不规范、对话规则不明确等，严重阻碍了其效能的充分发挥，故而亟须对其实践逻辑与路径进行分析和考察。

本书需要厘清的问题如下：作为公共传播的电视商议能否成功推动多元主体之间的共识、认同与合作的形成？其实践逻辑怎样？实现路径如何？循此深究，电视媒介是否适合搭建多元主体对话的平台？电视商议与公共传播的逻辑关系如何？它能否成为公共传播的有效载体？作为公共传播的电视商议的意涵与价值何在？其空间怎样建构与设置？主体如何组织和参与？议题怎样征集与确认？互动如何运作与呈现？目标如何实现并拓展？

（二）研究意义

本书的研究意义主要表现在以下两个方面。

1. 理论意义

本书使用公共传播的概念作为分析框架，以对话理论、社会实践理论、互动仪式链理论作为理论工具，重点探讨电视对话、公共传播、共识制造、认同生产、共同体构筑与合作治理之间的逻辑关系，从而考察作为公共传播的电视商议如何使多元主体之间的共识、认同与合作得以形成这一核心问题，这不仅有利于反思对话理论和社会实践理论，而且对完善公共传播理论也具有重要意义。

2. 实践意义

公共传播既是一个理论范式，又是一个实践范式。公共传播理论具备较强的实践性，需要在现实情境中将其与实践紧密结合才能考察和实现其价值。本书的实践意义主要在于通过"空间-主体-内容-互动-目标"五个维度的学理阐释和个案探讨，对电视商议这一公共传播落地方式和载体的实践逻辑与路径进行深入剖析和考察，建构作为公共传播的电视商议的实践模型，从而解释实践、引领实践，这对于拓展公共传播的作用范围、创新公共传播的实践方式、丰富公共传播的实践经验，进而提升电视商议的品质及参与社会治理的能力都有着重要的现实意义。同时，对个案的深入探究和分析，可以为电视媒体的公共性实践提供具有启发意义的经验和思路,从而丰富和创新电视媒体公共性实践的方式和手段,进一步提高电视媒体的影响力、引导力和公信力。

二 研究综述

(一) 文献回顾

在搜集、整理和分析大量的文献资料的基础上,结合研究重点,本书将从以下三个方面对文献资料进行爬梳:关于公共传播的研究、关于公共电视与电视的公共服务的研究以及关于电视商议的研究。

1. 关于公共传播的研究

"公共传播"(public communication)是近年传播学研究的热点话题。作为一个普通词语,它在西方文献里有着较多的使用。1979 年德拉戈柳布·米丘诺维奇(Dragoliub Mićunović)在《波士顿科学哲学研究》(*Boston Studies in the Philosophy of Science*)上发表《官僚制与公共传播》("Bureaucracy and Public Communication")一文,将 public communication 作为具有特定含义的专业名词来使用,意指政治生活的开放性,如新闻自由、开放的议会会议等,同时也指具有公共意味、代表公众舆论的制度。[1] 虽被作为专业名词使用,但彼时公共传播的概念和含义模糊且不稳定。1983 年,英国传播学家丹尼斯·麦奎尔(Denis McQuail)提出"在一个整合协调的现代社会,经常会存在一个庞大的、通常是依靠大众传播的公共传播网络",它包括"新闻与信息的传播、各种广告、民意的形成、宣传及大众娱乐等"[2],同年,荷兰传播学家詹姆斯·G. 史塔伯斯(James G. Stappers)在其论文《作为公共传播的大众传播》("Mass Communication as Public Communication")中指出"作为公共传播的大众传播要探寻公众如何接近并使用媒体,公共信息和知识应该如何传播的问题"[3]。不难看出,两位传播

---

[1] Mihailo Marković, Gajo Petrović. Praxis: Yugoslav Essays in the Philosophy and Methodology of the Social Sciences [M]. Berlin: Springer Science+Business Media, 1979: 303-316.

[2] Denis McQuail. Mass Communication Theory [M]. 4th edition. London: Sage Publications, 2000: 10, 120.

[3] James G. Stappers. Mass Communication as Public Communication [J]. Journal of Communication, 1983, 33 (3): 141-145.

学者笔下的"公共传播",其实质是大众传播的公共性实践,包括公共广播、公共修辞等。1993 年,M. 勒内在法国发表《公共传播学》一文,"公共传播"自此作为一个学科名词被广泛关注和使用。① 布鲁姆勒(Blumler)和古列维奇(Gurevitch)在 1995 年发表著作《公共传播危机》,将公共传播视为媒体对于公共事务和公共问题的报道与传播。② 概言之,公共传播在西方并未形成系统理论,也没能成为一个显概念;它没有太多的民主和公共领域层面的意涵,而更多的是将广告、公共关系作为其重要面向及内容。③

在我国,学者李子彪于 1984 年在《人民教育》发表《思想教育应该从封闭式变为开放式》,文中第一次使用了"公共传播"一词,但只是用以强调新闻媒介和大众传播(电视、广播、报纸、杂志)的公共属性。④ 到了 1994 年,"公共传播"作为一个专业术语见诸专业期刊,学者江小平将其看作"传播学的又一分支,是对人际传播学、组织传播学、大众传播学和社会传播学的补充和完善"⑤。至此,"公共传播"作为一个新的学科名词和研究话题进入国内学者的研究视野。近年来,随着我国社会转型的持续深入和媒介生态的快速变革,特别是社会治理现代化时代命题的提出,学界对公共传播的研究逐渐升温,传播学、政治学、公共管理等学科的介入,促使公共传播逐渐成为一个显概念。由于学界对公共传播的研究

---

① 张淑华. 从学术到学科:2015 年中国公共传播研究综述 [J]. 新闻大学,2016,(6):140-145,153.

② G. Blumler, M. Gurevitch. The Crisis of Public Communication [M]. London: Routledge, 1995: 207-212.

③ William G. Kirkwood, Dan Brown. Public Communication about the Causes of Disease: The Rhetoric of Responsibility [J]. Journal of Communication, 1995, 45 (1): 55-76; Daisy M. Ligon, Jonathan P. Deason. Improving Public Communication in Environmental Impact Assessments [J]. Federal Facilities Environmental Journal, 2001, 12 (2): 79-89; Suzanne Gordon. Nurses and Public Communication: Protecting Definitional Claims [J]. Journal of Nursing Management, 2004, 12 (4): 273-278; Anthony Dudo. Scientists, the Media, and the Public Communication of Science [J]. Sociology Compass, 2015, 9 (9): 767-775; David Ongenaert, Stijn Joye. Selling Displaced People? A Multi-Method Study of the Public Communication Strategies of International Refugee Organisations [J]. Disasters, 2019, 43 (3): 478-508.

④ 李子彪. 思想教育应该从封闭式变为开放式 [J]. 人民教育,1984,(7):12.

⑤ 江小平. 公共传播学 [J]. 国外社会科学,1994,(7):45-50.

时间较短，因此总体看来，相关研究成果还不算丰富。目前国内的研究主要集中在以下几个方面。

（1）公共传播的含义研究

鉴于公共传播在学界是一个比较新的概念，国内研究者对其含义进行了比较充分的探讨。但是，不同的研究者研究公共传播时采用的研究视角不同，认知结果各异，体现出了这一概念丰富的意涵。概而言之，目前学界对于公共传播主要存在以下几种理解。一是将公共传播理解为公共信息的发布与交流。比如石长顺等人将公共传播定义为"政府机构、社会组织、公共媒体、非营利组织或公民，通过媒体进行的以社会公共利益为目的的公共信息发布"①，其目的是通过传播结构实现公共信息扩散和公众意见交流，主张媒体维护政治民主胜于权力集团，坚持公共利益胜于商业利益，因此公共传播是以公共利益为核心价值的；② 史安斌则认为公共传播是"政府、企业及其他各类组织，通过各种方式与公众进行信息传输和意见交流的过程"③，突出了公共传播所具备的信息共享与观点碰撞的特征。二是将公共传播理解为多元主体基于公共事务的利益交往实践，比如胡百精和杨奕将公共传播定义为"以公共性为基础，多元主体依凭程序性、工具性的交往理性平等对话，以期达成实质性、规范性的认同、共识和承认；（它并）不是某些传统传播形态的放大、拼接或大杂烩，亦非与之并列的一种新形态，而是现代性转型、全球化和互联网革命等多重语境下一种新的传播结构、格局和境况"④。潘忠党将其定义为"具有平等身份的公民在开放的场所，遵循公开、公正、相互尊重和容纳等原则展开的涉及共同关心议题或相关利益的交往"⑤。三是将公共传播视作多维信息的流动、

---

① 石长顺，石永军.论新兴媒体时代的公共传播［J］.现代传播（中国传媒大学学报），2007，（4）：12-14，77.
② 石长顺，周莉.新兴媒体公共传播的核心价值［J］.华中科技大学学报（社会科学版），2008，（1）：41-45.
③ 史安斌.新闻发布机制的理论化和专业化：一个公共传播视角［J］.对外大传播，2004，（10）：32-35.
④ 胡百精，杨奕.公共传播研究的基本问题与传播学范式创新［J］.国际新闻界，2016，（3）：61-80.
⑤ 潘忠党.导言：媒介化时代的公共传播和传播的公共性［J］.新闻与传播研究，2017，（10）：29-31.

博弈和修正过程,或将其看作一类特殊的符号和信息流,而不是一种特定的传播形态。比如冯建华认为公共传播介于观念与实践之间,是"个体、组织等多元主体在由不同属性媒介构成的开放式传播网络中,围绕公共议题展开沟通对话而形成的知识、图像、符号和信息流;公共传播的本质在于促进理性对话"①。四是将公共传播理解为一种舆论场。比如张志安提出了"公共传播舆论场"的概念,认为"过去以传统媒体、主流媒体、机构媒体为核心的'新闻传播舆论场',已逐步走向专业媒体、平台媒体(类似今日头条)和自媒体协同互补的'公共传播舆论场'。一种开放的、社会化的新传播形态正在逐步形成,传播方式从'演讲式'状态日益转变成'对话式'状态"②。五是将公共传播理解为一种新型的、总括式的基于公共性的传播形态。比如宋小卫将公共传播视为"能够覆盖全媒体系统中日益活跃的个体传播、群组传播,包含全媒体传播所具有的生机勃勃的互动精神、分享意识和赋权特征的一种新型的、更具覆盖力和开放度的传播实践"③。可见,研究者们对于公共传播所蕴含的"公共空间"、"公共利益"和"对话交流"等元素已有一定共识,但对于公共传播的界定至今还莫衷一是,混用的现象较多。

确切地说,公共传播术语是一个"舶来品",为还原知识图谱、助力内涵诠释,吕清远和高丽华对公共传播的学术思想展开了溯源,并对其知识构型进行了考察,认为公共传播的学术思想可以追溯到18世纪自由主义模式下的欧洲,它的知识构型是以市民社会为制度假设的传播生态、以"公共领域"为场域范畴的传播空间、以"交往理性"为内在逻辑的传播观念和以"自由协商"为价值追求的传播意旨。④

(2) 公共传播的功能意义研究

对于公共传播而言,描述性定义并不是全部,对其性质、功能和意义

---

① 冯建华. 公共传播:在观念与实践之间 [J]. 现代传播 (中国传媒大学学报), 2017, (7):21-25.
② 张志安. 从新闻传播到公共传播——关于新闻传播教育范式转型的思考 [J]. 暨南学报 (哲学社会科学版), 2016, (3):77-84, 131.
③ 宋小卫. 全媒体时代的"公共传播"与"注意义务" [J]. 当代传播, 2019, (2):1.
④ 吕清远, 高丽华. "公共传播" 在中国语境下的知识生产与谱系考察——基于米歇尔·福柯权力-话语理论的演化视角 [J]. 新闻与传播评论, 2020, (4):32-43.

的把握才是研究的真正起点。鉴于此，研究者们从学理和实践层面对公共传播的功能和意义进行了考察与分析，主要有以下几种观点。第一，公共传播可以说服、引导公众积极参加公共生活。比如江小平认为公共传播可以"说服受众，使之采取有益于自身健康、有益于社会和人类的行为；引导他们积极参与公共生活和努力提高社会道德水准；指导更多的人承担并完成推动社会发展的使命"①。第二，公共传播可以优化多元主体之间的交往渠道，促进共识达成、社会整合和协同治理。闫文捷通过对浙江省温岭市与乐清市基层乡村的问卷调查数据的分析，发现公共传播（民主商议）可以为政府与公众的交往提供通道，有利于增进公众的政治信任，并有助于增强人们的政治兴趣。② 胡百精和杨奕通过对美国进步主义运动历史经验的考察和总结，发现公共传播对于多元共识的生产具有重要作用，因此应该创造有利于公共传播和多元共识形成的条件、规则和环境，形塑价值共识、认知共识和行动共识。③ 冯建华通过对后真相信息传播环境的细致分析，指出公共传播能够促进不同社群、阶层之间的沟通与对话，有效消解"后真相"滋生带来的负面影响，从而在更大范围、更深层面凝聚价值共识，实现社会认同，进而推动构建社会共同体。④ 潘飞从公共传播的学术观望角度展开研究，以《南方都市报》发起的"建筑传媒奖"评选活动构筑的"公民建筑"理念为研究案例，认为公共传播可以促进公众对于公共问题的观点的碰撞和沟通，形成平等、协作、参与、信任的公共精神，从而实现公共利益的最大化。⑤ 针对"对话不一定能达成共识"的问题，石永军和龚晶莹考察了公共传播在消解"共识困境"方面的作用，即共享信息、展开平等对话、影响与改进制度系统和福利系统、维护与更新意义系统、形塑理性公民。"共识困境"的消解，可以有效消解公众的抵触或抵抗，

---

① 江小平. 公共传播学 [J]. 国外社会科学，1994，(7)：45-50.
② 闫文捷. 作为公共传播的民主商议及其意义——一项针对浙江基层商议实践的问卷调查 [J]. 新闻与传播研究，2017，(11)：12-33，126.
③ 胡百精，杨奕. 社会转型中的公共传播、媒体角色与多元共识——美国进步主义运动的经验与启示 [J]. 中国行政管理，2019，(2)：128-134.
④ 冯建华. 后真相、公共传播与共同体构建 [J]. 宁夏社会科学，2019，(2)：204-208.
⑤ 潘飞. "公民建筑"理念的媒介性释解：基于公共传播的视角 [J]. 新闻界，2013，(17)：1-5.

推动社会认同与整合。① 第三，公共传播可以推进权利平等与社会公正。有关学者认为，公共传播能够促进更多"公平""公正""平等""公益""公意"元素的传播，② 从而推进人类的权利平等、社会公正和民主参与社会治理。③

（3）公共传播参与社会治理研究

随着国家层面社会治理体系和治理能力现代化目标的提出，部分研究者迅速响应，开始考察和研究公共传播参与社会治理的问题。吴飞对我国公共生活的发展和公共传播的开展效果进行了分析，强调公共传播伦理对于政府、民众参与社会治理的重要作用，主张通过开展公共传播实践来培育伦理素养，用伦理素养规约公共对话，以此推动公共传播，增益公共之善。④ 与其他学者的宏大研究视角不同，胡百精聚焦的是如何将公共传播活动操作化和实践化，重点考察公共传播在民主政治生活中的落地问题。他主张"为公共传播确立正当合宜的导向，辟出向上升进的出口"，认为公共传播治理最为积极的方案是转向公共协商、拓展协商民主。因此，在实践中应使公共传播转向公共协商，推进多元对话和偏好转换，促进多元共识和公共偏好的形成，以此平衡自由与秩序的关系，增进社会认同，改善和推动国家和社会治理。在以上理念的基础上，胡百精设计出基于我国国情的"公共传播—公共协商—协商民主"社会实验的方案。⑤ 还有研究者重点对新媒体背景下的政府公共传播进行了考察。比如，朱春阳围绕"新时代政府公共传播如何才能跨越数字鸿沟，与社会协同发展"这个问题，重点探讨了政府公共传播的价值分析框架、核心问题、渠道冲突与系统优化，提出充分利用新媒体，通过政府公共传播来优化政府、社会、公

---

① 石永军，龚晶莹. 论公共传播消解"共识困境"的结构性作用 [J]. 现代传播（中国传媒大学学报），2020，(1)：58-61，77.
② 宋小卫. 全媒体时代的"公共传播"与"注意义务" [J]. 当代传播，2019，(2)：1.
③ 吴飞. 公共传播研究的社会价值与学术意义探析 [J]. 南京社会科学，2012，(5)：102-111.
④ 吴飞. 公共传播与公共伦理规则 [J]. 新闻与传播评论，2019，(6)：1.
⑤ 胡百精. 公共协商与偏好转换：作为国家和社会治理实验的公共传播 [J]. 新闻与传播研究，2020，(4)：21-38，126.

众之间的关系,进而推动政府治理能力现代化,促进社会整体发展。① 张晓雪以山东省文化厅2016~2018年媒介传播绩效考核为例,对政府公共传播中受众日益提升的专业领域传播期待与合作媒介实际传播效果之间的矛盾进行了分析,提出官方舆论场对接民间舆论场、容纳不同意见、推动互动交流等具体策略,以推动政府工作品质和治理效能的提升。② 公共传播是多元主体共同参与的一种传播实践,每个人既可以参与信息的传递与分享,也可以进行信息的生产和加工。在此过程中,有可能出现网络谣言、语言暴力、隐私侵犯等问题,进而损害公众利益,弱化公共传播效能,并在一定程度上冲击正常的社会秩序。因此,黄楚新和彭韵佳聚焦公共传播中的注意义务问题,主张"依据传播源的影响范围与程度对注意义务进行限定;并在维系政府、市场、公众利益平衡的前提下合理规范传播权利与义务;采用自律与他律相结合的方式,加强传播主体在法律义务外的道德义务"③,宋小卫则呼吁多元主体履行社会责任,合法传播、理性表达。④

(4)作为学科的公共传播学研究

一些研究者从学科分支的视角出发,提出建构和发展公共传播学理论与实践体系的主张。吴飞借助麦可·布洛维对于社会学劳动分工的分析框架,认为应该把传播学分成四个不同的类型:专业传播学、政策传播学、公共传播学和批判传播学。其中,公共传播学的职责是基于公共社会发展的需要,积极参与各种社群实践活动,为社会公平正义、权利平等、民主参与治理提供学理支撑和策略支持。它能够为学界引入公共讨论,同时将传播学的相关理论和经验引入公共辩论,从而推动社会多向沟通行动的形成。因此,他提倡发展公共传播学,呼吁研究者走出书斋,以社会运动的形式推动社会变迁。⑤ 龚伟亮认为中国传播研究所面临的重大问题是双重

---

① 朱春阳.新媒体时代的政府公共传播[M].上海:复旦大学出版社,2014.
② 张晓雪.政府公共传播中的内外认知差异化研究——以山东省文化厅近三年媒介传播绩效考核为例[J].电子政务,2019,(11):29-39.
③ 黄楚新,彭韵佳.公共传播视域下的注意义务[J].新闻与写作,2017,(7):10-13.
④ 宋小卫.全媒体时代的"公共传播"与"注意义务"[J].当代传播,2019,(2):1.
⑤ 吴飞.公共传播研究的社会价值与学术意义探析[J].南京社会科学,2012,(5):102-111.

公共性的缺失，即学术共同体内学科公共性的缺失与社会共同体内学术公共性的缺失。基于这个问题，他进一步提出应突破"公共传播"在公共关系和公共管理领域内具有浓厚应用、对策色彩的"传播术"的定位局限，发展一种以建立传播学者与公众之间的对话关系为目的的传播学知识实践体系，从而使公共传播学成为一个有其严肃内涵与重要意义的学术分支和知识类型概念。① 张斯琦以大传媒时代的新闻生活的重构为研究背景，认为在新的时空境遇下，传播主体的多样化、内容生产及传播过程中的公众参与，都体现出新常态下传播活动所具有的公共性，因此大传媒时代的新闻生活呼吁新的传播研究范式，而"公共传播学"为之提供了实践空间及框架，② 所以应该对其予以重视和发展。

综上，既有研究呈现了较为清晰的公共传播学术图谱，然而对于公共传播的概念仍然是众声喧哗、莫衷一是，缺乏对其内涵和构成要件的系统探讨，更缺少对于公共传播实践形式的细致考察。

2. 关于公共电视与电视的公共服务的研究

公共电视源于欧洲。在西方语境中，公共电视既不以营利为目的，也不直接受国家控制，它的存在意义是为公众提供公共服务，建构公共领域，鼓励公众了解并参与到公共生活中，帮助公众实现公共利益。一般认为，公共电视有两大传统，即以英国 BBC 为代表的公共服务电视和以美国 PBS 为代表的公共教育电视。作为一种承载了西方政治、经济和社会领域多重使命的电视体制，公共电视体现和发挥了广播电视媒体公共性功能。丹尼斯·麦奎尔指出公共电视的特征是服务的普遍性、内容的多样性、编辑的独立性、社会责任至上、文化内容的高质独特、基于公共财政、经营的非营利性。③ 在应用方面，罗德里克·麦克戴维斯（Roderick J. McDavis）等人以佛罗里达州杰克逊维尔播出的周播节目《黑人家庭》为案例，考察和分析了公共电

---

① 龚伟亮. 传播学的双重公共性问题与公共传播学的"诞生"[J]. 新闻界, 2013, (9): 3-13.
② 张斯琦. 大传媒时代的"新闻生活": 大众传播到公共传播的范式转型[J]. 现代传播（中国传媒大学学报）, 2017, (9): 166-167.
③ Denis McQuail. Media Performance: Mass Communication and the Public Interest [M]. London: Sage, 1987: 45.

视在社区心理健康宣传方面的作用;① 劳拉·所罗门（Laura J. Solomon）等人则通过对比实验，探讨了公共电视对于促进压力管理的作用。② 在影响因素方面，约翰·奥哈根（John O'Hagan）等人从多样性、民主/平等、开放性、创新、投资等方面阐释了公共电视发展的影响因素;③ 井原沙织（Saori Ihara）等人以公共利益理论和公共选择理论为研究工具，对公共电视规模的决定因素进行了调查，研究发现公共电视规模的现实状况并不符合公共利益理论，而是支持公共选择理论，尤其体现出政治家的寻租动机的影响。④ 除此之外，佩特罗斯·爱俄斯菲迪斯（Petros Iosifidis）对西欧国家的公共电视发展情况进行了考察，借此分析了公共电视拥有的优势（如政治支持、相对有保障的资金与较长的寿命）和由经济、政治等方面的变化给其带来的竞争和财务挑战，并重点分析公共电视背后的广播公司面对挑战采用的组织安排、日程安排和节目编排策略。⑤ 凯伦·唐德斯（Karen Donders）等研究者对欧洲公共电视转型为公共服务媒体的现象进行了关注和研究，并对公共服务媒体的运营框架、评估方式等问题进行了探讨。⑥ 另外，约阿希姆·特雷比（Joachim Trebbe）等研究者对瑞士公共电视的公众代表性问题进行了考察，发现移民在媒体中的形象代表性不足，其在媒体中通常扮演被动角色，因而处于被边缘化的位置。⑦

---

① Roderick J. McDavis, Carolyn M. Tucker. Community Outreach Through Public Television [J]. Journal of Non-White Concerns in Personnel and Guidance, 1983, 12 (1): 7-12.
② Laura J. Solomon, Lee W. Frederiksen, Susan E. Arnold, Kathleen A. Brehony. Stress Management Delivered over Public Television: Steps Toward Promoting Community Mental Health [J]. The Journal of Primary Prevention, 1984, 4 (3): 139-149.
③ John O'Hagan, Michael Jennings. Public Broadcasting in Europe: Rationale, Licence Fee and Other Issues [J]. Journal of Cultural Economics, 2003, 27 (1): 31-56.
④ Saori Ihara, Yukihiro Yazaki. Determinants of Public Service Broadcasting Size [J]. Economics of Governance, 2017, 18 (2): 129-151.
⑤ Petros Iosifidis. Public Television in Small European Countries: Challenges and Strategies [J]. International Journal of Media & Cultural Politics, 2007, 3 (1): 65-87.
⑥ Karen Donders, Caroline Pauwels, Jan Loisen. Introduction: All or Nothing? From Public Service Broadcasting to Public Service Media, to Public Service Anything? [J]. International Journal of Media & Cultural Politics, 2012, 8 (1): 3-12.
⑦ Joachim Trebbe, Philomen Schoenhagen. Ethnic Minorities in the Mass Media: How Migrants Perceive Their Representation in Swiss Public Television [J]. Journal of International Migration and Integration, 2011, 12 (4): 411-428.

在我国，由于政治体制的原因，电视媒体被天然地赋予了公共性特征，公共服务成为电视媒体重要的社会功能。① 国内的研究者主要开展了以下几个方面的研究。

(1) 国外公共电视的起源、运营模式及转型经验

黄学建参照各公共电视机构所处的媒介环境，梳理和归纳出国外公共电视的三种实践模式，即公共电视主导下的英国 BBC 模式、商业电视主导下的美国 PBS 模式和官方电视主导下的泰国 TPBS 模式，并分别探讨了其显著特征。② 郭镇之、王润珏和侯红霞等对美国公共电视的起源、现状、问题、资金机制等问题进行了考察，研究发现佩恩、福特和卡内基等私人基金会扶植了美国的公共电视；现今的美国的公共电视体系主要由公共电视台、公共电视公司和公共电视网组成。但是，美国公共电视机构的数字化发展现状不容乐观，在数字化基础投入、数字化产品和服务的提供、数字化发展规划等方面均远远落后于商业电视机构。从实践上讲，资金问题是公共电视发展的关键问题。侯红霞认为，接受政府拨款的现实使公共电视在面临政治压力时异常软弱，但求援于企业赞助反而使其与企业利益渐行渐近。因此，构建一个稳定、独立的资金体系以提供充裕资金是美国公共电视的必由之路。③ 除此之外，杨明品等人以英国和美国的公共电视为例，分析了其在组织架构、财源保障、监管机制等方面的制度设计特点，认为推进中国特色电视公共服务建设必须尊重国情，健全体制机制，推动内容生产，并加快国家层面的立法。④ 梁宁对英、日、法三国公共电视财税体制进行了细致考察，发现英、日、法三国的公共电视机构虽然都不属于政府机构，但都是根据议会立法而设立或者受到专门规制的公法机构；它们在享受财税优待的同时也要承

---

① 朱天，马超. 我国广电公共服务研究的文献追溯与价值辨析（1980-2018）[J]. 新闻大学，2019，(5)：99-115, 120-121.
② 黄学建. 公共电视的三种实践模式 [J]. 现代传播（中国传媒大学学报），2013，(10)：142-143.
③ 郭镇之. 美国公共广播电视的起源 [J]. 新闻与传播研究，1997，(4)：83-89；王润珏. 数字时代美国公共广播电视的现状、问题与趋势 [J]. 电视研究，2011，(11)：76-77；侯红霞. 美国公共电视的资金机制及其问题 [J]. 现代传播（中国传媒大学学报），2013，(9)：98-103.
④ 杨明品，李江玲. 发达国家公共广播电视的主要模式及其启示 [J]. 中国广播电视学刊，2011，(4)：80-82.

担较之私营机构更多的义务和责任。① 对于公共电视节目的评估问题,倪燕等人通过对英国 BBC 节目评估的考察,指出各公共电视系统应该综合使用收视率和收视质(欣赏指数)来全面评估节目的公共性价值。② 而崔亚娟以日本 NHK 为例,通过分析其节目方针和编排模式,探析了其公共性诉求的实现方式。③

一些研究者还对国外公共电视的转型问题进行了考察。在这些研究中,唐世鼎、黎斌、郭振玺通过对英国、德国和法国公共电视机构的市场化改革实践的分析,归纳出公共电视应对市场化改革的策略及其带给我国的启示,即向外大力增加收视时长、在内大力引入企业化管理机制、依靠科技创新打造新的经济增长点;④ 俞虹、王帆以瑞士"取消收听收视费"公投为研究案例,深入探析瑞士及欧洲主要国家(英、德、法、意)的公共电视的发展趋势与变革启示。⑤

(2)我国电视公共服务及其服务体系建构

黄学建梳理了有代表性的公共电视实践模式,指出公共电视是一种"民有、民治、民享"的电视体制,它的意义和价值不仅在于具体的传媒服务,更在于倡导和践行"公平""共享"等公共性理念。⑥ 从这个意义上讲,电视公共服务是政府公共服务的重要组成部分。⑦ 张国涛系统分析了广播电视公共服务的内涵,即"从政府职能的角度,是指政府广播电视管理部门在广播电视文化产品的生产与传播过程中履行的职能;从传媒功能的角度,可以认为是广播电视媒体在公共性广播电视文化产品的生产与传播过程

---

① 梁宁. 英、日、法三国公共电视财税体制及相关问题研究 [J]. 中国广播电视学刊, 2004, (3): 77-80.
② 倪燕,赵曙光. 西方公共电视的节目评估:收视率悖论 [J]. 国际新闻界, 2004, (2): 65-68.
③ 崔亚娟. NHK 电视节目的公共性诉求探析 [J]. 电视研究, 2012, (8): 74-75.
④ 唐世鼎,黎斌,郭振玺. 西欧公共电视机构的市场化改革 [J]. 电视研究, 2001, (7): 76-77.
⑤ 俞虹,王帆. 欧洲公共广播电视发展趋势与变革启示——从瑞士"取消收听收视费"公投说起 [J]. 现代传播(中国传媒大学学报), 2018, (6): 1-8.
⑥ 黄学建. 公共电视的三种实践模式 [J]. 现代传播(中国传媒大学学报), 2013, (10): 142-143.
⑦ 张政法. 关于中国广播电视公共服务的战略思考 [J]. 中国广播电视学刊, 2008, (6): 29-31.

中体现出的功能;从公众利益的角度,可以认为是广播电视在保障以公民知情权为核心的公众利益方面提供的信息与文化服务"①。杨明品总结了我国电视公共服务的价值取向,即公益价值、补缺纠偏、保护基本文化权利、基本公共服务均等化、民族文化的传承与创新,指出创新我国电视公共服务发展模式,一个重要的做法是推动公共服务与市场服务分类运营,公共服务由政府主导、社会参与、公共财政保障,逐步实现均等化、标准化和法治化。②

对于如何保障我国电视公共服务的顺利和高效开展这个问题,研究者们进行了探讨。在规制建设方面,刘祥平、肖叶飞认为应该统筹政府规制和市场规制的作用,分别在产权、内容、进入与退出、法律等方面监督和规范媒介行为,保障其公共性的发挥;③ 在财政支撑方面,唐海江和孙佳乐分析了我国电视公共服务的可行财源、资金投入及分配方式,并对保障公共电视服务财政支撑体系良好运转的监管、评价、法律机制进行了思考,为建立中国特色的电视公共服务财政支撑体系进行了有益探索;④ 在公共服务均等化方面,王文杰指出可以通过公共财政转移支付、多样的市场化手段、发展广电行业第三部门等途径来实现我国电视公共服务均等化。⑤

还有一些研究者围绕构建广播电视公共服务体系问题进行了探索和研究。在这些研究中,石长顺、程洪涛从广播电视公共服务的覆盖、内容、体制、评估和保障等维度论述了广播电视公共服务体系的建构;⑥ 何富麟对我国新疆农村广播电视公共服务体系的建设和发展情况进行了调研,提出了建设新疆农村广播电视公共服务体系的三个原则,即以人为本原则、社会

---

① 张国涛. 广播电视公共服务的基本内涵 [J]. 现代传播(中国传媒大学学报), 2008, (1): 119-121.
② 杨明品. 中国广播电视公共服务发展模式选择 [J]. 中国广播电视学刊, 2009, (4): 26-28.
③ 刘祥平, 肖叶飞. 中国广播电视公共服务:政策与规制 [J]. 甘肃社会科学, 2010, (5): 249-252.
④ 唐海江, 孙佳乐. 试论我国广播电视公共服务财政支撑体系的建构 [J]. 现代传播(中国传媒大学学报), 2011, (12): 99-104.
⑤ 王文杰. 我国广播电视公共服务均等化路径解析 [J]. 中国广播电视学刊, 2011, (12): 22-23.
⑥ 石长顺, 程洪涛. 中国广播电视公共服务体系建构 [J]. 河南社会科学, 2010, (5): 194-196.

公平原则、政府主导原则,并给出了具体的发展战略。① 广播电视公共服务绩效评估是广播电视公共服务体系中的重要内容,鉴于此,方雪琴从公共财政投入评估、传通评估、内容评估、效果评估、服务质量评估、公平评估和满意度评估等七个维度尝试构建了广播电视公共服务绩效评估体系。②

(3) 我国公共电视(公共频道)的实践探索

石长顺等研究者提出在我国建立公共电视的设想,分析了我国公共电视所具有的媒介体制的公有性、媒介价值的公益性、媒介运作的公正性等三个方面的"公共"本质;总结出公共电视在我国公共领域建构中的作用,即培养公众意识、搭建沟通平台、建立防损机制;指出我国公共电视的目标追求是净化公众的信息环境、保护公众的核心利益、培育公众的参与意识。③ 在实践层面,黄学建通过对台湾地区公共电视体制机制问题的探讨,为中国大陆开展公共电视服务提供借鉴。④

在具体实践中,设立公共频道是我国探索建立公共电视过程中的一次创新。自公共频道被我国广电总局和各大电视台认可与推广后,相关研究者对公共频道的内涵和功能、内容生产、现状和转型路径进行了考察,⑤并以海南电视台、福建电视台等为例,对公共频道的功能定位、节目设置、经营策略、运行经验等问题进行了探讨;⑥ 一些研究者以重庆卫视和

---

① 何富麟. 关于新疆农村广播电视公共服务发展战略研究 [J]. 中国广播电视学刊, 2007, (6): 14-17.
② 方雪琴. 广播电视公共服务绩效评估体系的构建 [J]. 现代传播(中国传媒大学学报), 2011, (5): 55-58.
③ 石长顺, 向培凤. 公共电视与公共领域的建构 [J]. 现代传播(中国传媒大学学报), 2006, (5): 118-120; 石长顺, 周莉. 公共电视的公共文化服务诉求 [J]. 中国广播电视学刊, 2006, (12): 14-15.
④ 黄学建. 公共电视的四大难题——从台湾公视的经验和困扰说起 [J]. 现代传播(中国传媒大学学报), 2008, (1): 131-132.
⑤ 李良荣, 张健. 公共频道呼唤电视媒介管理创新 [J]. 电视研究, 2003, (4): 24-26, 1; 仇蓓蓓. 探索电视公共频道之路 [J]. 当代传播, 2003, (1): 82-83; 张建红, 张青青. 公共频道的公共利益表达 [J]. 现代传播(中国传媒大学学报), 2005, (5): 123-125; 杨金鹏, 许鑫. 我国公共频道的现状及转型之路 [J]. 新闻知识, 2010, (9): 6-8; 吴雨蓉. 我国电视公共频道内容生产的再思考 [J]. 当代电视, 2014, (1): 64-65, 67.
⑥ 曾少明, 王丰. 全新的电视文化体验——记海南广播电视台公共频道 [J]. 当代电视, 2003, (4): 68-69; 李怀峪, 邹学骏. 共有理念 协同理念 人本理念——福建省广播影视集团电视公共频道的运作之道 [J]. 中国广播电视学刊, 2004, (12): 50-51.

珠海广播电视台为例,反思了公共电视的理念和本质,[①]并从战略转型、业务转型、管理转型等三个方面总结了公共电视转型的经验。[②] 另有研究者对我国公共频道的"公共性"进行了分析,陈信凌指出公共频道的"公共",本意指的是该频道由省、市、县三级电视播出机构公用共有,具有特定含义,而国内公共频道之"公共"概念出现了游移与扩张,标识与帮助辨认的功能不强,这种混乱状况反映的是电视管理体制改革的复杂性与艰巨性;[③]冯建三认为公共频道与公共电视具有不同的内涵及实践逻辑,"同样的字眼,但它们的历史发展跟内容不一样";[④]徐帆认为,公共频道和公共电视二者的缘起和内涵可谓大相径庭,但公共频道因其身份表达的模糊性及衍生出的覆盖性,可能影响到公共电视的"合法性"身份及其理念在中国的推广,导致"不要公共要频道"的后果,从而阻碍我国公共电视的建立。[⑤]但也有研究者认为可以从改造公共频道入手,进行自下而上式的改革,将目前的公共频道明确确定为公共电视台,从现有体制中剥离出来,促进公共频道转型为公共电视,从而实现本土化的公共电视建构。[⑥]除此之外,还有研究者探究了将车载公交视频作为公共电视运作的可能性问题。[⑦]

3. 关于电视商议的研究

国内外学者对电视商议的研究较少,较为接近的是对商议的研究以及关于电视对话的研究。

---

① 石力月. 历史的视野与非本质化的"公共性"——论重庆卫视的改版 [J]. 新闻大学, 2011, (4): 60-66; 刘宏, 李媛. 从重庆卫视改版看中国公共电视模式 [J]. 新闻与写作, 2011, (6): 32-34.
② 谢晓昱. 互联网环境下传统公共电视媒体的转型——珠海广播电视台的经验 [J]. 当代电视, 2017, (1): 92-93, 95.
③ 陈信凌. 国内电视公共频道分析 [J]. 中国记者, 2004, (11): 50-51.
④ 冯建三, 卢迎安. 公共电视:理念、实践与挑战——访台湾政治大学冯建三教授 [J]. 新闻大学, 2008, (2): 80-88.
⑤ 徐帆. 身份与路径的双重否定:"公共频道"对公共电视在华发展的影响 [J]. 新闻大学, 2010, (3): 105-111.
⑥ 方雪琴, 阎大荣. 公共电视的本土化建构 [J]. 现代传播(中国传媒大学学报), 2006, (6): 138-140.
⑦ 许莲华. 车载公交视频作为公共电视运作的可能性探讨 [J]. 编辑之友, 2009, (3): 37-39.

（1）对商议的研究

20世纪下半叶以来，以审议共识为原则的政治思想逐渐受到重视，商议民主（deliberative democracy）作为一种新的民主理论范式和实践形态应运而生并备受关注，其基本理念在于强调公众和政府之间的对话与协商，重视以公共利益为导向的价值实现及合作治理，最具代表性的理论乃是哈贝马斯的商议民主理论。"商议"（deliberation）也随之成为一个"热词"被广泛关注和探讨。具体来说，学者们对商议的研究主要集中于以下两个方面。

第一，商议的意涵和作用。潘忠党指出，商议是一种"特定的社会行为，有别于激烈的、正面冲突型的社会行为"①，具体来说，它指的是"个体间通过信息交换、审慎思考、理性讨论的方式审议普遍关注的公共事务问题，希望由此能够协调彼此间关系，最终达成协调的行动"②。实际上，不同学科视野中的商议有着不同的意涵。基于政治学研究视角，哈贝马斯认为，商议是主体通过在公共领域中的对话与交往形成公共意见的过程。③ 季元杰指出，在商议过程中，人们"在互动的过程当中可以通过相互说服（非强制、操纵或欺骗）而改变他们的判断、偏好与观点"④。基于传播学的研究视角，闫文捷认为，"商议在本质上首先是一种传播实践；同时，商议是一种具有公共性的特有传播模式"⑤。关于商议的规则，哈贝马斯指出，商议的形式是论辩，是理由的交换；是包容的、公共的，确保所有人都能平等、自由地参与；是排除外在强制的；商议的目的一般来说是要达到基于理由的一致意见；等等。⑥

---

① 潘忠党. 新闻改革与新闻体制的改造——我国新闻改革实践的传播社会学之探讨 [J]. 新闻与传播研究, 1997, (3): 62-80.
② Stephanie Burkhalter, John Gastil, Todd Kelshaw. A Conceptual Definition and Theoretical Model of Public Deliberation in Small Face-to-Face Groups [J]. Communication Theroy, 2002, 12 (4): 398-422.
③ 王晓升. 试析现代传媒对商议民主制度的挑战及其若干启示 [J]. 天津社会科学, 2015, (6): 35-40.
④ 季元杰. 商议性民主决策的运行与中国实践个案 [J]. 理论探讨, 2006, (1): 150-153.
⑤ 闫文捷. 作为公共传播的民主商议及其意义——一项针对浙江基层商议实践的问卷调查 [J], 新闻与传播研究, 2017, (11): 12-33, 126.
⑥ 王晓升. 商谈道德与商议民主——哈贝马斯政治伦理思想研究 [M]. 北京: 社会科学文献出版社, 2009: 279.

研究者们普遍认为，商议在民主政治生活中发挥着重要的作用。王晓升指出，商议活动能够促进人们之间的交流，进而推动形成共同可接受的社会规范，从而推进社会整合；① 通过制度化商议与非制度化商议的共同作用，可以解决国家治理行动的合法性问题。② 吴麟和胡俊则认为，商议有利于提升普通公民参与公共事务的意识和能力。③

第二，商议在基层社会治理中的实践。学者们基于不同的学科背景，对商议在基层社会治理中的具体实践进行了考察，并建构了一些具备可操作性的实践模式。

在政治学和公共管理学领域，季元杰以广州、温州等地的实践个案为基础，探讨了几种具备可操作性的商议式公民参与机制，即公民顾问团、统合主义体制和互动式网站模式，并对我国商议性民主决策提出了政策建议；④ 郎友兴以浙江省温岭市为研究场域，考察和阐述了民主恳谈会这种治理制度创新的价值和意义；⑤ 刘祖云和李烊以"元治理"为理论视角，对"过渡型社区"的治理结构与策略进行了考察，提出基于联络网的"自组织商议"治理结构和模式，即所有居民个体在自主性网络联结中，通过协商、对话等手段参与社区公共事务或公共产品供给的一种补充性治理模式；⑥ 汤玉权和黄建荣以广西玉林市福绵区为田野，重点对其"村务商议团"民主管理模式进行了考察，指出这种模式可以适应农民群众日益增长的参与热情，保障村民权利的实现，从而完善村民自治制度。⑦

基于传播学与公共管理学的交叉视角，闫文捷以公共传播理论为研究

---

① 王晓升. 宗教多元主义条件下的社会团结如何可能？——哈贝马斯的思考及其启示 [J]. 求是学刊, 2019, (3): 27-35, 181.

② 王晓升. 论国家治理行动的合法性基础——哈贝马斯商议民主理论的一点启示 [J]. 湖南社会科学, 2015, (1): 10-15.

③ 吴麟, 胡俊. 商议式民调：实现传媒公共性的一种路径选择 [J]. 国际新闻界, 2012, (10): 44-49.

④ 季元杰. 商议性民主决策的运行与中国实践个案 [J]. 理论探讨, 2006, (1): 150-153.

⑤ 郎友兴. 商议式民主与中国的地方经验：浙江省温岭市的"民主恳谈会" [J]. 浙江社会科学, 2005, (1): 33-38.

⑥ 刘祖云, 李烊. 元治理视角下"过渡型社区"治理的结构与策略 [J]. 社会科学, 2017, (1): 11-20.

⑦ 汤玉权, 黄建荣. 后选举民主：村民权利实现与村民自治制度的完善——玉林市福绵区"村务商议团"的实践表达 [J]. 广西大学学报（哲学社会科学版）, 2017, (3): 79-84.

工具，通过对浙江乐清市和温岭市基层商议实践的问卷调查，探讨了民主商议对于塑造政府公共形象、增强民众的政治信任、培育公民公共精神的意义；① 吴麟和胡俊提出了"商议式民调"的制度设计，指出商议式民调是传媒公共性实践的一种路径，也是公共治理的一种手段，它的实施对于探寻真实民意、改善决策品质有着重要作用；② 章平以医疗体制改革转型期报道为个案，考察了当代报业场域内的公共商议机制与实践问题，认为大众传媒开辟了一个以公共商议为核心的话语空间，使得社会公众主动参与公共商谈，国家公共权力予以积极回应，从而推动科学决策。③

在基层社会治理过程中，商议还可用于司法领域。刘星认为，通过发挥商议（对案件争议焦点的自愿协商）机制的作用可以发展基层司法的"相互性"概念，推动建立法官和当事人之间平等互动的新型司法关系，进而从"商议"走向"契约"，建构契约司法；④ 闫斌提出了商议式司法模式，这个模式"提倡各方当事人以及其他社会民众在有关具体案件的事实认定和法律适用方面采取真诚互动、沟通协商的方式，从而达成理解与共识，促进司法民主"⑤；陆洲和李少龙则细致考察了基于商议式司法的农村解纷模式的应用，发现其在具体实践中形成了多种不同类型，并涉及不同的层次和领域，具备通过对话、商谈、妥协实现纠纷的有效解决的功能特征。⑥

（2）关于电视对话的研究

国外研究者对电视对话的考察一般集中在电视辩论和电视脱口秀上。对于电视辩论，一部分研究者将注意力放在政治家辩论上，比如菲利普·马雷克（Philippe J. Maarek）比较了大选日之前2012年法国和美国的"决

---

① 闫文捷. 作为公共传播的民主商议及其意义——一项针对浙江基层商议实践的问卷调查 [J]. 新闻与传播研究, 2017, (11): 12-33, 126.
② 吴麟, 胡俊. 商议式民调：实现传媒公共性的一种路径选择 [J]. 国际新闻界, 2012, (10): 44-49.
③ 章平. 大众传媒上的公共商议——对医疗体制改革转型期报道的个案考察 [J]. 新闻大学, 2010, (4): 99-111.
④ 刘星. 契约司法：一种可能的基层审判制度塑造 [J]. 法学家, 2016, (3): 1-15, 175.
⑤ 闫斌. 哈贝马斯交往行动理论视域下的商议式司法 [J]. 法学论坛, 2015, (2): 63-69.
⑥ 陆洲, 李少龙. 商议式司法视域中的农村解纷模式研究 [J]. 河北学刊, 2014, (6): 153-156.

定性"电视辩论,对获胜者的辩论行为进行了总结分析,研究发现,获胜者都采取了相似的辩论方式:首先,获胜者巴拉克·奥巴马(Barack Obama)和弗朗索瓦·奥朗德(François Hollande)都审慎地进行了非语言交流,从而在辩论中巧妙地传达了相对于对手的优越感;其次,他们都比对手更好地掌握了修辞技巧;最后,双方都以一种非常有条理、有逻辑的方式进行辩论,给观众留下了较好的第一印象。[1] 弗朗西斯卡·德埃里科(Francesca D'Errico)和伊莎贝拉·波吉(Isabella Poggi)通过对意大利政治辩论语料库的分析,指出了何种面部表情、凝视行为、手势、姿势和韵律可以用来传达政治家能力、仁慈和支配力的相关信息,同时,政治家也可以在这三个维度上通过批评、指责或侮辱来抹黑对手。两位学者基于一项实验研究,评估了不同类型的抹黑动作对潜在选民的影响。结果表明,在进行手势操作时对对方的能力进行抹黑、在不打手势的情况下对对方的支配力进行抹黑,会使自己的论点更具共鸣性和说服力。[2] 有的研究者将研究兴趣集中在受众参与电视辩论时采用的修辞手段和策略方面,[3] 而有的研究者则把研究焦点放在电视辩论的"会话暴力"上,比如马丁·卢金伯格(Martin Luginbühl)以瑞士政治电视辩论节目《竞技场》为例,对电视辩论中"会话暴力"的形式和功能进行研究,从知识背景和行为方式两个方面,揭示主持人影响政治家的辩论的行为机制。[4] 除此之外,阿纳斯塔西娅·德利吉奥里(Anastasia Deligiaouri)等人以2007年9月希腊全国大选为例,考察了在此期间公民通过电视和互联网与政治人物直接沟通和对话的实践过程,发现通过这个途径可以有效促进公民的政治参与,同时提高公民的沟通能力和政治选择能力;[5] 许允哲(Yun-Cheol Heo)等人以

---

[1] Philippe J. Maarek. Televised Presidential Debates: Parallel Lessons from the 2012 American and French Elections [J]. French Politics, 2016, 14 (2): 178-205.

[2] Francesca D'Errico, Isabella Poggi. Blame the Opponent! Effects of Multimodal Discrediting Moves in Public Debates [J]. Cognitive Computation, 2012, 4: 460-476.

[3] Ian Hutchby. Rhetorical Strategies in Audience Participation Debates on Radio and TV [J]. Research on Language & Social Interaction, 1999, 32 (3): 243-267.

[4] Martin Luginbühl. Conversational Violence in Political TV Debates: Forms and Functions [J]. Journal of Pragmatics, 2007, 39 (8): 1371-1387.

[5] Anastasia Deligiaouri, Panagiotis Symeonidis. "YouTube Debate": A New Era of Internetized Television Politics? [J]. International Journal of E-Politics, 2010, 1 (2): 46-64.

2011年首尔市长补选期间的电视对话为例，对用户收看电视对话的行为进行了分析，发现用户不仅在看电视时接受和解释政治话语，而且还积极参与政治话语的制造和重组。① 对于电视脱口秀，约书亚·加姆森（Joshua Gamson）认为电视脱口秀具备公共性特征，在一定条件下（比如处理好公共电视和商业电视的关系的前提下）具备建构公共话语空间的潜力，② 还有学者认为在此基础上其可推动公共社会的形成和政治的民主化；③ 珍妮丝·派克（Janice Peck）则认为，电视脱口秀还可以促进观众的心理调适，辅助其心理治疗。④ 当然，有的研究者也对电视脱口秀表示了忧虑，指出应该警惕脱口秀可能会对青少年产生的负面作用，具体包括扭曲现实、娱乐化表达现实生活中的悲剧，由此导致他们对人类的痛苦不敏感、轻视复杂的社会问题等，⑤ 从而影响青少年对于世界的看法。⑥

国内学者对于电视对话的研究主要集中于以下几个方面。

一是电视对话节目形态与特征的分析。在节目形态方面，研究者们根据传播内容和话题性质，对电视对话节目进行了分类。比如，于泓将电视对话节目分为话题类、人物类、新闻类、评论类、知识类、娱乐类，以及服务于生活的各类对话节目；⑦ 符进叶则将电视对话节目分为了四类——叙事型、辩论型、专题讨论型和清谈型。⑧ 近年来，随着节目形式的不断丰富，有的研究者把电视对话节目分为新闻时政类、社教知识类、综合娱

---

① Yun-Cheol Heo, Ji-Young Park, Ji-Young Kim, Han-Woo Park. The Emerging Viewertariat in the Republic of Korea: The Seoul Mayoral TV Debate on Twitter, Facebook, and Blogs [J]. Telematics and Informatics, 2016, 33 (2): 570-583.
② Joshua Gamson. Taking the Talk Show Challenge: Television, Emotion, and Public Spheres [J]. Constellations, 1999, 6 (2): 190-205.
③ Tomas Matza. Moscow's Echo: Technologies of the Self, Publics, and Politics on the Russian Talk Show [J]. Cultural Anthropology, 2009, 24 (3): 489-522.
④ Janice Peck. TV Talk Shows as Therapeutic Discourse: The Ideological Labor of the Televised Talking Cure [J]. Communication Theory, 1995, 5 (1): 58-81.
⑤ S. Davis, M.-L. Mares. Effects of Talk Show Viewing on Adolescents [J]. Journal of Communication, 1998, 48 (3): 69-86.
⑥ P. Rossler, H.-B. Brosius. Do Talk Shows Cultivate Adolescents' Views of the World? A Prolonged-Exposure Experiment [J]. Journal of Communication, 2001, 51 (1): 143-163.
⑦ 于泓. 电视谈话节目的分类 [J]. 新闻爱好者, 1999, (S3): 78-79.
⑧ 符进叶. 电视谈话节目主持人的情感表达 [J]. 现代传播（中国传媒大学学报）, 2011, (4): 146-147.

乐类、行业服务类等几个大类,每个大类下又细分为几个子类。① 在传播特征方面,陈芳认为电视对话节目的核心特征是即兴、双向、平等地同场交流。② 辛姝玉指出,在电视对话类节目中,"谈话"是节目的核心,人际传播是节目的本质特性;它不仅是"谈话",还是要向广大受众播出的"节目",其"人员系统""文本系统""环境系统"所对应的主持人、嘉宾、现场观众、话题的选择、谈话的情景气氛以及空间位置会综合发挥作用,促进"场外意识"的出现,这体现了对话节目的导向功能。③ 姜卫玲认为电视对话节目中,主持人、嘉宾和观众处于同一场域,用对话的形式进行节目参与,这就带来了电视传播的开放性——跳出了单向的"我传你受"的传播局面,使对话的参与者之间能够形成平等的对话关系,从而增强了互动性和亲和力,加之人际传播机制的引入,电视文化传播效力最终得以提高。④ 在功能价值方面,潘可武、王凤军通过对《实话实说》、《小崔说事》和《非诚勿扰》等节目的考察,认为电视对话节目终结了"魔弹论",使得观众参与到节目之中,体现了"每个人都有平等说话、表达意见的权利"的价值理念,让私人领域与公共领域交织在一起,从而推动了电视媒体沟通性、公共性和娱乐性的融合建构。⑤

二是电视对话节目的实践操作与品质提升研究。研究者们对电视对话节目存在的问题及提升其品质的路径进行了考察和分析。其中,李鹏、刘全亮认为我国目前的对话类节目存在同质化问题严重、节目资源开发不当、形式老套、话题匮乏、话题深度不够、平民化意识淡薄、忽视品牌建设等问题。⑥ 鉴于此,叶滨滨等研究者通过对《锵锵三人行》《鲁豫有约》《对话》等优秀电视对话节目要素的考察,认为电视对话节目的品质提升

---

① 匡素萍. 我国电视谈话类节目分类研究 [J]. 新媒体研究, 2016, (8): 116-117.
② 陈芳. 电视谈话节目特性浅析 [J]. 新闻传播, 2014, (5): 92.
③ 辛姝玉. 试析中国电视谈话类节目的传播特性 [J]. 新闻记者, 2008, (3): 78-80.
④ 姜卫玲. 浅析电视谈话节目的文化意义 [J]. 新闻界, 2008, (3): 123-124.
⑤ 潘可武, 王凤军. 人文视角中的电视谈话节目 [J]. 现代传播(中国传媒大学学报), 2012, (9): 157-158.
⑥ 李鹏. 浅析电视谈话节目的发展困境及对策 [J]. 当代电视, 2014, (3): 70-71; 刘全亮. 电视谈话节目的困境及创新策略分析 [J]. 中国电视, 2016, (9): 106-109.

应重点在主题选择、嘉宾选择、话题策划、节目制作方式,特别是话语方式创新方面多下功夫,加强品牌塑造。① 对于电视对话节目的传播策略问题,刘禀诚、刘海明认为电视对话节目的传播策略的关键是节目话语的传播策略,主要有话语的互动化、功能化、去雕饰化、理论化与实践化,以及语言的口语化;② 郑燕芳以《大王小王》为例,考察了其话语角色、话语结构及话语传播策略问题。③ 除此之外,孙愈中和张珊珊对电视对话节目的议程设置问题进行了考察,认为只有议程设置合理,文化内涵丰富,访谈对象有代表性与影响力,话题立意高、接近观众生活并符合时宜,电视对话节目才能有足够的传播力与影响力。④

三是电视对话节目主持人研究。主持人在电视对话节目中发挥着重要作用,近年来,研究者们基于案例分析,对电视对话节目主持人的角色定位、魅力塑造、交流技巧和表达创新等问题进行了探讨。在这些研究中,艺凡等人通过对央视国际频道《今日关注》的细致分析,认为主持人既是嘉宾和受众之间思想交流与情感沟通的桥梁和纽带,又是谈话类节目的灵魂和节目风格的体现者;⑤ 张丽君重点关注了电视问政主持人的功能定位问题,认为其主要发挥了作为"三器",即各方的"连接器"、观点的"孵化器"、现场的"恒温器"的作用;⑥ 侯月、王升辰以《开讲啦》《金星秀》《奇葩说》《一虎一席谈》等节目为案例,分析了电视对话主持人的个性魅力和创新表达问题,认为主持人的人格魅力和主持风格极大影响着对话节目的吸引力和传播力,其个性化的主持艺术及实践不但能够推动嘉宾与嘉宾之间、嘉宾与观众之间的交流和互动,而且可以使节目及其内容产生更大的社

---

① 叶滨滨. 关于电视谈话节目的问题与对策分析 [J]. 新闻传播, 2013, (8): 35; 林坦. 论电视谈话节目的困境与发展趋势 [J]. 新闻传播, 2018, (15): 84-85.
② 刘禀诚, 刘海明. 电视访谈节目的文化内涵及其传播 [J]. 新闻爱好者, 2016, (12): 43-46.
③ 郑燕芳. 情感帮扶类谈话节目《大王小王》话语传播分析 [J]. 电视研究, 2015, (9): 39-41.
④ 孙愈中, 张珊珊. 城市台电视谈话类节目的议程设置 [J]. 当代电视, 2019, (1): 74-76.
⑤ 艺凡. 电视谈话节目主持人的角色定位 [J]. 记者摇篮, 2008, (2): 51, 41; 范闻博. 浅析电视谈话节目主持人的角色定位 [J]. 新闻论坛, 2011, (3): 66; 李鹏冲, 杜书蕾. 引导与协调——电视谈话节目主持人作用杂谈 [J]. 新闻前哨, 2014, (6): 79-80.
⑥ 张丽君. 电视问政节目主持人的功能定位分析 [J]. 当代电视, 2018, (7): 111.

会影响力，从而促进节目社会文化功能的充分发挥。所以，作为对话类电视节目的灵魂人物，主持人应该通过展现其鲜明的语言特色，营造良好的对话氛围，精确把控话题走向，严格遵守对话规则，在具体实践中不断创新表达技巧和方式，使得节目更具特点、更有吸引力。① 石艳华以《艺术人生》《实话实说》为话语分析案例，具体考察了主持人跟踪话步中四种主要话目——反馈、帮助、重复和评论，并分析了它们的语言形式、语用功能和使用规律。② 具体到实践操作中，有的研究者指出，情感表达能力是电视对话主持人有效沟通能力的重要组成部分，也是让节目具有自身特色的关键。③ 鉴于此，符进叶考察了电视对话主持人的情感表达问题，以《鲁豫有约》《锵锵三人行》《天天向上》等节目为例，分别对主持人的眼神表情、手势动作、说话态度、提问方式、串联总结等进行了探析。④ 除此之外，付博、彭爽运用会话分析理论，对主持人会话打断的特征、目的、策略等问题进行了考察。⑤

四是电视公共对话（电视问政）研究。何志武从协商民主的视角，指出电视公共对话可以作为电视媒体参与公共政策过程的一种重要方式，这种电视对话是保障公共政策权威性的民意协商过程。他指出，对话主体的选择事关多元利益主体间的话语权分配，对话主题的媒体预设引导公众进行充分有序的政治参与，对话者话语的均衡表达是电视对话的原则和效果保障。⑥ 作为电视公共对话节目的一种重要形式，电视问政近年来受到政府和社会的一致认可，也逐渐走进了学界与业界的学术视野。研究者们对电视问政的含义、逻辑、功能等问题进行了研究。在这些研究中，聂书江认为电视问政是执政者通过电视媒体就涉及民生的公共事务接受公民监

---

① 侯月，王升辰. 谈话类节目主持人的个性魅力与创新表达 [J]. 当代电视，2018，(10)：101-102.
② 石艳华. 电视谈话节目主持人跟踪话步的话语分析 [J]. 电影文学，2010，(23)：30-31.
③ 张鬲. 论电视节目主持人的有效沟通能力——以电视谈话类节目为例 [J]. 新闻界，2011，(7)：48-50.
④ 符进叶. 电视谈话节目主持人的情感表达 [J]. 现代传播（中国传媒大学学报），2011，(4)：146-147.
⑤ 付博，彭爽. 吉林省电视媒体问政类话题主持人会话打断现象研究 [J]. 东北师大学报（哲学社会科学版），2019，(3)：72-79.
⑥ 何志武. 公共政策的电视对话：协商民主的视角 [J]. 当代传播，2010，(2)：18-20.

督、质询及评议的政治传播活动,其快速发展是传播逻辑、政治逻辑和公民参与逻辑三者合力的结果;他认为在我国特定媒介生态语境下传播逻辑要随时根据政治逻辑的介入和公民参与政治意愿的变化而变化,从而使三种逻辑及其驱动力能够和谐同在、协同作用。① 赵振宇强调电视问政是"监察承诺的问责会、政府与民众沟通的交流会"②。何志武通过对全国不同地域电视问政节目的观察和梳理,指出电视问政具有实时和同场的媒介优势,同场多回合对话增加了问政的深度,实时全过程直播保障了信息的真实;电视问政的实质在于协商对话,而协商对话的核心要件是真诚与理性;基于协商理念的电视问政理应形式多样,除了问责型外,还有宣导型、沟通型、问计型等多种类型,而目前问责型问政一枝独秀折射出问政理念与空间的局限。③ 在功能和价值层面,夏涤平通过对武汉电视台《电视问政》和北京卫视《向前一步》的细致考察,指出电视问政拓展了公共表达的空间,帮助更多公众参与到社会公共生活中,引导民众由"市民"向"公民"靠拢,从而推动了社会的公共治理;④ 张立荣等人则以武汉市电视问政为例,重点分析了电视问政对于城市治理创新的价值,指出应当完善电视问政,进而培育公共精神、搭建参与框架、强化问效机制,从而促进城市善治。⑤ 除此之外,研究者们还以武汉电视台的《电视问政》、杭州电视台的《我们圆桌会》、山东电视台的《问政山东》等节目为案例,对其制作流程、传播机制、创新经验等问题进行了探讨。⑥ 通过案例考察和分析,研究者们认为电视问政在取得成效的同时也在问责机制、问政内容、问政方式等方

---

① 聂书江. 论电视问政的内在逻辑及其发展路径 [J]. 现代传播(中国传媒大学学报),2015,(1):159-160.
② 赵振宇. 认识和参与电视问政 [J]. 新闻战线,2013,(9):88-90.
③ 何志武. 电视问政的协商理念及其实现保障 [J]. 中州学刊,2017,(7):162-168.
④ 夏涤平. 电视问政:在公共性建构实践中延伸 [J]. 青年记者,2019,(13):13-15.
⑤ 张立荣,宋祎玮,张金庆. 电视问政与城市治理创新——以武汉市电视问政为例 [J]. 浙江社会科学,2016,(7):70-76,157.
⑥ 张瑜烨,望丽红. 电视问政节目的传播机制解析——以武汉市电视台《电视问政》节目为例 [J]. 中国广播电视学刊,2013,(3):101-103;俞春江. "电视问政"的社会协商功能及其实现路径——以杭州电视台《我们圆桌会》为例 [J]. 中共杭州市委党校学报,2017,(1):89-96;汪迎忠. 协商式电视问政与城市治理能力提升——以杭州文广集团《我们圆桌会》为例 [J]. 中国广播电视学刊,2018,(8):111-115;原宝国,田进. 现象级电视问政类节目《问政山东》养成记 [J]. 中国记者,2019,(9):52-57.

面存在局限,① 指出电视问政应坚持问题导向、发动市民参与、形成多方合力,② 并注重各方的话语平衡,③ 要问出深度和锐度,④ 同时还应注意去戏剧化,防止问政变为"演政"。⑤

(二) 研究评价

综观国内外相关研究的现状和趋势,本书将其总结如下。

第一,学界对公共传播的研究尚处于起步阶段,相关研究集中于描述其含义、工具价值和场域性质,但对公共传播的构成要件及其相互关系,特别是公共传播的作用机制既缺少学理分析,又缺乏实践探索,导致公共传播极易陷入乌托邦的困境。事实上,公共传播既是一种研究方式,又是一种实践范式,有必要对其进行全面和深入的研究。

第二,学界对公共电视(电视公共服务)的理念、内涵、作用进行了分析,对广播电视公共服务现状进行了考察,并从产权制度、财政制度、规则体系、服务机构、服务内容等几方面建构了我国电视公共服务体系。可见,学界已形成了"电视媒体的公共服务主要在于提供公共信息、搭建公共领域"这一共识,但鲜有对"电视媒体在具体实践中如何进行公共服务、如何搭建公共协商平台,其作用机制如何"等问题的学理探讨和实践考察。在治理理念下,电视媒体搭建多方主体公共对话平台,促进共识的达成及合作行动的开展显得必要而迫切,理应对其进行深入探讨。

第三,学界对于商议的研究较多集中于政治学、公共管理学领域,重点探讨了商议的理念,以及民主恳谈会、自组织商议、村务商议团等民主商议模式在基层社会治理中的价值与实践问题,而较少从传播学视角对其运行机制与路径进行考察。另外,学界、业界往往倾向于以实证研究(案例分析)的方式,对普通电视对话节目和电视问政节目的形态、特征、作

---

① 陈蕴哲. 当前电视问政类节目火爆的冷思考 [J]. 传媒, 2014, (17): 44-45.
② 胡桂林.《电视问政》栏目的理念与实践 [J]. 电视研究, 2014, (5): 69-71.
③ 王倩. 电视问政:话语权势的博弈与平衡 [J]. 青年记者, 2018, (20): 64-65.
④ 孟保安, 黄丹玮. 新媒体时代,"电视问政"如何"问"出深度、锐度?[J]. 中国记者, 2017, (1): 108-109.
⑤ 张天蔚. "广场问政"应该尽快"去戏剧化"[J]. 领导文萃, 2014, (17): 23-24;夏涤平. 电视问政:莫让"问政"变"演政"[J]. 中国广播电视学刊, 2017, (6): 125-127.

用与操作实践进行研究，而较少对其构成要件、互动关系及实践逻辑进行分析。同时，有关学者习惯于将电视商议节目统一纳入电视问政的范畴中，使得相关研究过于笼统、失于精准。事实上，电视商议既是一种新的节目形态，也是一种新的政治沟通实践，还是一种新的民主商议载体，理应对其理念、要素、逻辑及实践路径进行细致分析。

综上，学界、业界对"电视商议"这个研究议题的关注度还相对较低，研究成果较少，对电视商议如何参与社会治理缺乏足够的关注，对公共传播与电视商议之间的逻辑关系、互动机制也缺少整体把握，特别是对电视商议的主体、空间、内容、互动、目标之间的关系链条的厘定缺乏足够的重视，还忽视了电视商议、共识达成、认同生产、共同体构筑与合作行动之间的逻辑勾连，亟待对这些领域深入开展研究。

(三) 研究路径与方法

1. 研究路径

本书以作为公共传播的电视商议为研究对象，主要采取"价值研究—逻辑阐释—路径考察"的思路。首先，本书对当前社会情境下多元主体的联结与沟通困境进行了简要分析，提出多元主体对话的必要性问题，在此基础上，通过分析公共传播和电视商议的内涵、要件与价值指向，分别从组织形式、价值指向和行动主体等方面考察电视商议与公共传播的价值和逻辑关系，厘清作为公共传播的电视商议的含义、实践要素以及与一般的电视谈话类节目、电视问政的区别，并分析其现实价值；其次，在公共传播这一概念的理论框架和逻辑范式下，对电视商议的空间及其建构、主体及其参与、内容及其确认、互动及其呈现、目标及其实现等五方面的实践逻辑进行阐释；最后，从应然和实然层面，把空间、主体、内容、过程、效果等要素纳入具体的电视商议实践中进行深入分析，对其已经出现的问题及可能面临的危机进行反思，从而探索优化完善的路径，并在此基础上建构作为公共传播的电视商议的实践模型。在具体研究中，本书紧紧围绕"一个主题、两大板块、九大内容、一个目标"渐次展开（见图0-1）。

一个主题：将"作为公共传播的电视商议"作为研究主题，紧紧围绕这个主题，从必要性、价值、实践逻辑、路径等几个维度展开研究。

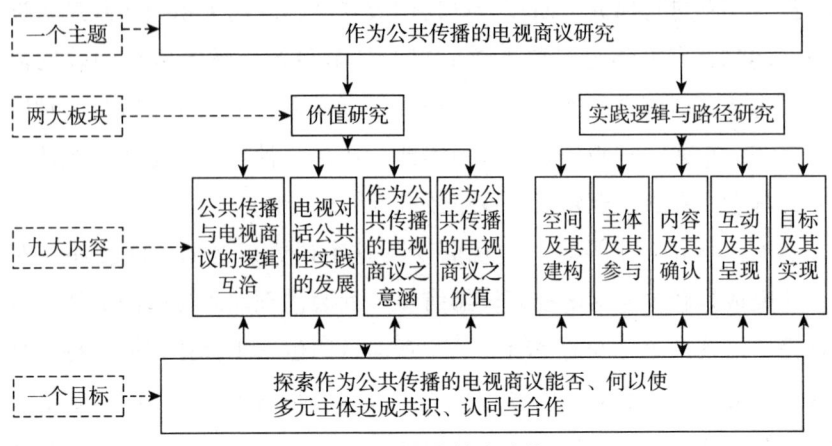

```
┌─────────┐      ┌──────────────────────────────┐
│ 一个主题 │----->│   作为公共传播的电视商议研究   │
└─────────┘      └──────────────────────────────┘
                        ↓                ↓
┌─────────┐      ┌──────────┐      ┌──────────────┐
│ 两大板块 │----->│  价值研究  │      │ 实践逻辑与路径研究 │
└─────────┘      └──────────┘      └──────────────┘
                 ↓  ↓  ↓  ↓         ↓  ↓  ↓  ↓  ↓
┌─────────┐   ┌──┬──┬──┬──┐   ┌──┬──┬──┬──┬──┐
│ 九大内容 │-->│公共│电视│作为│作为│   │空间│主体│内容│互动│目标│
└─────────┘   │传播│对话│公共│公共│   │及其│及其│及其│及其│及其│
              │与电│公共│传播│传播│   │建构│参与│确认│呈现│实现│
              │视商│性实│的电│的电│   │   │   │   │   │   │
              │议的│践的│视商│视商│   │   │   │   │   │   │
              │逻辑│发展│议之│议之│   │   │   │   │   │   │
              │互洽│   │意涵│价值│   │   │   │   │   │   │
              └──┴──┴──┴──┘   └──┴──┴──┴──┴──┘
                        ↓                ↓
┌─────────┐      ┌────────────────────────────────┐
│ 一个目标 │----->│  探索作为公共传播的电视商议能否、何以使  │
└─────────┘      │     多元主体达成共识、认同与合作      │
                 └────────────────────────────────┘
```

图 0-1　研究的技术路线

两大板块与九大内容：在"价值研究""实践逻辑与路径研究"两大板块基础上，具体研究九大内容。在"价值研究"中主要阐释"公共传播与电视商议的逻辑互洽""电视对话公共性实践的发展""作为公共传播的电视商议的意涵与价值"等问题，在"实践逻辑与路径研究"中则探究"电视商议空间及其建构、主体及其参与、内容及其确认、互动及其呈现、目标及其实现"等问题。

一个目标：本书旨在回答"作为公共传播的电视商议能否、何以使多元主体达成共识、认同和合作"的问题。

2. 研究方法

（1）文献研究法

文献研究是一种通过收集和分析现存的，以文字、数字、图片、符号以及其他形式存在的第二手资料——文献资料，来考察社会现实的研究方法。[①] 本书使用文献研究法是为了系统梳理相关研究文献，厘清公共传播、商议和电视对话等概念及其研究动态，由此提出相关问题，如：公共传播的意涵及核心要件是什么？电视商议及其实践要素是什么？公共传播与电视商议二者之间是否存在一定的逻辑同构性？此外，本书采用文献研究法找出相关概念与问题之间的逻辑关联，如商议、协商和沟通

---

① 风笑天. 社会研究方法（第五版）[M]. 北京：中国人民大学出版社，2018：213-224.

几个词的侧重点各是什么,电视商议与公共传播的相互关系如何,电视商议与电视访谈、电视问政有何区别,电视商议与民主恳谈会、社区议事厅等基层民主商议载体有何关联,并在此基础上进行电视商议的价值和机制分析。

(2) 个案分析法

个案分析法,又称案例研究法,是通过广泛收集一定数量的典型案例,并对这些案例进行系统的、深层的分析和解释而得出普遍性结论的研究方法。在现阶段,我国部分电视机构已经尝试推出几档基于公共传播理念、具备电视商议雏形的节目,它们具有一定的代表性,比如北京卫视的《向前一步》、杭州电视台的《我们圆桌会》、南京电视台的《民声》等。但是,作为公共传播的载体,这些节目在具体实践中还存在着一些亟待解决的问题。本书主要将这几档电视节目作为典型个案,围绕空间建构、议题设置、主体参与、对话程序与规则、目标实现等几个生产环节进行综合考察和全方位分析,分析的重点是节目的构成要素、组织形式、呈现方式、传播效能及存在的问题,这使研究能够来源于实践又落地于实践。

(3) 深度访谈法

深度访谈又称深层访谈或者无结构访谈,指的是研究者通过与受访对象深入细致地交谈,来了解受访对象对一件事物或一种现象的真实态度和感受。在具体操作中,它"并不依据事先设计的问卷和固定的程序,而是只有一个访谈的主题或范围,由访谈员与被访者围绕这个主题或范围进行比较自由的交谈"[①]。这种方法可以帮助研究者"进入受访者内心,深入了解他们的心理活动和思想观念,具有更大的灵活性以及对意义进行解释的空间"[②]。本书使用深度访谈法主要是为了了解电视商议节目的主创者、参与者及其他观众多样化的心理认知与体验。本书通过与电视商议节目导演及其团队人员的深度访谈,探究业界对电视商议的理念认知和具体的实践操作方式;通过与参与节目的当事人和其他观众进行访谈,探究其参与动机及共识达成、认同生产和共同体构筑的具体机制。鉴于此,本书研究设

[①] 风笑天. 社会研究方法(第五版)[M]. 北京:中国人民大学出版社,2018:351.
[②] 陈向明. 质的研究方法与社会科学研究[M]. 北京:教育科学出版社,2000:170.

计了半结构化的访谈提纲，访谈的主题和范围主要包括：电视商议的议题策划、主体组织、互动呈现及制作流程如何；对电视商议的参与意愿怎样；影响参与（或不参与）的因素是什么；通过参与（或观看）节目，对政府官员或其他群体（如物业服务人员）公共形象的认知是否发生了变化；电视商议的最大价值在哪里；相较于互联网技术加持下的远距离对话和发生在某小区会议室的对话，电视商议本身有何优势和劣势；对此类节目的发展前景有何展望和建议；等等（详见附录2）。

本书主要采取判断抽样和滚雪球抽样方法来选取访谈对象。抽样时遵循以下几个原则：第一，考虑到要分析电视商议节目策划、制作的理念和实践，访谈对象应包含相关节目创作团队的核心人员，比如导演、主编；第二，考虑到要更好地了解主体的参与动机、内在态度和情感倾向，并探究其心理体验与行为实践之间的相互关系，访谈对象应直接参与过节目录制，或者关注并收看过此类型的节目10期以上；第三，为使研究更有代表性，选择样本时应尽可能涵盖不同地域的不同社会阶层，对样本的职业、收入、受教育程度等因素进行统筹考量。

综合以上考虑，本书一共选取了18名对象进行访谈，涵盖了《向前一步》《我们圆桌会》的制作者，参与节目录制的政府官员、市民代表、专家学者，以及经常观看节目但尚未参与节目录制的政府官员、普通市民等，他们分别来自北京、江苏、山东、河南、山西、黑龙江等不同地域（见表0-1），职业为政府官员、企业员工、高校教师、学生、个体经营者等，访谈采用面对面、电话、微信、QQ等方式进行，访谈时间分为三个阶段，分别为2020年8~10月、2021年4~6月、2022年12月至2023年4月。

表0-1 受访对象基本情况

序号	人员/代号	性别	年龄（岁）	学历	职业属性	具体工作	所在地
1	LZB	女	37	硕士研究生	事业单位	栏目主编	北京
2	YC	男	43	博士研究生	事业单位	教师	北京
3	YSJ	男	48	本科	政府部门	社区党委书记	北京
4	JDZ	男	54	硕士研究生	政府部门	H市常委	山西
5	LW	女	30	本科	私企	业务经理	北京

续表

序号	人员/代号	性别	年龄（岁）	学历	职业属性	具体工作	所在地
6	CHG	男	36	硕士研究生	国企	工程师	北京
7	HGL	女	35	硕士研究生	事业单位	教师	河南
8	LXL	男	35	硕士研究生	国企	银行经理	江苏
9	STT	女	31	硕士研究生	政府部门	检察官	山东
10	LCL	女	48	本科	政府部门	人事科长	山西
11	WLL	女	27	本科	私企	职员	黑龙江
12	LDX	男	36	高中	私企	工人	山西
13	LFL	男	63	本科	政府部门	退休所长	山西
14	DHS	男	78	高中	国企	退休工人	黑龙江
15	YGX	女	50	大专	私企	物业经理	河南
16	WKYM	女	28	硕士研究生	国企	党建干部	北京
17	CH	男	26	硕士研究生	学生	在校大学生	江苏
18	ZYQ	男	32	本科	自雇	个体经营者	河南

（4）文本分析法

文本分析法是指对与研究对象相关的文字、符号等内容进行分类、剖析和评价，从而发现文本的深层意义的研究方法。本书使用文本分析法有三个目的：一是对访谈内容进行分析，整理出受访对象在参与欲望、参与动机、情感认同等方面的认知倾向及观念，以此辅助提炼电视商议的实践逻辑；二是对几档电视商议节目的议题内容、文本内容、实施环节等进行分析，透视其议题分布情况及议题设置中存在的问题，如议题过大、过空，不易达成共识，议题收集范围受限，议题代表性不够等；同时考察电视商议节目对话协商实践中存在的问题，如文明对话不足、话语权分配不均、对话主题不集中、对话有序性缺失等，具体考察的案例文本是《向前一步》、《我们圆桌会》和《民声》三个栏目2018~2019年、2023年全年的300多期节目（见表0-2）；三是搜集有关电视商议节目的官方文件、单一来源采购公告、议题公开征集启事、人物访谈、公开报道、相关专著和学术论文并进行整理和分析，以求在更广范围内以更全面向获取有关研究对象的数据与信息。

表 0-2　案例信息

单位：期

电视栏目	主创机构	案例收集时间	期数	备注
《向前一步》	北京卫视	2018年6月至2019年12月 2023年1~12月	141	2018年节目25期；2019年全年节目43期（不含重播节目）；2023年全年节目73期
《我们圆桌会》	杭州电视台	2019年1~12月 2023年1~12月	190	2019年全年节目94期；2023年全年节目96期
《民声》	南京电视台	2019年3~6月	12	
合计			343	

（四）研究难点

第一，我国学术界对公共传播的理论研究起步较晚，对其实践的考察也较少有学者涉猎，因此相关的文献和案例资料不太充足，这给本书进行机制和路径分析带来了一定难度。

第二，本书分别在学理层面和实践层面探析对话主体关系建构与协同合作的机制和路径问题，但电视商议的效果验证，即确认电视商议是否或在多大程度上可以促进共识的达成和认同的生产，进而形成合作共同体，由于案例少、场域广、周期长、人员结构复杂等原因而存在困难。

第一章 作为公共传播的电视商议的意涵与价值

电视商议在对话主题的公共性、对话场域的开放性、参与主体的多元性、话语分配的平衡性、对话目标的公益性等方面都具备较大的发展潜力，可以作为电视对话公共性实践及公共传播的重要载体，为社会治理中的共建共治共享提供推力。然而，电视商议与公共传播的逻辑关系如何？作为公共传播的电视商议的意涵何在？它与一般的电视对话有何不同？它能否对社会治理作出显著贡献？这一系列问题关涉到电视商议的理论意涵与实践价值，是本书开展研究的基础与前提。本章结合公共传播和商议民主的相关理论，重点阐述公共传播和电视商议之间的逻辑关系，由此厘清电视商议的概念及边界，探讨电视商议的现实价值。

第一节 作为公共传播的电视商议：公共传播与电视商议的逻辑互洽

在实践中，电视商议是将治理过程中不同利益相关方的相互争锋和商议呈现在电视屏幕（或新媒体平台）上的实践活动。[①] 从本质上看，公共传播与电视商议二者在意涵和逻辑上具备同构性特点。公共传播是电视商议的理论与实践框架，而电视商议则是公共传播的载体与实践形式。一言以蔽之，公共传播与电视商议之间的关系可以概括为：作为公

---

① 闫文捷，潘忠党，吴红雨. 媒介化治理——电视问政个案的比较分析 [J]. 新闻与传播研究，2020，(11)：37-56.

共传播的电视商议。

一 基于公益的沟通：公共传播的意涵

前文述及，公共传播是一个舶来词，在国外没有成为一个显概念，更多的是将广告、公共关系作为其重要面向及内容。20 世纪 80 年代被引入我国后，公共传播便进入了在地化"改造"进程中，被逐步融入大众传播、政府公共关系、政治传播等诸多领域。近年来，由于互联网技术的飞速发展以及社会治理成为国家战略需要，学界对公共传播的研究进入一个高潮期，不同学科、不同学者基于学科传统和自身研究需要，对公共传播的意涵进行了不同角度、不同层面的解读，众说纷纭，莫衷一是。迄今为止，公共传播仍然是一个较为泛化和模糊的概念，似乎非商业的、面向大众的传播均能被纳入公共传播的范畴。

按照由新闻学与传播学名词审定委员会审定，全国科学技术名词审定委员会批准的《新闻学与传播学名词》（2022 年 12 月公布）中的定义，"公共传播是通过传统媒体或互联网新兴媒体面对不特定人群的开放性沟通、交流与共享"①。但显而易见的是，这个定义更多是从载体的多样化和受众的广泛性来看待公共传播，而没能体现出公共传播丰富的政治意涵。从多元利益主体对话交往的视角出发，国内一些学者对公共传播进行了集中研究。其中，石长顺和石永军认为，公共传播"指政府机构、社会组织、公共媒体、非营利组织或公民通过媒体进行的以社会公共利益为目的的公共信息和公共节目发布"②；潘忠党指出公共传播是具有平等身份的公民在开放的场所，遵循公开、公正、相互尊重和包容等原则展开的涉及共同关心议题或相关利益的交往，它的指向是通过信息的交流、意见的交锋以及关系的建立与维系而形成具有集合主体性和行动力的公众，并以此影响表达和实现其意愿的公共政策，公共传播的公共性包括话语和场所的公开、交往过程以及为这一过程提供保障的资源配置的公平和

---

① 新闻学与传播学名词审定委员会. 新闻学与传播学名词［M］. 北京：商务印书馆，2022：84-85.
② 石长顺，石永军. 论新兴媒体时代的公共传播［J］. 现代传播（中国传媒大学学报），2007,（4）：12-14.

公正，交往的目标包括形成具有主体性和行动力的公众，以及落实其意愿的公权及其决策；① 胡百精和杨奕指出公共传播是多元主体通过对话寻求认同、共识和承认的过程，它以公共性提供的价值规范和实践准则为基础，同时也反哺公共性。公共性在来源上是多元主体在对话中达成认同、共识和承认的产物，而公共传播正是其重要手段；② 冯建华则认为公共传播指的是多元主体在不同属性媒介构成的开放式传播网络中，围绕公共议题进行信息发布与沟通对话的行为、过程或现象，③ 即由公共性理念到公共实践的跨越；④ 董天策等人认为，大众传播视域中的公共传播研究，是基于公共知识的视角，围绕公共信息和信息传播过程，观察组织与公众间的沟通活动，寻求有效传播公共信息的方法与策略。⑤ 公共传播的本质在于促进理性对话，可以推进人类的权利平等、社会公正和民主参与社会治理，⑥ 优化政府与其他社会主体之间的交往渠道，促进社会整合，⑦ 还能增进社会认同，凝聚社会共识，促进国家和社会治理创新，可以作为"国家和社会的治理实验"。⑧

在相关研究的基础上，本书创新性地尝试对公共传播作出界定，即多元主体在公开、平等和尊重差异的基础上，在由报纸、广播、电视、网络等传统媒体和新兴媒体建构的公共领域中，展开的围绕公共议题的交往与传播活动，其目的是通过对话与协商达成认同、共识或实现对彼此的承认，进而形成共同体进行合作治理，最终促进公共利益的最大化。

---

① 潘忠党. 导言：媒介化时代的公共传播和传播的公共性 [J]. 新闻与传播研究，2017，(10)：29-31.
② 胡百精，杨奕. 公共传播研究的基本问题与传播学范式创新 [J]. 国际新闻界，2016，(3)：61-68.
③ 冯建华. 后真相、公共传播与共同体构建 [J]. 宁夏社会科学，2019，(2)：204-208.
④ 冯建华. 公共传播的意涵及语用指向 [J]. 新闻与传播研究，2017，(4)：113-119.
⑤ 董天策，石钰婧，史磊. 公共传播的研究传统与学理内涵 [J]. 新闻记者，2023，(11)：28-43.
⑥ 吴飞. 公共传播研究的社会价值与学术意义探析 [J]. 南京社会科学，2012，(5)：102-111.
⑦ 闫文捷. 作为公共传播的民主商议及其意义——一项针对浙江基层商议实践的问卷调查 [J]. 新闻与传播研究，2017，(11)：12-33，126.
⑧ 胡百精. 公共协商与偏好转换：作为国家和社会治理实验的公共传播 [J]. 新闻与传播研究，2020，(4)：21-38，126.

可见，公共领域、多元主体、公共议题、对话协商、公共利益是公共传播的核心要件，它们分别指涉了公共传播的空间、主体、内容、互动、目标，几个要件之间并不是相互割裂、彼此分离的，而是具有内在的逻辑联系，它们构成了一个由形式到内容的逻辑进程：公共领域为公共传播的行动者提供了结构化空间；多元主体构成了公共传播的行动者；公共议题是公共传播的物质基础，它一方面将多元主体召集到公共领域中，另一方面将不同利益主体联结在一起；对话协商推动了多元主体的互动和交往，它是多元主体开展公共传播的表征（呈现）方式；公共利益是多元主体参与公共传播的价值向度和最终归宿。

公共传播的内涵主要表现在以下五个方面。

第一，公共领域建构公共传播的场域。在新媒体场景下，公共领域指的是由报纸、广播、电视、网络等传统媒体与新媒体共同编织的"传播信息和视角的网络，（它）把日常生活体验的个人世界与政治体系联结在一起"①。而场域是一个空间概念，指的是商品、服务、知识、社会地位等资本生产、流通与使用的领域，它是一个围绕资本而进行斗争的结构化空间。②"场域本身具有生命力，并且始终处于各种力量关系的紧张状态之中。"③ 在场域中，多元利益主体围绕资本（其具备利益的内核）进行斗争和争夺，而斗争和争夺往往伴随着博弈、对话与妥协。所以，规则的、完整的场域构成了公共传播的结构化空间，在这个空间中，多元主体最终通过利益的取舍实现利益的均衡。理论上讲，公共传播的场域是开放的，多元利益主体可以随时进入，并且进行基于不同观点的实时对话。可见，公共领域是公共传播结构化场域的具体存在形式。在实践中，传媒作为多元主体的一极，通过创设公共领域来打造交流和对话平台，从而建构公共传播的场域，进而参与社会治理。

---

① ［英］詹姆斯·卡伦. 媒体与权力 [M]. 史安斌, 董关鹏, 译. 北京：清华大学出版社, 2006：275.
② 宫留记. 资本：社会实践工具——布尔迪厄的资本理论 [M]. 开封：河南大学出版社, 2010：234.
③ 高宣扬. 当代法国思想五十年（第2版）[M]. 北京：中国人民大学出版社, 2016：514.

第二，多元参与者构成公共传播的主体。社会转型发展期，各类利益主体纷纷涌现，其利益诉求亦各不相同，而政府作为传统社会管理的一元主体在应对复杂的社会问题和纷繁的利益诉求时显得力不从心，于是"社会治理"应运而生。在理念上，社会治理要求多元主体共同应对社会公共问题，通过相互之间的对话、合作，实现公共问题的妥善解决，从而推动社会的善治和公共利益的最大化。可见，公共传播的理念与社会治理的理念紧密契合，并为社会治理提供了实践路径。政府、公众、市场、传媒等多元主体的共同参与和协商对话是公共传播得以进行的基础，也是公共传播的重要内容和表现方式，多元参与者给予公共传播主体支持。

第三，公共议题为公共传播提供物质内容。公共传播本质上是多元主体围绕共同关心的问题而进行的一种沟通行为，目的是通过对话协商形成共识，推进合作行动。从经验上讲，这个"共同关心的问题"即公共问题，它涉及各方的共同利益和公共利益。也正是由于共同利益和公共利益的感召，多元主体才能够被"吸引"到公共传播的场域中，基于公共议题展开沟通、互动和交往，进行公共传播实践。可见，公共议题是公共传播的对象，为公共传播提供物质内容。

第四，对话协商既为公共传播提供动能，也是公共传播重要的表征形式。人类追求真理的过程实质上就是主体之间对话、交往和相互回应的过程。多元主体之间相互承认、互为主体，依凭交往理性平等对话与协商正是公共传播的要义所在。巴赫金认为，"任何一个个别、特殊的言谈，都是一种讲者与听者的对话，其意义不为单一主体拥有。意义产生于两个主体之间，是主体间的交流、沟通的边际现象"[1]。所以，意义是通过讲者与听者的交往、互动而建构起来的，而交往、互动的本质属性是对话性，意即相互平等的讲者与听者之间的对话关系。交往与对话是公共传播的前提和内在要求，对话性是公共传播的根本属性，而对话是人类互相沟通的基本方式，是对话性的表现形式。多元主体围绕公共议题，通过对话与协商来传播信息、发表看法、展开辩论，进行价值判断和价值交换，目的是让

---

[1] 〔美〕刘康.对话的喧声——巴赫金的文化转型理论[M].北京：北京大学出版社，2011：15.

不同的利益诉求、观点看法和解决方案充分交锋、得到修正和完善，在动态博弈的过程中确认与实现公共利益。对话推动公共传播的有效进行，没有对话，公共传播便会沦为"自拉自唱"的"独角戏"，达成共识更成了天方夜谭；也正因为有了对话，公共传播才能充满活力，其互动过程也才能被表征出来。

第五，公共利益是公共传播的最终归宿。公共利益是普惠于共同体全体成员的某种福祉，是"在多元社会的治理过程中，政府与利益相关者在利益和利益分配问题上所达成的共识"①，而这个"共识"是由政府与多元利益主体在有效协商、对话和互动的过程中确立的，这便形成了现代社会治理的合法性来源。多元主体在由媒体搭建公共领域的结构化场域中围绕公共议题展开协商和对话，这在实质上形成了公共传播实践，实现了"多元利益表达和公共利益表达相结合"②，协商和对话最终指向达成共识，推进公共利益的确认及均衡分配，因此公共利益是公共传播的最终归宿和价值指向。

二 电视上的公共协商：电视商议的界定

电视商议是本书提出的一个概念，指的是在治理理念被纳入国家战略的背景下，在党政部门的指导和监督以及电视媒体的动员、组织与协调下，政府、市场、公众等多元主体在由电视媒体及其新媒体（合作）平台搭建的场域中，围绕公共议题进行理性对话和平等协商的一种政治沟通实践，其目的是通过充分的对话协商达成共识，实现公共利益的最大化。在实践中，这个政治沟通过程依托的载体是电视媒体创新设立的电视商议节目。

从定义中不难看出，只有同时具备公共场域、多元主体、公共议题、理性对话、平等协商、公共利益等几个基本元素的电视节目及其实践，才可以被称为电视商议（见图1-1）。这里特别强调的是公共议题和公共利

---

① 张成福，李丹婷. 公共利益与公共治理[J]. 中国人民大学学报，2012，（2）：95-103.
② 张胜玉，郑佳. 公民资格与公共治理——基于公共领域的展望[J]. 河南师范大学学报（哲学社会科学版），2010，（1）：59-62.

益,这使电视商议与那些在电视节目中进行情感调解的行动过程有根本的区别。显然,某些电视情感沟通节目(比如江西卫视的《金牌调解》)并不属于电视商议的范畴,也不是本书所探讨的对象。

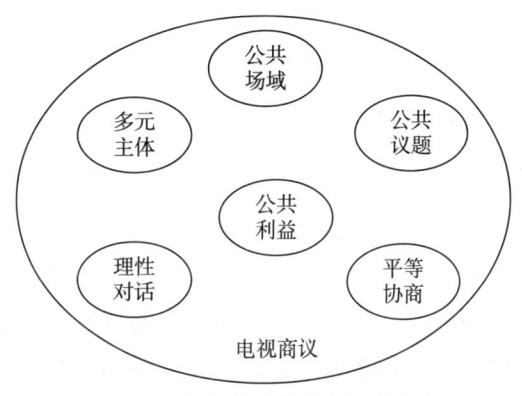

图 1-1 电视商议的基本构成元素

（图中要素：公共场域、多元主体、公共议题、公共利益、理性对话、平等协商；整体为电视商议）

在此有两点需要解释。其一,本书将此类电视节目称为"电视商议"而不是"电视协商"或"电视沟通",是因为"协商"、"商议"和"沟通"几个词的侧重点有细微差别。具体来说,虽然"协商"和"商议"都来源于英文"deliberation",但是它们强调的方面不同。协商民主领域资深学者何包钢认为,"协商"的译法更强调相互商量、理性讨论,但忽视了平等性和审议性,无法强调人与人的平等地位;[①]"沟通"则更多聚焦对话行为本身,无法体现审议的意味;而"商议"指的是个体间通过信息交换、审慎思考、理性讨论的方式审议普遍关注的公共事务问题,希望由此能够协调彼此间关系,最终成功开展协调的行动,[②] 它既有商量、商讨的含义,又强调参与者之间的平等关系和公共审议功能,更加契合此类电视节目的理念和实践特点,故而本书使用"电视商议"这个指称。其二,有的研究者将此类电视节目置于电视问政的范畴之中,称之为"沟通型问政"或"问计型问政",并认为其与宣导型问政、问责型问政共同组成了电视问

[①] 何包钢. 协商民主:理论、方法和实践[M]. 北京:中国社会科学出版社,2008:144.
[②] Stephanie Burkhalter, John Gastil, Todd Kelshaw. A Conceptual Definition and Theoretical Model of Public Deliberation in Small Face-to-Face Groups [J]. Communication Theory, 2002, 12 (4):398-422.

政的实践全景,这种观点具备一定的科学性与合理性。① 本书之所以将电视商议从电视问政中"刻意"剥离出来,主要是因为治理语境提升了电视商议这一实践形态在政治沟通中的地位,并凸显了其在基层社会治理及民主政治生活中的作用,因此有必要将电视商议单列出来进行深入研究。

电视商议是电视媒体履行公共性职责、参与社会治理的重要方式和内容,其内涵主要表现在以下三个方面。

首先,电视商议的本质是公共话语实践,其表征形式是对话协商。"公共话语的一种主要形式是辩论,但鲜有一方被另一方的论据和观点说服;公共话语的另一种形式是对话"②,而非自说自话或者隔空喊话。商议是一种不同行为主体交换信息,通过对话来协调彼此的关系和利益,以达成某种协议的传播行为,显然其核心机制和组织形式是对话协商。从经验上讲,商议是通过平等对话、理性分析,利用论点和论据来影响他者的观点、立场和偏好,并使其做出改变的,因为"偏好会在协商过程中得到转变,在追求最佳理性和公意中,人们的偏好会改变"③。而且,这样的改变往往表现为跳出了狭隘的个人主义及个体利益,而重点关注共同利益和公共利益,体现了一种公共精神。电视商议聚焦公共议题,组织和动员多元主体围绕共同利益和公共利益,在公开的、开放的、可见的空间中进行平等的、充分的对话协商,通过话语沟通来交换论点论据,在自愿的基础上不断调适他们的认知、调整利益分配方案。在此过程中,既有各方利益的聚合,也有各方利益的妥协和调适,这推动了共识的达成,促进了公共利益的实现。可见,电视商议本质上便是一种以对话协商为表征形式的公共话语实践。

其次,电视商议是一种媒介仪式,指向的是公共利益。英国传播学者尼克·库尔德里认为,媒介仪式是围绕关键的、与媒介相关的类别和边界组织起来的形式化的行为,④ 电视商议的表征形式是会话(对话),而"会

---

① 何志武. 对话与协商:电视问政的理念 [M]. 武汉:华中科技大学出版社,2018:9.
② 徐开彬. 争议性媒体事件中对话的可能或不可能:从对话理论探讨汪晖与朱学勤事件 [J]. 新闻大学,2013,(5):72-83.
③ 何包钢. 民主理论:困境和出路 [M]. 北京:法律出版社,2008:245.
④ [英] 尼克·库尔德里. 媒介仪式:一种批判的视角 [M]. 崔玺,译. 北京:中国人民大学出版社,2016:33.

话是一种仪式,因为会话跟人们在一起唱歌一样,有共同关注的话题,并共同创造了一种会话的实在,具有共同的情感"①。电视商议中,围绕公共议题的会话使参与者具备了共同的情感(解决公共问题,获取公共利益),具身性交流使得电视对话获得了实在性,会话内容及过程通过电视媒介及其新媒体(合作)平台得以呈现和传播,这无疑型构了一个媒介仪式。在这个媒介仪式中,政府、公众、市场、专家学者、媒体评论员等多方主体面对面地参与公共话题讨论,通过理性对话和平等协商调适各方利益,解决公共问题,实现公共利益。

最后,电视商议是国家与社会的政治沟通实践。"在一个利益分化、文化多元的复杂社会,政治和谐需要人们真诚地交流和沟通。只有理性的交流,才可能形成最大限度的共识,实现政治关系的和谐。"②而"共识来自共商,达成共识需要交流和传播。频繁、反复的传播会使人们对某些事物的观念趋同,在不涉及重大利益问题时尤其如此。广泛、深入的交流有可能最大限度地减少分歧"③。而且,沟通和对话除了能够弥合分歧外,还能够促使人们"了解别人,(进而)逐渐信赖别人"④,从而推进积极信任。电视商议聚焦公共问题,通过建构和营造平等、尊重、理性、包容的对话关系及氛围,促进政府、公众、市场之间围绕公共事务进行公开的、平等的政治沟通,通过沟通对话化解社会矛盾、增进多元共识、推动问题解决。更为关键的是,在政治沟通的实践过程中建构国家与社会之间的信任和依赖关系,构筑关系和谐的社会治理共同体。

与一般的电视谈话类节目以及电视问政相比,电视商议有着较为明确的边界,主要体现在以下两个方面。

第一,电视商议不是一般的谈话类节目,而是一种聚焦政治沟通与公共问题解决的互动仪式。柯林斯的互动仪式链理论认为,互动仪式需要具

---

① 〔美〕兰德尔·柯林斯. 互动仪式链 [M]. 林聚任,王鹏,宋丽君,译. 北京:商务印书馆,2009:3.
② 何包钢. 协商民主:理论、方法和实践 [M]. 北京:中国社会科学出版社,2008:17.
③ 赵建国. 论共识传播 [J]. 现代传播(中国传媒大学学报),2019,(5):36-41.
④ 〔英〕安东尼·吉登斯. 超越左与右——激进政治的未来 [M]. 李惠斌,杨雪冬,译. 北京:社会科学文献出版社,2000:131.

备三个要素：身体聚集、相互关注的焦点、共享的情感。电视商议实现了多元主体在电视演播室及其构建的公共场域中的身体聚集，公共议题是其相互关注的焦点，而追求公共利益、实现互惠共赢、推动社会善治是其共享的情感（或者可以说这些东西被共享的情感所包围）。因此，电视商议是一种互动仪式，这种仪式通过电视媒介及其新媒体（合作）平台得到推送、呈现，可以引发更广范围内的公共讨论及共识扩散，产生更为强大的情感能量，由此促进情感认同和治理共同体构筑，推动合作行动与问题解决。比如，杭州电视台《我们圆桌会》2010 年 12 月开播，至 2019 年 11 月，共播出 1066 期节目，涉及 805 个城市公共话题，对政府工作提出了 4000 多条建议，其中近三成被有关部门采纳、吸收，推动了 50 多项政府公共政策的制定完善和公共问题的解决。不可否认的是，推进政治沟通、影响公共政策、解决公共问题，是一般的谈话类节目难以企及的成就，因此其成为电视商议区别于一般的谈话类节目的突出特点。北京卫视《向前一步》2018 年 6 月 29 日开播，至 2020 年 12 月，共播出 131 期节目，推动 105 条街巷完成整治，让 779 处违法建设得以拆除，推动 1600 多名未签约居民完成签约，帮助 1625 人坐上崭新的电梯，为 4000 户居民解决停车难题，让近 20 万户居民的社区物业问题得到了实质性的解决，因节目而直接受益的市民超过 50 万人次。①

第二，电视商议不是电视问政。电视问政，指的是执政者、社会公众借助于电视媒体对公共事务展开咨询、讨论和协商，并以监督、问责为取向的政治传播活动。②自 2005 年兰州电视台《"一把手"上电视》播出以来，电视问政逐渐步入繁荣，成为各地电视媒体竞相推出的一类特殊的电视对话节目。从属性上看，电视问政节目既是一个政务公开平台，又是一个政策宣导平台，更是一个作风监督、治庸问责平台。据统计，截至 2024 年 9 月 30 日，全国各地电视媒体共推出 200 余档电视问政节目，如武汉电视台的《电视问政》、山东电视台的《问政山东》等。这些电视问政节目

---

① 喜报！《向前一步》栏目组获 2020 年北京市"模范集体"荣誉称号！[EB/OL].（2020-12-24）. https://baijiahao.baidu.com/s?id=16869656184989811112&wfr=spider&for=pc.
② 葛明驷，何志武. 电视问政十年：文化效应与反思[J]. 中州学刊，2015，(3)：168-171.

不论是在传统的演播室封闭对话，还是引入了融媒体互动环节，都具备一个突出特点，那就是监督属性凸显，让问题曝光、质询问责、整改承诺几乎成为每一期节目内容的必然逻辑。在节目中，政府官员、公众代表、专家学者往往处于舞台的不同区域、各成阵营，主持人扮演公众代表的角色为民意代言。而电视商议强调的是平等、包容、理性的对话理念，将政府、公众、市场等利益相关方召集到同一个空间中，围绕公共问题的解决，集思广益；鼓励他们把意见摆到"桌面"上，实事求是，以理服人，在互相倾听中寻找共鸣，在和而不同中寻求共识。可见，相对于电视问政，电视商议更加契合治理理念，也更加强调平等的身份地位、理性的观点表达、均衡的话语分配、自觉的共识达成及和谐的关系建构。因此，电视商议应与电视问政"划清界限"，以便我们对电视商议进行更为精准的考察和研究。

除此之外，与我国现有的民主恳谈会、社区议事厅等基层民主商议载体相比，电视商议有着自己的特点与优势。具体来说，虽然民主恳谈会、社区议事厅等社会商议与电视商议一样，都是民主协商和公共传播的有效载体，也都体现了治理理念、发挥了治理效能，但是，相较而言，其一，电视商议聚焦更广范围、更多个体的公共利益，其议题的公共性更强；其二，由于电视媒体较强的组织动员能力，加之融媒体技术（如5G视频连线、微博直播等）的充分运用，电视商议参与主体更为多元和全面，往往涵括了公共议题所涉及的各方代表（比如政府职能部门、企业代表、市民代表、专家学者等），这便更有可能将多元共治的理念落在实处，推动政府、市场和公众之间的合作行动；其三，整个对话过程通过电视媒体及其新媒体（合作）平台得到完整记录、播出和精准推送，镜头聚焦效应让多元主体的面容、姓名、身份完全公开和可见，这一方面让他们能够更加理性、客观地进行对观点与诉求的表述和回应，从而促进公共说理和共识达成，另一方面使每个主体在问题解决中的职责分工和承诺得到广大观众和网民的见证和监督，从而推动了问题的解决；其四，商议过程中的一些理念、知识和共识还能通过电视的传播在更广范围内扩散并引起讨论，促进更多人的认同甚至合作。

三　电视商议：公共传播的实践载体与现实展演

20世纪下半叶以来，以审议共识为原则的政治思想愈发受到重视，商议民主（deliberative democracy）应运而生，而"商议"（deliberation）也随之成为一个"热词"，被广泛关注和高频使用。在基于商议民主对公共问题进行探讨时，"除了倡导对自由、平等交流环境要素的支持外，还需要以慎重、理性、真诚的交流和协商机制为根本原则来达成多元价值认同的政治共识"[1]。其中，公共审议是商议民主的重要机制，它是一个仔细分析问题和平等协商的过程，在此过程中，参与者有足够的发言机会，并会仔细倾听、认真对话，以期形成审议共识。可见，商议和审议的高效运行既需要开放的公共对话空间，又需要科学、规范的程序和规则。"当下社会，万物互联，网络已成为社会运行的基础，社会被媒体重新组织，媒体也将成为社会由权威控制转向多元治理的核心协调力量。"[2] 因此，作为治理主体之一，媒体有责任搭建公共对话平台并组织公共审议的具体实施。在此过程中，电视媒体可以扮演重要角色，发挥重要作用。具体来说，电视媒体与商议民主"联姻"，通过建构开放的公共对话空间、制定科学规范的对话程序与规则，来组织动员多元主体对话协商，从而使得电视商议这种节目形态成为电视化商议民主的重要表现形式。

从传播学的视角来看，商议在本质上首先是一种传播实践；同时，商议是一种具有公共性的特殊传播模式。作为公共传播的商议通常发生在特定的公共空间，涉及公众就其关注的公共议题而展开的群体讨论与辩论[3]。由此可见，公共传播的作用在于构建具备整合性的公共商议平台，而电视商议无疑正是一种公共传播实践，它在本质上与公共传播有着极强的逻辑同构性，具体表现在实践场域、参与主体、对话内容、呈现形式、目标指向等五个方面。

---

[1] 李兵，郭天一. 话语共识与社会多元性整合——哈贝马斯审议民主理论探析 [J]. 思想战线，2019，（1）：78-84.
[2] 刘畅. 媒体在社会治理中的主体性探析 [J]. 编辑之友，2019，（5）：61-66.
[3] 闫文捷. 作为公共传播的民主商议及其意义——一项针对浙江基层商议实践的问卷调查 [J]. 新闻与传播研究，2017，（11）：12-33，126.

第一，公共领域是电视商议与公共传播的实践场域。所谓公共领域，指的是"允许市民自由发表和交流意见，以形成共识和公共舆论的地方。公共领域向公众开放，所有社会成员都享有平等的权利和机会，在这块地方自由讨论有关公共利益的任何事务"[①]。在我国特殊的传播情境中，公共领域可以理解为经党政部门允许设立的开放性和公开性空间，需要承担平台主体责任，即遵循"谁设立，谁负责"的原则。在实践中，不论是电视商议，还是公共传播，其对话和沟通行为都必须在一个空间中进行，开放性和公开性是其核心特点，不难看出，这个空间具备一定的公共领域属性，它是电视商议和公共传播得以进行的结构化场域和平台基础。显然，脱离了这个场域，公共对话便无处安放、无法开展。

第二，多元利益主体是电视商议与公共传播的行动者。多元利益主体一般包括政府、市场、公众、专家学者等，不同的主体所持有和追求的利益（资本）不同。比如政府主要持有和追求社会资本与经济资本，市场主要持有和追逐经济资本与社会资本，而公众主要持有和争取社会资本、文化资本、象征资本、经济资本等。新的时空境遇下，公共问题更为复杂，它往往牵涉多方利益主体，涉及多领域专业知识和技能，其解决需要多元主体的合作行动。因此，多元主体是电视商议和公共传播的行动者，离开了多元主体及其参与，电视商议将沦为一般的电视交谈，公共传播也会由于失去了主体基础而无法开展。

第三，电视商议与公共传播聚焦的内容都是公共议题。公共性是电视商议和公共传播的本质属性，其重要的表征形式便是公共议题。在实践中，公共事务和公共问题是公共议题的主要内容。事实上，公共事务和公共问题涉及公共利益和共同利益，能够吸引多元主体的关注、参与和讨论，正因为如此，它们一方面为电视商议提供了讨论对象和内生动力，另一方面为公共传播提供了物质基础，是电视商议与公共传播得以开展的"燃料"和"原料"。

第四，对话协商是电视商议与公共传播的呈现形式。不论是电视商议

---

① 宋全成. 论自媒体的特征、挑战及其综合管制问题 [J]，南京社会科学，2015，（3）：112-120.

还是公共传播，对话协商都是其最为核心的实践活动和外在的呈现形式。从一定意义上讲，对话协商建构了电视商议和公共传播的行动实践——没有对话协商，电视商议便失去了话语交往环节和实践活力，公共传播也将沦为"对空言说"，其传播行为亦将停滞。

第五，公共利益是电视商议与公共传播的目标指向。公共利益为电视商议和公共传播注入了"灵魂"、设立了目标——失去了基于公共利益的价值目标，电视商议将丧失公共性的价值指向，从而失去其存在的意义，公共传播也将与"公共"分道扬镳而彻底"变异"。

此外，问题的关键还在于，公共传播与电视商议都是治理的工具和内容。事实上，是治理驱动了公共传播与电视商议的实践。"治理不同于统治，它指的是政府组织和（或）民间组织在一个既定范围内运用公共权威管理社会政治事务，维护社会公共秩序，满足公众需要。治理的理想目标是善治，善治意味着官民对社会事务的合作共治，是国家与社会关系的最佳状态。"① 而公共政策反映了政府对公共利益的权威性分配，因此，治理会不可避免地涉及公共政策，也必然要求不同利益主体能够通过平等、自由、开放的对话与交往来实现利益的调和与互惠。密尔主张和提倡"通过讨论实现治理"，杜威质疑选举民主的"多数决定"，主张以公开讨论和平等交流的方式代替少数服从多数的原则。而公共传播与电视商议可以通过多元主体基于公共议题的对话与协商，使不同主体的利益诉求得到调和，并使各主体达成共识，以此维护共同利益和公共利益。由此可见，公共传播和电视商议一方面可以作为治理的工具，另一方面也是治理的重要内容。公共传播既是一种治理理念，也是一种治理实践。通过公共传播可以引导、促进电视商议，而借由电视商议可以推进、革新公共传播。

概言之，电视商议是公共传播的"现实展演"，而作为公共传播的电视商议乃是以公共传播为理论依据和实践框架的商议实践活动。

不难看出，与公共传播的五个要件（公共领域、多元主体、公共议题、对话协商、公共利益）相对应，作为公共传播的电视商议的实践要素应包含

---

① 俞可平. 中国的治理改革（1978-2018）[J]. 武汉大学学报（哲学社会科学版），2018，(3)：48-59.

空间建构、主体参与、内容确认、互动呈现、目标实现，它们分别指涉"在哪商议""谁来商议""商议什么""怎样商议""效果如何"等几个方面。事实上，五个实践要素分别构成电视商议的平台基础、主体基础、物质基础、运作基础和效能基础，它们共同作用，推动电视商议的具体实践及效能发挥，同时还建构了一个考察电视商议实践的分析框架（见图1-2）。

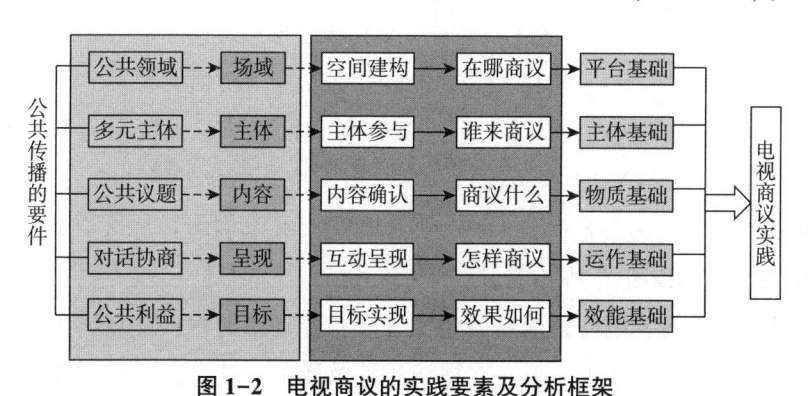

图1-2 电视商议的实践要素及分析框架

第二节 从电视访谈到电视商议：电视对话公共性实践的发展

公共性是指因个人与社会之间的紧张和协调关系而产生的一种强调社会利益的特征、方法和理论，公共性本身在不同语境中呈现着流变的样态。[①] 电视对话的公共性指的是电视对话本身对于公众的公开性和可进入性，以及对公共利益的关照与实现程度。因此，电视对话的公共性理应是一个连续统，即存在高低两极，且高、低之间存在渐次的变化。实践地讲，影响电视对话公共性的因素主要有五个：对话主题的公共性、对话场域的开放性、参与主体的多元性、话语分配的平衡性、对话目标的公益性。

近年来，随着经济、社会的飞速发展，"治理"日益受到重视并逐渐上升至国家战略层面，完善治理成为国家和社会的普遍共识。在此过程

---

① 刘剑文，王桦宇. 公共财产权的概念及其法治逻辑 [J]. 中国社会科学，2014，(8)：129-146，206-207.

中，电视对话的公共性实践也在不断地发展，带来了不同的节目样态，产生了电视访谈、电视问政、电视商议等电视公共对话形式。

一 电视访谈

电视访谈是主持人（记者）与嘉宾、观众在电视演播室或其他特定空间中，围绕某一主题展开讨论的一种电视对话节目形态。这种节目形态发轫于20世纪90年代，其代表性栏目有中央电视台的《实话实说》（1996年开播）、凤凰卫视的《锵锵三人行》（1998年开播）、中央电视台的《艺术人生》（2000年开播）、上海电视台的《财富人生》（2002年开播），以及中央电视台的《新闻会客厅》（2003年开播）、《高端访问》（2004年开播）、《开讲啦》（2012年开播）等。

从实践上看，电视访谈在公共性方面有着自己的特点。具体来讲，第一，从对话主题的维度来看，电视访谈涉及政治、社会、经济、教育、文化、体育、军事、科技、艺术等多方面议题，这些议题中有的面向公共领域、涉及公共问题，而有的议题则聚焦明星活动、娱乐事件、体育赛事或平民生活，使得议题内容呈现公共性与娱乐性共在的特点。第二，从对话场域的维度来看，电视访谈往往在电视演播室或其他物理空间（如咖啡厅等）进行，在实践中较少涉及场外观众或网民与受访嘉宾的互动，因此电视访谈的对话场域较为封闭。第三，从参与主体的维度来看，电视访谈的嘉宾既有国家政要、基层官员、专家学者，也有商界精英、明星艺人、普通市民，不过，每期节目依据议题需要，所邀请的嘉宾类别相对单一，因而其参与主体的多元化程度较低。第四，从话语分配的维度来看，受访嘉宾在主持人的话题引导及话语分配下，或进行现象解读、事件评论和知识普及，或展开故事讲述、经验分享和情感释放，在此过程中，主持人、嘉宾及观众之间以"我问你答"为话语特征，主要由嘉宾掌控话语权，主持人和观众也会偶尔参与到讨论中，但话语输出相对较少。因此，电视访谈中话语分配的平衡性较低。第五，从对话目标的维度来看，一部分电视访谈聚焦公共议题，但对话过程或是侧重于政策宣导、问题分析、现象解释、形势预测，或是聚焦于故事讲述、感悟分享、观点传递、精神激励，一般不直接指向公共问题的解决，在很大程度上只是引发政府、社会对问题的关注和重视,并呼吁应对、处理和解决;还有一部分电视访谈(如《金星秀》《康熙来了》等)聚焦娱乐事件和明星生活,其对话目标更多在于休闲娱乐。可见,对照影响电视对话公共性的五个因素进行综合考量,电视访谈的公共性相对不高。

二 电视问政

进入21世纪以来,为了改进党政干部工作作风,提高工作效能,提升政府形象,改善干群关系,电视媒体配合地方治庸问责风暴等活动,落实地方行政人员批示,承办起一种监督政策措施是否落实、服务管理是否到位、职能部门是否有担当能作为等,并督促相关问题解决的官民电视对话节目,被学界和业界称为电视问政,其代表性栏目有兰州电视台《"一把手"上电视》(2005年开播)、武汉电视台《电视问政》(2011年开播)、南宁电视台《向人民承诺——电视问政》(2014年开播)、山东电视台《问政山东》(2019年开播)、河南电视台《百姓问政》(2019年开播)等。

从类型上看,电视问政可以分为宣导型、沟通型和问责型等三大类。其中,宣导型问政类似于政府官员的电视讲话,是政府官员借助电视媒体进行政策宣讲与政策动员,以期获得公众理解和支持的一种电视问政形式;沟通型问政是由政府官员借助电视媒体,与公众就公共事务进行对话和沟通,在讨论和协商中发现与汇集民意和民智,在试图达成共识的过程中寻求社会治理良方的一种电视问政形式;而问责型问政则是党政部门主导,借助电视媒体对公众意见较大、反映出职能部门失职的问题予以曝光并就此开展问责的治理庸政懒政的一种形式。① 可见,问责型问政重点发挥了电视媒体的舆论监督功能,在实践中,问责型问政现场往往火药味十足,部分官员面对主持人或市民代表的询问、追问甚至逼问如坐针毡、满头大汗,一些官员由于失察失职而被行政长官或主管领导追责问责。比如,2018年,武汉在《电视问政》"期末考"中,曝光问题27个,问责处理77人、2家单位,其中党纪政务处分26人,问责涉及局级干部3人、处级

---

① 何志武. 对话与协商:电视问政的理念[M]. 武汉:华中科技大学出版社,2018:8-11.

干部32人;① 银川第38期《电视问政》曝光并推动解决了7个问题,追责问责14人,约谈相关责任人9人;② 仙桃市在2019年电视问政活动后,对问政涉及的5个部门的10名公职人员予以停职,宣布其"涉嫌违纪问题,待组织调查后再予处理"。③ 不可否认的是,由于问责型问政直面问题并致力于解决问题,可以有效推动干部作风建设、提高工作效能,而且整个对话过程富有戏剧冲突效果、看点十足,所以受到了官方和社会的共同认可,近年来呈现出"一枝独秀"的特点,成为各地电视问政的主流形式,并逐渐形成较为固定的节目程式,即播放暗访短片揭露问题;质询相关部门官员,官员解释问题出现的原因,现场提出问题整改方案及承诺问题解决的时间;满意度调查;事件追踪"回头看";等等(见图1-3)。

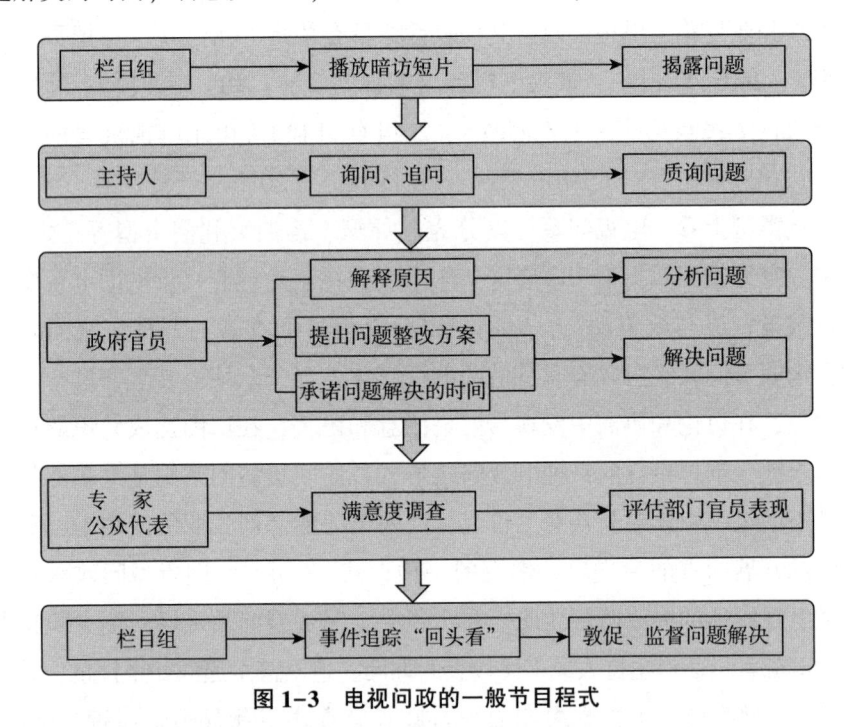

图1-3 电视问政的一般节目程式

---

① 武汉去年电视问政期末考共问责处理77人[EB/OL].(2019-07-08). http://wh.cnhubei.com/wuhan/p/12068278.html.
② 范晓儒. 第38期《电视问政》曝光问题整改到位,追责问责14人约谈9人![EB/OL].(2019-06-25). https://news.sina.com.cn/o/2019-06-25/doc-ihytcitk7612250.shtml.
③ 电视问政次日,10名公职人员被停职[EB/OL].(2019-06-28). http://news.sina.com.cn/o/2019-06-28/doc-ihytcerk9889151.shtml.

在具体实践中，第一，电视问政的对话主题均为公共议题，比如污染治理、市政维护、行政审批、噪声整治等，具备较高的公共性。第二，电视问政的对话场域一般都在电视演播室中，而《问政山东》等栏目的部分节目利用融媒体技术拓展了对话空间，使得场外的基层官员及其观点也能适时"入场"参与对话，从而增强了对话场域的开放性。第三，电视问政的参与主体一般为主持人、相关政府职能部门领导、专家学者、人大代表和市民代表等，但是，由于隐私保护和其他方面的原因，新闻事件的当事方（如排放污水的企业、利益受到侵害的村民等）往往没被请到现场，致使公共问题所涉及的各方利益主体不能悉数到场进行面对面对话，由此削弱了参与主体的多元性。第四，在话语分配方面，暗访短片播放后，主持人、人大代表、市民代表围绕暗访短片所暴露的问题询问相关部门官员，追寻问题出现的原因，寻求问题解决方案及对解决时间的承诺。问题主要归属于哪个部门，哪个部门的官员便负责"答题"，对话在"询问—追问—回答"的话语框架下展开。在此对话过程中，官员的"回答"（问题的实质、原因、解决的方案与时限等）被分配了较多的话语，而现场的大部分公众代表往往整场都在"冷眼旁观""沉默不语"，在节目中只是参与满意度调查（如举笑脸牌、按键投票），以此评估官员的现场表现。显然，电视问政话语分配的平衡性尚有提升的余地。第五，在对话目标方面，电视问政一是为了改进官员工作作风、提高官员工作效率、改善干群关系，二是为了切实解决公共问题、实现公共利益。综上所述，电视问政在对话主题的公共性和对话目标的公益性等方面均有较好的表现，但在对话场域的开放性、参与主体的多元性、话语分配的平衡性等方面还有待提高，这为电视问政的公共性实践留下了进一步改进的空间。

三 电视商议

《中国共产党第十九届中央委员会第四次全体会议公报》提出："必须加强和创新社会治理，完善党委领导、政府负责、民主协商、社会协同、公众参与、法治保障、科技支撑的社会治理体系，建设人人有责、人人尽责、人人享有的社会治理共同体，确保人民安居乐业、社会安定有序，建设更高水平的平安中国。"①而"在当代中国的背景下，社会治理就是在党和政府的主导下，多方面的社会力量共同参与，以激发社会活力和法治保障为手段，以保障改善民生和追求社会和谐为目的，以社会共同体为载体的治理社会的活动"②，其中的"多方面力量"自然亦包含媒体的力量。鉴于此，电视媒体理应成为社会治理的主体之一，切实发挥其搭建多方主体沟通对话平台的作用，电视商议便是因应"社会治理"理念和"共建共治共享"思想而出现的一种具有中国本土特色的、新兴的电视公共对话形式，它聚焦公共议题，鼓励多元参与，崇尚理性对话，重视平等协商，致力于共识达成与问题解决。

从本质上讲，电视商议是媒介逻辑介入地方治理的一种政治传播形式。与垄断新闻生产和信息传播、塑造政府和领导人公共形象不同，电视商议将治理场域中多元利益主体的商议、辩论展示于大屏（电视）或小屏（平板或手机）上，将其呈现为一种感性事实与理性观点交互与碰撞的"公开展演"，以此化解矛盾、弥合分歧、制造共识。

有一种观点认为，相比于电视商议，活跃于互联网上的种种观点表达具备处于自然情境下、自组织的特点，并且影响范围更广。在此需要说明的是，电视商议并不排斥和否定自组织、有秩序的网络商议，比如发生在网络论坛、微信群、QQ群的对话协商。作为各级党委和政府主导的政治传播的媒介延伸形态，电视商议具备更多的经济资本、社会资本和文化资本，它聚焦公共议题，更容易将公共问题涉及的多元利益主体（如政府官员、专家学者、市场主体、人大代表、市民代表等）动员和组织起来，围绕问题解决进行充分对话，在解决公共问题的同时，提升政府形象，增强社会信任，推进全过程人民民主。可见，电视商议可以与我国现有的社区议事厅、民主恳谈会、民主听证会、居民理事会等民主协商载体一道，共同推动基层社会治理的创新和发展。

从实践上看，第一，电视商议的议题均面向公共领域、聚焦公共问

---

① （受权发布）中国共产党第十九届中央委员会第四次全体会议公报［EB/OL］.［2025-01-26］. http://www.xinhuanet.com/politics/2019-10/31/c_1125178024.htm.
② 李强，卢尧选. 社会治理创新与"新清河实验"［J］. 河北学刊，2020，（1）：175-182.

题，比如违建拆除、老旧小区改造、小区自治、共有产权房申购等，其对话主题具备较高的公共性。第二，电视商议一般在电视演播室或新闻事件发生地（如拆迁现场、小区广场）进行，除此之外，电视媒体还能够充分利用融媒体技术（如 5G 无线视频连线、微博直播互动）拓展对话场域，鼓励场外观众和网友实时参与节目讨论，使得其对话场域呈现出开放性特点。第三，电视商议栏目组缕析公共问题所涉及的各方利益主体，邀请和动员政府、市场、公众、专家学者，特别是新闻事件的当事人（如"钉子户"、物业经理、业委会主任）等多元主体共同到场，面向公共问题的解决展开充分而平衡的理性对话和平等协商。第四，对话过程中，各主体之间没有界限分明的提问和回答，也没有追问、责问和逼问，而是有问有答、问中有答，进行多重互动、多轮讨论，其话语分配较为平衡。第五，从对话目标上看，电视商议重点发挥电视媒体纾解矛盾与促进共识达成的功能，致力于弥合多方分歧、促进问题解决、实现公共利益，同时推动多元主体的关系建构和合作治理。可见，相较于电视访谈、电视问政等电视公共对话形式，电视商议在对话主题的公共性、对话场域的开放性、参与主体的多元性、话语分配的平衡性、对话目标的公益性等方面都具备一定的优势（见表 1-1），可以尝试将其作为电视对话公共性实践的重要载体，为社会治理中的共建共治共享提供推力。

表 1-1　不同形式电视公共对话的公共性影响因素比较

公共性影响因素	电视访谈	电视问政	电视商议
对话主题的公共性	中	高	高
对话场域的开放性	低	中	高
参与主体的多元性	低	中	高
话语分配的平衡性	低	中	高
对话目标的公益性	中	高	高

经过细致梳理，我们发现，目前我国部分电视媒体逐步探索和发展电视商议实践，创新设立了几档已经具备电视商议雏形的电视节目，比如北京卫视《向前一步》、杭州电视台《我们圆桌会》、南京电视台《民声》等。

《向前一步》是由北京广播电视台策划制作的一档市民与公共领域对话的电视商议节目，于 2018 年 6 月 29 日首播。节目由"沟通""抉择（跨线）"两个模块构成；它聚焦北京城市治理中的公共问题，针对市民与公共领域之间的矛盾，通过当事人与政府工作人员以及"城市调解团"的沟通对话，达成共识并推动问题解决，从而起到解读公共政策、普及公共价值、构建公共情感、培养公德意识的作用。① 该节目每周一期，每周日（或周五）晚黄金时间在北京卫视新闻综合频道播出。值得一提的是，该节目中于 2018 年 7 月 13 日播出的《八米阳光》获得第二十九届中国新闻奖一等奖。

《我们圆桌会》是由杭州电视台策划制作的一档电视商议节目，于 2010 年 12 月 20 日首播。它以"让我们生活得更好"为核心理念，以"我们、交流、理解"为主题词，以"以发扬公共理性、提倡公共说理、培育公共精神、促进公共治理"为特色，建立政府、公众、媒体"三位一体"和"四界联动"的公共对话平台；节目中各方围绕民生热点话题平等协商，交流对话，寻找解决问题的办法，实现多方互动、各界交流、相互沟通、彼此理解，使节目成为汇聚民智、加强沟通、促进民主、推动和谐的重要平台。② 该节目于每周六、周日在杭州电视台综合频道播出，2019 年获得第二十九届中国新闻奖新闻名专栏一等奖。

《民声》是由南京电视台策划制作的一档大型全媒体互动电视商议节目，于 2013 年 6 月 15 日开播。节目分为"一问到底"和"换位思考"两大板块，每期邀请政府职能部门代表、市民代表、专家学者等参与电视对话，与市民群众交流交锋，集思广益，解决经济社会难题。除此之外，节目充分利用微信、微博等新媒体手段进行议题征集、节目互动，融合四屏（现场 LED 屏、电视屏、PC 屏、手机屏）拓展传播空间，借此实现政府、社会、企业等多方主体的"面对面倾听、心连心交流"。该节目每周一期，于每周六晚在南京电视台新闻综合频道播出，南京广电网、

---

① 《向前一步》荣获第 29 届中国新闻奖一等奖 [EB/OL]．（2019-11-08）．https://www.sohu.com/a/352392373_161623.

② 王平．解密《我们圆桌会》这档优秀节目的前世今生 [EB/OL]．（2019-11-13）．https://hznews.hangzhou.com.cn/wghz/content/2019-11/13/content_7303192.htm.

南京新闻广播同步直播。该节目于 2015 年获第二十五届中国新闻奖新闻名专栏一等奖。

从经验上看，当前我国电视商议节目的"诞生"往往基于两种路径，其均体现着行政权力的逻辑。一是由党政部门直接发起动议而推出，比如，北京卫视《向前一步》是在北京市委和市政府"办一档聚焦城市发展与整治的节目"的任务的驱动下创办的，连续两年被写入北京市《政府工作报告》，被列为"北京市折子工程"，这体现了市委、市政府领导办好《向前一步》的决心和魄力。二是由电视媒体与政府机构相互配合而创立，比如南京电视台《民声》。显而易见的是，在以上两种"诞生"方式中，政府都扮演着重要的角色，节目在创办之初也都被赋予了强烈的政治意涵，被作为协助政府进行社会治理的载体和工具。而协办或承办电视商议节目的电视机构"是提供技术型服务的专业组织，它服务的对象是问政节目的主办方，服务内容是将媒介逻辑吸纳于治理、服务于治理"①。但是，这并不意味着电视商议就一定会被权力"收编"，成为政府部门及其官员展示政绩、呈现风采和魅力的"政治真人秀"，进而变成纯粹的政府"代言人"和"背书者"。如果真是那样，电视商议所承载的公共传播使命便会被扭曲，其对于公众、市场的公信力和吸引力都会遭到消解，从而导致被用户抛弃而彻底失去传播力和影响力，这显然不是政府部门和电视媒体愿意看到的结果。事实上，在我国的政治体制下，党和政府是社会治理的领导者和主导者，不论是由政府（或主要领导）直接发起，还是由电视媒体主动设立，电视商议作为公共协商平台的基本属性都没有改变，其促进对话、改善民生、助力社会治理的指向亦没有偏移。

第三节 沟通、认同与合作：电视商议的价值

"民主体制下的治理，需要遵循民主的规则，采取商议的程序，以获取权威性。在媒介化的时代，治理的权威需要在媒体上展演，也需要在媒

---

① 闫文捷，潘忠党，吴红雨. 媒介化治理——电视问政个案的比较分析［J］. 新闻与传播研究，2020，(11)：37-56.

体上接受挑战，并由此而增强其正当性。"① 在我国的现实情境中，电视商议在促进沟通、加深认同、推动合作等方面发挥着重要的作用，具体表现在以下四个方面。

一 消解社交时代的无序纷争

在以 5G 为代表的移动互联网飞速发展的背景下，利用社交媒体（如微博、脸书）和即时通信工具（如微信、QQ）便可以随时随地进行低成本的沟通，比如微信群讨论、网络直播对话等，但是，基于社交媒体和即时通信工具的交流难以建立良好的对话关系，甚至极易导致无序的纷争。

首先，基于社交媒体和即时通信工具的交流难以建立良好的对话关系。由于参与主体不在同一物理空间中，基于社交媒体和即时通信工具的远距离数字交流会形成一种物理上的彼此隔绝，对话主体之间难以充分、细腻地感受对方的目光和声音（语调）。"数字化的交际极度贫于目光和声音。数字化媒体是'去身体化'的。它夺走了声音的'纹理'，夺走其'身体性'，即胸腹腔、肌肉、横膈膜和喉咙软骨的深处。声音被'平整化'了。"② 即使将各个参与主体通过无线通信技术置于同一个视频聊天室，让其相互可见、同步对话，由于手机或笔记本电脑摄像头的位置问题，事实上对话者在彼此交流时也不会形成对视，③ 亦难以实现彼此之间心灵的交流。可见，数字化交流中真实语调和眼神交流的缺失，让理想的对话氛围难以营造，同时阻滞了对话关系的建立，对话效果可能因此大打折扣。

其次，基于社交媒体和即时通信工具的交流容易导致无序的纷争。新媒体生态下，社交媒体、即时通信工具的快速发展为公众发表看法、阐释理由提供了有力手段。但是，"网民在网上的公共讨论或政治参与，其实是一种由现实政治的功能性缺失造成的大众政治行为。这种大众政治寄身

---

① 闫文捷，潘忠党，吴红雨. 媒介化治理——电视问政个案的比较分析［J］. 新闻与传播研究，2020，(11)：37-56.
② ［德］韩炳哲. 他者的消失［M］. 吴琼，译. 北京：中信出版社，2019：87.
③ 因为对话者往往是看着手机或笔记本电脑屏幕说话的，而摄像头一般处于屏幕上方而不是屏幕中间，所以不会形成彼此间的对视。

于网络,带有民粹主义色彩"①。另外,网络交往中主体身份的隐匿和身体的不在场,使得一些非理性的甚至极端的情绪化表达及反应纷纷涌现,攻击、谩骂、指责充斥其中,形成一种"作恶的狂欢"。更为严重的是,由于规则和秩序的缺位,基于互联网空间的讨论往往容易形成"众声喧哗"或"自拉自唱"的局面,而网络水军的攻击使得公共对话遭到"劫持"和操控,"大量的问题、信息的混乱,对分析问题和将行动整合进决策的过程构成挑战"②,因而难以形成公共话语,共识的达成和合作更是天方夜谭。

相较于基于社交媒体和即时通信工具的交流,电视商议实践中的主体参与更加有序,对话协商更为理性,这就在较大程度上消解了"无序的纷争"。具体来说,其主要表现在以下两个方面。

首先,在政治功能维度上,电视媒体具备较强的媒介权力,可以动员多元主体有序参与电视商议。政治逻辑决定媒体逻辑,由于政治体制的原因,我国的电视媒体均是官办媒体,从属于党的宣传部门,接受党和政府的领导,"广播电视工作就是政治工作"③。鉴于此,从国家级电视台到省市级电视台,其台长基本上都同时兼有党委宣传部副部长的职务,以实现对电视媒体喉舌功能的监督和管理。从这个意义上讲,我国的电视媒体都具有先天的官办背景,与政府其他职能部门同处于科层体系中,且与各界联系广泛,这为电视媒体与各类主体的交往和互动提供了便利的结构性条件,提升了电视媒体的公信力和动员能力。另外,近年来,随着社会治理和党建工作的不断推进,各级党委、政府对电视媒体在促进政策落实、公众沟通、纪律监察等方面的期待和支持进一步加强,政治赋权为电视媒体提供了重要的政治资源和媒介权力,其主要体现在两个方面:在社会资本和符号资本方面,党委和政府赋予电视媒体制定议题、获取政务数据、遴

---

① 张涛甫. 新媒体语境下大众政治勃兴与协商民主建设 [J]. 南京社会科学, 2014, (7): 96-102.
② 〔英〕詹姆斯·柯兰,娜塔莉·芬顿,德斯·弗里德曼. 互联网的误读 [M]. 何道宽,译. 北京: 中国人民大学出版社, 2014: 187-188.
③ 加快广播电视高质量创新性发展 2020 年全国广播电视工作会议召开 [EB/OL]. (2020-01-04). http://www.nrta.gov.cn/art/2020/1/4/art_112_49381.html.

选（邀请）相关部门官员参与对话的权力，让其真正能够发挥平台搭建者的作用，避免其陷入"有人搭台，无人参与"的窘境；在经济资本方面，党委和政府鼓励、指导电视媒体将公共服务板块（如时政新闻、民生新闻、电视商议等）与可经营板块（如娱乐节目、广告等）分离，同时给予公共服务板块较为充足的经费支持，支持其调查采访、聘请专家、录制节目等。社会资本、符号资本和经济资本的增加为电视媒体注入了较强的媒介权力，为其组织多元主体有序参与电视商议提供了动力。

其次，在媒介功能维度上，电视商议具备较高的沟通效能，可以促使多元主体有序对话。作为一种媒介形式，电视具有易接近性，且画面生动逼真，特别是移动通信、IP 传输①、H5② 直播等技术的发展，使电视节目能够方便地实现演播室现场的参与者及场外观众之间的"相遇"，将面对面的具身性交流与虚拟的贴近性交流相结合。在电视商议中，每个人的容貌、身份都相互可见、相互公开并通过电视及其网络设备客户端展现在公众面前，多元主体共处同一时空的同步交流带来强烈的真实感、同场感和共时感，从而助推"我—你"良好对话关系的建构。除此之外，摄像机、演播室灯光、音响、主持人、现场观众等物理环境的嵌入以及现场直播的传播方式，使得电视商议具备了一种严肃、审慎的沟通氛围，使参与者能够更加理性与准确地阐释观点和主张，加之节目流程和对话规则的设置，可以让多元主体的对话更加有序。

二 强化政治沟通和公共说理

电视商议本身是一种公共传播实践，能够强化政治沟通，促进公共说理。

首先，电视商议强化了"传播的政治"。根据政治传播的实际发生源，可以将广义的政治传播区分为"政治的传播"和"传播的政治"两种实践形态。前者表现为政府（以及执政党）主动地对特定政治内容（包括政治

---

① 即直播信号经过发送端编码设备编码后形成数据流，并附加了接收端在通信网络中所对应的唯一 IP 地址，当数据流到达接收端，再通过解码设备解码生成所需的视音频信号。
② 即 HTML5 移动网页。

价值、意识形态、政治观念、政治制度、政治模式、政治形象等）进行的传播；后者通常表现为体现出特定政治性的社会主体的自主传播行动。因此，"传播的政治"本质是社会政治，表现为对社会的政治发现，强调从社会性主体出发，重视国家与社会之间的多重互动，具体表现为沟通、吸纳、治理等多种形式。① 新公共服务理论的重要代表人物登哈特夫妇在2000年提出"未来的公共服务将以公民对话协商和公共利益为基础，并与后两者充分结合"②。而巴伯认为，政治判断是由共同的活动而不是仅仅由思考来界定的。③ 其中，"共同的活动"乃是多元主体之间的沟通与交往，具体包括理性的交往与情感的交往，目的是达成一致或较为一致的意见，以较好地解决涉及各方利益的共同问题。借助电视商议平台，国家（政府）宣传公共政策，解读内容条款，阐释政策意义，争取社会支持，吸纳民意民智，与社会和市场共同决策、共同治理。这个过程中，国家（政府）摒弃了权力的强势和傲慢，与社会、市场平等对话和沟通，将国家（政府）制定公共政策的初衷、为维护公共利益做出的努力表达出来，由此实现政治宣传、政治沟通和政治营销的目的。与此同时，政府官员理性、耐心地进行解释，参与对话和商议，使得政府官员傲慢的刻板印象被打破，从而塑造了国家（政府）执政为民、一心为公的良好公共形象。概言之，电视商议增强了政府的可接近性和可沟通性，实现了国家和社会的多重互动，从而强化了"传播的政治"。

其次，电视商议营造了公共说理氛围，提升了参与主体的认知水平。一方面，政治沟通被重视和强化，促进了电视商议对公共说理氛围的营造，提高了参与者的公共说理水平。公共说理，指的是"在公共生活中的说理，是一种理性交流、表达看法、解释主张，并对别人可能有说服作用的话语形式"④，它体现的是一种文明程度和思考能力，要求对话者全面、

---

① 谢进川. 新媒体语境中政治传播的实践形态与效力提升途径分析 [J]. 现代传播（中国传媒大学学报），2019，（8）：25-29.
② Robert B. Denhardt, Janet Vinzant Denhardt. The New Public Service: Serving Rather than Steering [J]. Public Administration Review, 2000, 60 (6): 549-559.
③ Benjamin Barber, Foundationalism and Democracy [M]//Seyla Benhabib. Democracy and Difference. Princeton: Princeton University Press, 1996: 354.
④ 徐贲. 明亮的对话：公共说理十八讲 [M]. 北京：中信出版社，2014：30.

客观、理性地把握所讨论的公共问题，进行观点阐释。说理的目的是尽量消除人际意见对立，化解分歧，是通过交流、说服来达成共识。电视商议本质上是一种通过电视媒介得到呈现和推送的公共传播实践，秉持的是理性对话和平等协商的核心规范，推崇公共说理方式的应用，意味着对话是基于公共理性的，提倡理性的交流，各种观点和诉求必须有助于公共利益的实现，并符合法律法规的要求，且每种观点和诉求的理由都必须得到阐述；反对感性的情感宣泄，更抵制以个人利益损害公共利益的做法。整个对话过程的完整呈现，使公共说理成了表达诉求、凝聚共识和解决问题的主流路径与有效方式，从而营造了公共说理的良好氛围。另一方面，电视商议推动的政治沟通提升了参与主体的认知水平。电视商议是一种借助电视媒体组织和呈现的公共传播行为，它既具备传播性，也具备认知性。在电视商议中，政府官员、专家学者和公众围绕公共事务和公共问题，分别在事实层面、价值层面和行动层面进行充分对话，可以将公共问题的相关概念阐释清楚，并通过电视传播使得一些专业术语（如建筑红线、规划红线等）、专业知识（如公共维修基金提取方式、垃圾分类原则等）与法律法规为公众熟知和理解，从而提升他们的认知水平和能力。

三　催发认同生产和公共精神培育

电视商议在推动认同生产和公共精神培育方面有着较强的行动力，具体表现在以下两个方面。

第一，电视商议促进认同生产。认同在本质上指涉的是个体与群体、个体与环境的情感归属关系，核心是主体的建构。巴赫金把主体的建构看成一种自我与他者的关系——人的主体是在自我与他者的交流、对话过程中，通过对他者的认识和与他者的价值交换而建立起来的。主体的存在首先是个体的，但因个体存在的不完整性，真正的主体性必须是共有的，是靠自我与他者的对话和交往实现的。[①] 而交往行为的目标是导向认同，"认

---

① 〔美〕刘康. 对话的喧声——巴赫金的文化转型理论［M］. 北京：北京大学出版社，2011：9-10.

同归于相互理解、共享知识、彼此信任、两相符合的主体间的相互依存"①。具体到电视商议,在多元主体围绕公共议题进行多轮对话和协商的过程中,公共利益是其核心的话语框架,使得"通过公共利益的实现来改善私利"和"我们中的每一个人对特殊的自我利益的'理性'追求可能会导致互相损坏的结果"②成为一种被广泛认可的普遍认知。通过公开的对话、交流和商议,不同群体之间加深了对彼此的认识和理解,增进了互信。同时,个体与个体、个体与群体、个体与所在区域的共生共存共荣理念得到确认,由此促进了群体认同、角色认同、个人认同和区域认同的生产。

第二,电视商议培育公共精神。公共精神体现为人们关心和促进公共利益的意识与行为,其核心价值包括政治平等、参与和责任、信任和宽容、团结和协作。③ 简·曼斯布里奇认为,公共精神既包含爱也包含责任,二者都发挥着重要作用,使得个人基于它们来确认自己的个人利益,因此,公共精神的实质即政治利他主义。④ 公共领域是培育具有公共精神的现代公民的实践场域,公民只有积极参与公共领域事务,才能提升自己在对话、协商、合作等方面的意识和能力,在实现社会治理现代化过程中发挥主体性作用。⑤ 电视媒体不仅是参与社会治理的主体之一,而且还对培养公共精神、播撒公共理性发挥着重要作用。显然,电视商议在由电视媒体建构的公共领域中进行,以事说理、以案明德,整个过程通过电视媒介得到呈现与传播,进而将对话协商过程中的观点、意见、诉求、方案等多维信息向舆论转化。而舆论可以成风化人、敦风化俗,具备较强的引导作用,具体表现为对平等、责任、信任、包容、团结等公共精神和公

---

① 〔德〕哈贝马斯. 交往与社会进化[M]. 张博树,译. 重庆:重庆出版社,1989:3.
② 〔美〕罗伯特·A. 达尔. 多元主义民主的困境——自治与控制[M]. 周军华,译. 长春:吉林人民出版社,2006:40.
③ 笪素林. 社会治理与公共精神[J]. 南京社会科学,2006,(9):92-97.
④ Jane Mansbridge. Public Spirit in Political Systems [M]//Henry Aaron, Thomas E. Mann, Timothy T. Taylor, Values and Public Policy. Washigton, DC: Brookings Institution, 1994: 146-172.
⑤ 张诚,刘祖云. 公共领域视域下社会治理现代化的实现[J]. 宁夏社会科学,2018,(5):120-125.

共理性的召唤和培育。而且,这种方式没有一丝说教意味,而是润物细无声的传播和教化。进一步说,公共精神是一种思想观念和价值取向,同时也是一种信仰。电视商议催生了社会关系的建构,这种社会关系"不是个别与一般、特殊与普遍的关系,不是一方牺牲、取代和吃掉另一方的关系,不是非此即彼、你死我活的关系,而是亦此亦彼,你中有我、我中有你,同时共存的关系"①,这便使得多元主体"通过处理共同事务时彼此交流、彼此说服和彼此满足的需要而聚集起来"②,由此增进了社会团结,同时让信任、团结、合作的价值取向得到认可,从而促进了公共美德、公共理性和公共精神的培育。

四 推进公众参与和合作行动

在推动公众参与和合作行动方面,电视商议也发挥着重要作用。

首先,电视商议是一种民主机制,可以促进公众参与。这具体表现在以下几个方面。

第一,电视商议促进了社会生活的民主化。电视商议通过电视及其新媒体(合作)平台拓展了商议所涉及的公共事务和参与公共事务的公众的范围,利用电视媒介同场性、多向性和深入性的特征与优势,在促进多元主体的意见交互与理性思辨的同时,有效增强了公共协商的真实性,推动了社会生活的民主化,这种民主化使得更广范围内的公众能够便捷地、直接地、真实地表达诉求和看法,由此跳出诉求、意见、决策屡屡"被代表"的窘境,实现了对代议制民主的超越。

第二,电视商议推动了公众参与。OECD(经济合作与发展组织)把公众参与的形式划分为三种:告知、咨询和积极参与。③ 其中,告知是一种政府为公众生产和提供信息的单向关系;在咨询中,政府和公众是双向关系,在决策过程中,公众要提供反馈信息给政府,而政府要认真对待公

---

① 〔美〕刘康. 对话的喧声——巴赫金的文化转型理论[M]. 北京:北京大学出版社,2011:57.
② 〔美〕詹姆斯·T. 施莱费尔. 托克维尔之钥[M]. 盛仁杰,译. 上海:上海人民出版社,2020:61.
③ 朱德米. 公共政策制定与公民参与研究[M]. 上海:同济大学出版社,2014:16-18.

众的意见和看法,并向公众解释采纳或不采纳的理由;积极参与则是一种以合作为主要特点的参与形式,主要表现为公众与政府在政策制定过程中的分工与协同。事实上,电视商议集成了告知、咨询和积极参与等三种公众参与形式。与此同时,通过开放性商议空间的建构、公共议题的公开征集、对话过程的公开呈现等机制,电视商议为充分的公众参与提供了便捷而有效的路径和通道,加之电视媒体的主动组织和动员,使得普通的个体依托电视商议找到了表达观点、诉求和意见的平台,使其声音能够被更广范围内的更多人听到,保障了其表达权、监督权、知情权,从而使其体会到自己的价值,增强了其存在感和政治效能感,消解了其政治虚无感,激发了其参与的热情。

第三,电视商议助力了社会治理合法性的构建。"与传统国家统治和社会管理的合法性来源于上级政府、官僚组织不同,现代社会治理的合法性来源于公众参与和社会共识,即政府、社会和公众通过讨论、协商,达成一致意见,采取集体行动,实现公共利益的最大化。"[①] 电视商议通过理性对话和平等协商机制的发挥,使多元主体的诉求、偏好、利益得到理性取舍和调和,从而达成共识、形成决策。显然,这个决策是由多方利益主体共同做出的,"不仅仅出于多数的意愿,而且还基于集体的理性反思结果,这种反思是通过在政治上的平等参与和尊重所有公民道德和实践关怀的政策确定活动而完成的"[②],是综合了各方利益和诉求的共识性方案,因而具备合法性。

其次,电视商议是行动指向的,可以推进多元主体的合作行动。现代化的社会治理体系是纳入了国家、社会、企业、媒体、公众等多元主体的综合系统,涉及多元主体之间及各主体内部在公共事务管理过程中相互协调彼此间关系、有效互动与合作的能力。[③] 实现社会治理现代化,必须改变政府单一治理模式,通过构建公共领域,走社会合作治理的道路。对于

[①] 张诚,刘祖云. 公共领域视域下社会治理现代化的实现[J]. 宁夏社会科学,2018,(5):120-125.
[②] 乔治·M. 瓦拉德兹,何莉. 协商民主[J]. 马克思主义与现实,2004,(3):35-43.
[③] 闫文捷. 作为公共传播的民主商议及其意义——一项针对浙江基层商议实践的问卷调查[J]. 新闻与传播研究,2017,(11):12-33.

以治理理念为指导的电视商议，达成共识是其直接目的，而共识往往要指向行动，否则，共识的达成便失去了实际意义。在公开透明的电视商议中，多元主体均被赋予了参与社会治理的权利，也都负有参与公共决策的责任，决策正确，大家一起受益，决策失误，大家均蒙受损失，由此形成了一个民主共治的利益共同体。只有充分对话协商，高效达成共识，并以利益共同体的形式进行合作行动，才能凝聚力量，提高效能，促进公共问题的解决，从而实现共同利益。从这个意义上讲，电视商议可以推进多元主体的合作行动。

可能会有一种观点认为，电视商议是需要时间成本的，多轮的对话协商会耗费大量的时间，而且还不一定能够达成共识，这无疑会延宕多元主体的行动，从而错失问题解决的最佳时机。所以，电视商议会降低公共问题处置的效率。对于这种看法，本书需要说明的是，电视商议具有很多价值及功能，不过，这并不意味着任何类型的公共问题都适合进行电视商议。事实上，电视商议的议题也是分级分类的：对于突发性的、关系到公众生产生活安全的问题，如2020年新冠疫情等重大突发公共卫生事件、自然灾害、事故灾难、社会公共安全事件等，应由相关政府职能部门当机立断，遵从效率优先的原则紧急处置；而对于一些涉及民生的公共政策，如城市治堵、小区自治、棚户区改造、文物腾退、共有产权房申报、垃圾分类政策等的制定和执行，因其直接影响公众生活、关涉公众利益，而且更为重要的是这类政策的执行需要公众的理解和支持，所以需要通过电视商议让多方主体充分对话与碰撞，达成统一认识，形成政策认同，推动政策出台及顺利实施。

第二章　电视商议的空间及其建构

空间及其建构是电视商议的第一个生产实践要素，它是商议活动得以实施的平台基础。具体来说，电视商议在由电视媒介建构的空间中进行，这个空间首先是一个物理场域，其次是一个关系场域。其中，物理场域容纳了灯光系统、摄录系统、音响系统、舞台、对话主体等实体性元素，而关系场域容纳了多元主体的各种社会竞争与合作关系。在这个空间中，各主体受惯习的驱动，运用自己所掌握的经济资本、文化资本、社会资本和象征资本，通过对话协商进行资本的争夺与转化（利益的获取），直至达到一个利益平衡点。可见，电视商议的空间是多元主体对话协商的结构化场域及其行动实践的场所。那么，电视商议的空间有何特点？实践逻辑何在？建构的路径有哪些？这一系列问题的答案不仅关系着电视商议实践能否顺利实施，还关乎电视商议平台公共性与沟通性能否存续和增强。从本质上讲，电视商议的空间既是一个真实性空间，又是一个开放性空间，还是一个可见性空间。本章结合场域理论和互动仪式链理论，重点阐述电视商议的空间特性及作用机理。

第一节　真实性空间

电视商议的空间首先是一个真实性空间，真实性最为本质的特征是身体的在场。身体是人类最直接的物质性存在，身体的在场为电视商议真实性空间的建构提供了物质性基础。

一　身体的在场：物理空间与具身性交流

在电视商议中，真实性空间主要体现在以下两个方面。

第一，真实的物理空间。电视商议一般在电视演播室进行，但是，栏目组有时为了让商议更加切近新闻事件的发生地，使对话更富情境性，也会将商议地点选择在小区广场、拆迁现场、文物大院等场所。与基于互联网的远距离交流不同，无论是电视演播室，还是新闻事件发生地，它们都从客观上形成了电视商议的真实物理空间。在这个物理空间内，既有参与对话的多方利益主体，又有舞台、电视摄像机、影视灯光设备、拾音设备、扩音设备等技术装备，这些元素充斥着物理空间，并体现着物理空间的可触性、可感性和真实性。

第二，真实的具身性交流。具身性代表着向他者的敞开、与他人的亲近，在其中，与他人的接触是可感的、易得的。而具身性交流指的是基于身体参与和感知的，人与人、人与客观世界的交往与互动。具身性交流是电视商议真实性空间的主要表征，它主要包含两个方面的内容。

一方面，电视商议中的具身性交流体现在对话者身体的彼此相遇上。在远距离交流大行其道的今天，数字媒体让交流突破了时间和空间的限制，并且不再需要肉体和面容的同时在场，然而，"远程的联系尽管逼真，但总是难以替代亲身实际参与所产生的团结"[①]。电视商议中，政府官员、公众、市场主体、专家学者、律师等多方主体基于公共议题来到电视演播室或其他相关场所，在主持人的调度和引导下进行面对面的对话协商，其交流是同场共时、彼此相遇、相互注视的，自然也是真实可感的。"当我面对他者时，我与他是脸对脸、面对面；面孔对面孔是一种交流，而且是一个双向交流的过程；我注视着他人之'面孔'，不仅仅是一种'注视'，也是对他人的'回应'。"[②] 可见，彼此身体的相遇是电视商议具身性交流的必要条件。

另一方面，电视商议中的具身性交流还体现在对话者面容、姓名和身份的公开上。面容有两方面的含义。一是一个人的外貌，在此意义上，面容代表了自己及他人的身体的独特性，主要起到的是辨识作用。"面

---

① 〔美〕兰德尔·柯林斯.互动仪式链[M].林聚任，王鹏，宋丽君，译.北京：商务印书馆，2009：103.
② Emmanuel Levinas. Totality and Infinity [M]. Pittsburgh: Duquesne University Press, 1969: 42.

部在一个人身上所具有的重要性及意义,不仅因为它是生命的最重要官能而使有意义的生活成为可能,而且因为它也表示一个人的身份及其独特性。"① 二是一个人由面容衍生的姓名、身份及社会关系,它们既是个体经济资本、文化资本、社会资本、象征资本的"代言者",又是个体之间社会交往和关系建构的重要元素,因为姓名和身份作为一种象征符号,可以让个体在社会网络中的交往更为稳定。可见,面容既是识别个体身份的基础与线索,又是个体进行社会交往与社会关系建构的重要工具。电视商议中公开谈话者面容、姓名和身份实际上是确认了对话者的参与资格和主体地位,同时也体现出对各位参与者的尊重与重视,是具身性交流的重要保障。这也正是电视商议相较于广播问政类节目最为突出的优势所在。

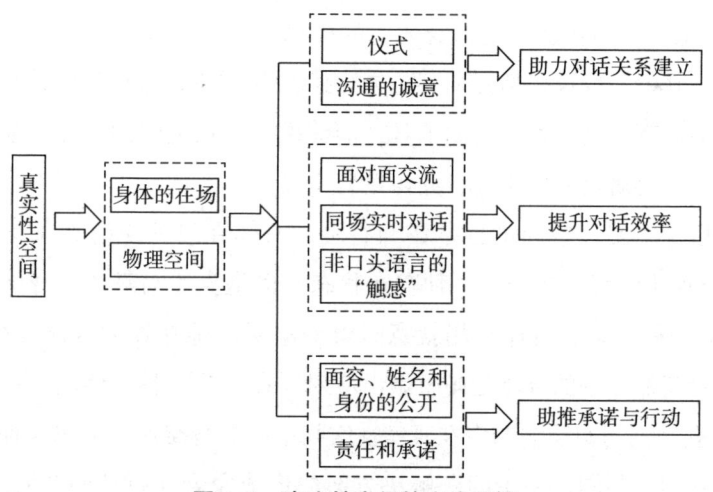

二 实在的互动:真实性空间的实践逻辑

真实性空间的实践逻辑主要表现在以下三个方面(见图2-1)。

图 2-1 真实性空间的实践逻辑

真实性空间 → 身体的在场 / 物理空间 →
- 仪式 / 沟通的诚意 → 助力对话关系建立
- 面对面交流 / 同场实时对话 / 非口头语言的"触感" → 提升对话效率
- 面容、姓名和身份的公开 / 责任和承诺 → 助推承诺与行动

首先,真实性空间助力对话关系的建立。身体的在场是真实性空间的本质特征,而身体的在场本身就是一种仪式。"戈夫曼着眼于具体生活情

---

① 成中英. 脸面观念及其儒学根源 [C]//翟学伟. 中国社会心理学评论(第二辑). 北京:社会科学文献出版社,2006:34-47.

境，明确指出人们的面对面行为是一种互动仪式。"① 身体在场的交流具备专一性和排他性特点，即对话参与者在同一时间只能出现在某一个物理空间参与对话，这就意味着参与者（身体）的到场在很大程度上是因为对议题的关注和重视。因此，电视商议中，各方能够相聚于某个具体的物理空间，公开自己的面容、姓名和身份，并就共同关心的议题进行对话，就充分地代表了一种沟通的诚意。从这个意义上讲，参与者将自己的身体置于对话场域推动了真实性空间的建构，同时还体现了一种负责任的态度以及建立良好对话关系的意愿。

其次，真实性空间提升对话效率。面对面的同场实时对话与交流使各方观点都能迅速得到表达和传播，而其他参与者亦能实时提出对于观点的赞同或反对意见，问与答之间实现了高频次的话语交互，如是，便为诉求、观点的充分交流和碰撞提供了良好机制，进而提升了对话的效率。除此之外，在面对面的交流中，非口头语言的表达形式，比如表情、手势等，能够构成与加强人际交流和互动，并且赋予其"触感"。需要指出的是，"这里所说的触感不是指身体上的接触，而是指人类感知的多维度和多层次，其中不仅仅包括视觉，还包括其他感官"②。这种身体感知的交流对于对话而言，是一种有效的工具，能够推进观点之间的交锋、利益之间的妥协，使得对话效率更高，共识更易达成。

最后，真实性空间助推承诺与行动。身体在场的交流具备实在性特点，"于身体而言，在场是一种存在状态，也是身体与身体、身体与周围'场'的一种关系，身体在场就意味着能够对其他在场的身体发生作用，并能够对其他在场的身体的刺激做出应对。在场是一种主体间交往互动的实在关系"③。可见，参与者在真实性空间中的具身交流会形成一种实在的交往和互动，共同作用于问题解决方案的形成及合作行动的开展。另外，

---

① 刘建明. 传播的仪式观：仪式是传播的本体而非类比[J]. 湖北大学学报（哲学社会科学版），2018，(2)：152-158.
② ［德］韩炳哲. 在群中：数字媒体时代的大众心理学[M]. 程巍，译. 北京：中信出版社，2019：34.
③ 赵建国. 身体在场与不在场的传播意义[J]. 现代传播（中国传媒大学学报），2015，(8)：58-62.

参与者的面容、姓名和身份通过电视媒介及其新媒体（合作）平台的传播，公开呈现给广大观众和网民，会造成强烈的围观效应，而"与姓名相伴的还有像责任、信赖或者承诺这一类的行为。责任和承诺也是一种以姓名为基础的行为"[①]。因此，无论参与者是政府官员还是普通市民，他们的立场、观点都会被成千上万的公众审视，其承诺同样接受公众监督，如是，便让对话摆脱了出尔反尔、履约"窘迫"等难题的纠缠，促进了承诺的落实和行动的开展。

三 面对面沟通与贴近性交流：真实性空间的建构方式

在实践中，面对面沟通和贴近性交流是推进真实性空间建构的主要手段。首先，电视媒体召集和组织相关主体到电视演播室或新闻事件现场，面对面地参与电视商议。这里涉及两个层面的问题。其一，对话主体的动员与组织问题。电视媒体直面公共问题，设置关注度高、涉及多方利益的公共议题，通过领导支持、资源协调等方式建立部门间的联动机制，邀请、组织政府相关部门的官员来到现场，参与对话和商议；同时，通过广泛宣传、发布公告、主动邀请等多种方式，吸引并遴选当事方、公众和市场代表在电视商议现场集结。另外，电视媒体还会充分调研议题内容，缕析其中牵涉的专业性、技术性问题，进而邀请相关学科领域的专家，比如学者、律师、城市规划师、心理咨询师等专业人员到达现场参与对话。其二，商议地点的选择问题。"在日常交往中，表达从来都不是孤立的，它的意义内涵来源于一定的语境"[②]，而语境可以减少由语言的多义性所造成的表达的不确定性，从而提高言说者表达的准确性，同时帮助他者理解语意。除了身体到场参与以外，身体所处的空间本身也可以为对话提供语境，推动真实性空间的建构，进而提升对话效率。举例来说，一期聚焦老旧小区物业管理难题的电视商议节目，如果不将对话现场设置于电视台的演播室，而是放在该老旧小区的广场，那么对话的空间将更加真实，语境

---

① 〔德〕韩炳哲. 在群中：数字媒体时代的大众心理学［M］. 程巍，译. 北京：中信出版社，2019：5.
② 〔德〕尤尔根·哈贝马斯. 交往行动理论：行为合理性与社会合理化［M］. 上海：上海人民出版社，2004：124.

的建构也将更为真切——真实的场景、真实的事件、真实的身体、真实的眼神、真实的对话、真切的情感，这些要素让多方主体及场外观众、网友能够感同身受并产生共情，使得对话更加聚焦于具体的问题，推动问题的高效解决。比如，在北京卫视《向前一步》2019年8月18日播出的《停车楼的民意》中，栏目组便将对话场地置于矛盾的原发地——百环花园小区第一期停车楼前。因为小区停车位设置不合理，七个小时的对话过程中，城市沟通团的部分嘉宾多次因为接到挪车电话而被迫中断对话。事实上，小区广大业主对这种频繁挪车的情况已经深恶痛绝，停车楼前发生的事件还原了该小区停车难的真实场景，从而形塑了更为真实的对话空间，让街道办事处、社区、交通委、业主、停车楼施工方等多方主体对小区停车问题有了更真切的感知，从而推动了问题的解决。

其次，电视媒体运用科技手段和导播艺术"靠近"真实性空间，增强其真实性。随着数字媒体技术的迭代发展，电视媒体逐渐将5G（第五代移动通信技术）、全息投影等技术用于丰富节目元素、优化用户体验、拓展演播空间。从实践上讲，全息技术①可以为电视商议真实性空间的建构赋能，"创造一种身体不在场却又能够满足身体在场交流需求的虚拟影像符号"②。在电视商议中，如果有重要的利益相关方代表因空间距离、健康问题或其他方面的原因无法到达现场，电视媒体便可利用5G通信低时延、高速率的特性传输4K高清影像，再通过全息投影技术，实时将其身体从异地"搬"至对话现场，最大限度实现主体的"准身体在场"，从而尽量弥补由某方身体及观点不能在场而导致的真实性空间建构的缺憾。需要说明的是，使用全息投影等科技手段将某些主体"搬移"和"投射"至对话现场，往往是在特殊情况下不得不采取的一种折中的办法，为的是在确实不具备到场条件的情况下，能够让完整的、多元的利益相关主体"相遇"并对话。事实上，这充其量只是一种"贴近性交流"，与参与者亲临和在场的交流相比，其效能会降低许多，毕竟

---

① 全息技术是一种三维显示技术，其原理是利用光的干涉和衍射记录与再现物体或场景的三维信息，使得观看全息三维图像与观看真实物体或场景的效果一样。
② 梁国伟，候薇. 虚拟现实：表征身体传播无限开放性的符号形式［J］. 现代传播（中国传媒大学学报），2008，(3)：17-21.

"远程登录杀死了在场"①,从而削弱了编织关系网络的身体实践的作用。

除了利用全息投影等科技手段外,电视媒体还可利用导播艺术来进一步打造真实性空间,这个"真实性空间"主要是让场外观众和网民感知的,即通过全景、中景、近景、特写等景别的切换来表现参与者的心理状态,通过音乐和音效的适时播放来营造对话氛围,通过画面切换速度和切换特效(如硬切、叠化、闪白、画中画、淡入淡出等)来调适对话节奏,这样的媒介呈现是完整的和忠于现实的,能够让场外的观众和网民产生沉浸感和真实感,从而进一步增强电视商议空间的真实性。

第二节　开放性空间

除真实性空间外,电视商议的空间还是一个开放性空间,其中的"开放性"指向的主要内容是公共领域及参与的自由。哈贝马斯认为,"公共领域首先意指我们的社会生活的一个领域,在这个领域中,像公共意见这样的事物能够形成;公共领域原则上对所有公民开放"②。电视商议是电视媒体为公共事务搭建的公共对话平台,它指向公共议题、面向社会公众、涉及公共利益,具备公共领域属性,因此其空间具备开放性特点。

一　参与的自由:公共领域及其开放要素

开放性是公共领域的本质特性,因此,电视商议的空间理应是开放性空间,其开放性体现为公众参与的高自由度与高便利性。具体来说,开放性空间的核心诉求是要让电视商议的参与途径和渠道是多样的、实时打开的,任何相关的利益群体及个人都能通过约定好的方式和通道参与到对话中。

电视商议开放性空间的要素主要包含平台容量、平台进入渠道、平台进入时间、平台信息展现等几个方面。其中,平台容量指的是电视商议能够容纳的各方参与者的总量,其中既包括身处现场的参与者,也包括通过

---

① 张一兵.远托邦:远程登录杀死了在场——维利里奥的《解放的速度》解读[J].学术月刊,2018,(6):5-14.
② [德]尤根·哈贝马斯.公共领域[M]//汪晖,陈燕谷.文化与公共性.北京:生活·读书·新知三联书店,2005:125.

"5G+全息投影"等技术手段实现"准身体在场"的场外参与者。平台容量的拓展性和包容性是开放性空间的基本要求。

平台进入渠道指的是参与者进入电视商议空间的方式与途径，常见的有栏目组邀请、自主报名、5G无线视频连线、微信/微博实时参与、高清全息投影直播切入、热线电话等。平台进入渠道的多样性和便捷性是开放性空间的基础保障。

平台进入时间指的是参与者进入电视商议平台的时机与有效时长，这里有两点要求：一是保障各方参与者，特别是场外参与者能够实时进入和对话，而不是只能事后留言与评论；二是保障他们发言充分，而不是只重形式，"撒胡椒面"似的安排他们进行蜻蜓点水式的发言。在平台进入时间的有效性和充分性的基础上，形成了开放性空间的有效机制。

平台信息展现指的是参与者观点和诉求在电视商议现场的充分呈现，这个更多针对的是场外参与者。由于不在现场，他们的观点、诉求大多通过微博、微信、热线电话传送至对话现场，这就要求现场导播或主持人将具有多样性和代表性的观点、诉求通过相应的方式予以呈现，并将其纳入实时讨论与互动之中。平台信息展现的多样性和代表性是开放性空间的重要表征。

二　多样性的"入场"：开放性空间的作用机制

在实践中，开放性空间的作用机制表现在以下两个方面（见图2-2）。

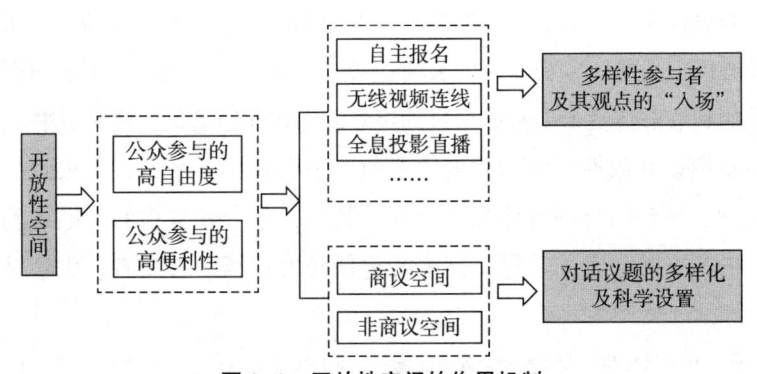

图2-2　开放性空间的作用机制

首先，开放性空间保障多样性参与者及其观点的"入场"。电视商议是一个公共对话平台，属于公共领域的范畴。在公共领域的核心地带有着许多差异，其中既包括参与者之间的差异，也包括观点诉求之间的差异。质言之，如果人们都持相同的观点，那么公共领域就没有存在的必要。因此，公共对话平台理应是一个容纳差异、接受多样性参与者及其观点的开放性空间。开放性空间不受商议现场物理空间的限制，其场域的边界是流动的、富有弹性的，既允许公众通过报名主动来到现场进行对话，也支持场外观众和网友通过特定的通道参与讨论。实践地讲，在技术的加持下，不同的参与者可以通过多种便捷的方式和途径（如上文提到的自主报名、无线视频连线、全息投影直播等）进入对话空间。更为关键的是，不同的参与者具备不同的经济资本、文化资本、社会资本和象征资本，看待公共问题的视角迥异，意见和诉求亦各不相同，开放性空间为其提供了参与通道，由此保证了参与主体及其观点诉求的多样性。

其次，开放性空间推动对话议题的多样化及科学设置。开放性空间不仅能够保障参与主体的多元性及其观点意见的多样性，还能让不同的公共议题进入电视商议的选题"视野"，从而为选题源源不断地注入"活水"。对话议题是电视商议的对象与内容，公众广泛关注、反映强烈的热点议题既能提高电视商议的公众参与度，又能提升电视商议的公信力和影响力。开放性空间既包括议题讨论时的"商议空间"，也包括议题确定前的"非商议空间"（如电视商议栏目微博、微信群、网络讨论区等）。其中，非商议空间集聚了各行各业、不同性别、不同社会阶层的公众，其留言、讨论传达出其关注的现象、关切的问题、期盼的解决方式等"槽点"和关键信息，这些信息为电视商议的选题及其设置提供了丰富的文本资料和重要依据，通过对信息数据的缕析和"打捞"，电视媒体便可获取多样性的选题内容，同时根据议题热度进行科学设置。

三　现场直播与场域拓展：开放性空间的实现手段

在调研中，我们发现，国内几档具备电视商议雏形的节目基本上都采取了录播的播出形式，以至于场外观众和网民无法"直通现场"参与讨论，这显然是与开放性空间的理念相悖的。在具体操作中，电视媒体应通过以下两种方式来保障开放性空间的建构。

首先，使用现场直播（live broadcast）的方式助力开放性空间的建构。开放性空间能够突破物理空间（比如电视演播室）的局限，它要求现场和场外的各方参与者能够在约定的时间通过特定渠道实时进入对话场域。换言之，无论是现场观众还是场外观众，他们的对话都应当在同一时空实时展开，只有这样，开放性空间的建构才能有的放矢、落到实处，这就要求采取现场直播的方式进行电视商议。

在实践中，电视商议节目运用直播形式较少，录播形式较多。节目录制与节目收看不在同一时空，场外观众无法实时表达观点、参与讨论。这种做法看似保障了播出的安全性，也精确控制了节目时长，还方便适时插入图表或动画来辅助观众认知，但实际上会在很大程度上阻碍电视商议开放性空间的建构，同时也阻滞了多样性观点的输入与交互。事实上，电视是一种直观性、过程性的媒介，有着较强的纪实性、现场性媒介特征，直播是其最高级的节目时态。随着 SNG（Satellite News Gathering，卫星新闻采集）、移动互联网和 5G 无线通信技术的飞速发展，以及电视节目 IP 化制作的逐渐普及，音视频无线同步传输已不再是技术难题，相应地，电视直播也变得常态化。"现场感即直播传输保证了我们与共享的、正在发生的社会真实相连接的可能性。"① 但是，电视媒体更多地将直播技术用于重大新闻报道、综艺晚会，而较少地运用于电视商议类节目。这是因为电视商议类节目参与主体多、话题讨论回合多、发言内容隐患多。如果采取直播的方式，便有可能出现现场调度困难、节目播出时长难以操控等问题。更为严重的是，还有可能将一些敏感的、非理性的、不当的言论通过节目播放出来，这显然不符合节目播出的安全性原则和要求。

但是，需要强调的是，电视商议中现场调度靠的是精心的组织、审慎的规则和严格的程序，以及发言代表的观点表达与阐释能力，而不是后期对发言内容的选择和剪辑。因此，发言的非理性和情绪化问题并不是电视直播的"原发性问题"，也不应依靠录播和后期剪辑来规避。事实上，这

---

① 〔英〕尼克·库尔德里. 媒介仪式：一种批判的视角 [M]. 崔玺，译. 北京：中国人民大学出版社，2016：110.

样的做法消解的是电视媒介的全过程纪录优势,严重阻碍了开放性空间的建构和多样化观点的实时进入与碰撞,是极不可取的。

其次,利用融媒体技术助推开放性空间的建构。电视商议不应将对话限定于电视演播室等封闭的物理空间,而应充分运用5G无线传输、在线编转码、API①通信等融媒体技术拓展对话场域,将相关利益主体都置于一个共同的对话情境中。在实际操作中,电视媒体可以设置二维码鼓励场外观众扫码连接直播现场,参与对话。具体来说,就是由现场后台工作人员实时收集场外意见,并筛选出代表性的意见及观众,利用5G无线传输技术,通过指定的手机客户端让其与对话现场实时连线,从而使场外观众进入对话场域。这就在拓展平台容量的同时,优化了平台的进入渠道,保障了平台信息展现的多样性,同时还增强了节目的互动性和吸引力,激发了公众参与热情,从而形塑了电视商议的开放性空间。

举例来讲,南京电视台电视商议栏目《民声》在录制现场全程网络直播,鼓励网友围观和发表观点。网友在围观直播时,可以通过微博参与节目录制,发表的观点和留言会直接呈现在演播厅的大屏幕上。主持人根据录制的进程,不时对大屏上的观点进行播报。同时,网友还可以与节目组联系,通过视频连线的方式,在场外与现场对话。节目在电视上播出时,会有两位编辑分别在微博和微信上与广大网友互动,观众在收看节目时发来的微博和微信都会及时得到回复,并被做成滚屏字幕呈现在屏幕上,②这样的做法不但优化了平台进入渠道,而且保障了平台信息展现多样性,推动了开放性空间的建构。

需要指出的是,5G无线通信、微博微信互动等技术的使用是为实现开放性空间的建构而采用的必要手段,并不是为了丰富节目元素而将技术拿来"耍酷"。为技术而技术、用技术来吸引观众的眼球的做法看似拓展了对话场域,实则让对话变得更加形式化和碎片化,起不到开放性空间建构的效果。

---

① 全称为 Application Programming Interface,即应用程序编程接口,指站点为实现各种不同平台的数据共享而对外提供的统一的编程接口。
② 俞春江. 协商民主视域下的电视问政研究 [M]. 杭州:浙江大学出版社,2018:53.

在前期的调研中，我们发现，即使是一些现场直播的电视公共对话节目，其开放性也存在流于形式的问题。有些电视媒体为了迎合媒体融合国家战略，从形式上引入5G直播连线、微博墙、"手机摇一摇"参与节目留言等技术模块，呈现出对话场域没有界限、无限开放的状态，"机械"打造出融媒体电视对话节目，借此让节目"看上去很美"。比如山东电视台2019年8月1日播出的《问政山东》节目中，面对公众关心的水利领域供水管水等相关问题，节目现场通过IP网络连线某市市长，请他解释问题出现的原因，说明问题整改的措施。在此过程中，节目主持人在演播室通过现场的大屏幕，与某市市长进行了网络连线对话。通过现场大屏幕，观众看到市长及其他相关职能部门的官员都在当地会议室通过液晶大屏实时收看节目并接受质询。这种用电视电话会议的方式，迎合融媒体电视对话潮流的做法无法让场外多样的、代表性的公众意见和诉求直通现场，无助于增强商议空间的开放性，其价值大打折扣。

第三节 可见性空间

除了真实性空间和开放性空间，电视商议的空间还是一个可见性空间。可见性探讨的是个体是否拥有被他人看见、获得他人注意力的权利的问题。[1]显而易见的是，可见性的核心是可见。一方面，在个体之维，"可见证明他们值得尊敬，而不可见让他们变得无足轻重"[2]，可见已经成为新媒体时代个体重要的价值追求之一；另一方面，在公共之维，"凡是出现于公共场合的东西都能够为每个人所看见或听见，具有最广泛的公开性"[3]，换言之，"公共的意味着可见的或可以观察到的"[4]。公共领域作为一个开放的空间，"唯

---

[1] 姜红，开薪悦. "可见性"赋权——舆论是如何"可见"的？[J]. 苏州大学学报（哲学社会科学版），2017，（3）：146-153.

[2] Daniel Dayan. Conquering Visibility, Conferring Visibility: Visibility Seekers and Media Performance [J]. International Journal of Communication, 2013, 7: 137-153.

[3] [美] 汉娜·阿伦特. 公共领域和私人领域 [M]//汪晖，陈燕谷. 文化与公共性. 北京：生活·读书·新知三联书店，2005：83.

[4] 薛强，陈李君. 传媒与现代性——浅论约翰·B. 汤普森的传播思想 [J]. 广西大学学报（哲学社会科学版），2011，（6）：133-136.

有值得被看见和听见的东西才能够受到容忍，而可见性也必然是（个体）参与、呈现和表达的结果"①。从这个意义上讲，个体基于公共议题进行参与及表达的整个过程，以及由此呈现的公共领域本身都理应是公开的、可见的。在电视商议中，可见性主要指向的是商议内容及商议过程的公开展演及其可见。

一　对话的展演：内容及过程的可见

电视商议平台在本质上属于公共领域的范畴，在这个公共领域中探讨的是公共议题，解决的是公共问题，所以其商议的具体内容有必要且值得被公众看见。另外，电视商议本身具备较强的交互性，商议自始至终伴随着政府、公众、市场、专家等主体的诉求表达、观点交锋和利益调适等互动交往行为。在整个过程中，"可见"的不仅是大多数人的理性观点，还有每个人的情感表达；不仅是触及社会群体利益的公共事务，还有基于个体利益诉求的个人事务；不仅是某种明确的话语表达，还有难以名状的特定情绪。②

电视商议通过电视媒体的记录和传播，使各方的意见诉求以可见（形象可见、身份可见、意见和诉求内容可见）的方式在商议空间中得到表达和呈现，并通过交流和分享等交互行为，使参与主体之间有了更亲密的互动，同时让相关信息（比如诉求、政策内容等）得到了更广泛的扩散，从而引发了更多人的关注。此外，解决问题的方案和经验也得到了更广范围的传播，从而促成了共识的延展，"新闻媒体公开传播，有利于协商民主的结果被更多人接受，也有利于各界监督落实协商成果"③。

可能有人会质疑："电视将死，备受冷落，电视商议是否还会有人收看？"从本质上讲，这个质疑针对的是电视媒体本身的传播力和可见性。电视商议是一种公共传播实践，如果所在平台的传播力受限，其可见性及

---

① 胡百精，杨奕. 公共传播研究的基本问题与传播学范式创新［J］. 国际新闻界，2016，（3）：68.
② 姜红，开薪悦."可见性"赋权——舆论是如何"可见"的？［J］. 苏州大学学报（哲学社会科学版），2017，（3）：146-153.
③ 俞春江. 协商民主视域下的电视问政研究［M］. 杭州：浙江大学出版社，2018：84.

传播效果势必会大打折扣。本书认为，人们"冷落"的是电视接收终端，即电视机，而不是电视媒体及其生产的内容。事实上，媒体融合生态下，电视媒体因5G、4K（3840×2160超高清分辨率）、AI（人工智能）、VR（虚拟现实）等新技术的加持和多平台合作传播①，传播力和影响力大为增强——电视内容的呈现终端更为丰富，传输渠道更加多元，用户体验愈发优质，电视媒体提供公共服务的优势进一步凸显，因此并不存在被人冷落和抛弃的现象。而且，泛娱乐化背景下，基于公共问题和公共利益的栏目设置，以及精良的节目制作、精准的内容传播，使得电视商议节目不但更具吸引力，而且更具传播力和可见性。

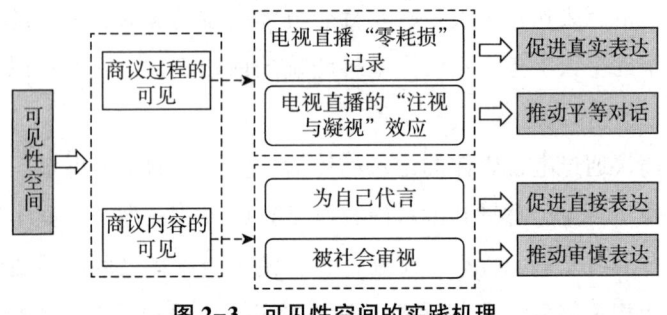

二 平等交流与审慎表达：可见性空间的实践机理

可见性空间的实践机理表现在以下两个方面（见图2-3）。

```
                    ┌─ 电视直播"零耗损" ─→ 促进真实表达
          ┌ 商议过程的 ┤    记录
          │   可见    └─ 电视直播的"注视 ─→ 推动平等对话
可见性     │              与凝视"效应
空间  ─→  ┤
          │           ┌─ 为自己代言 ─→ 促进直接表达
          └ 商议内容的 ┤
              可见    └─ 被社会审视 ─→ 推动审慎表达
```

图2-3 可见性空间的实践机理

首先，商议过程的可见使得对话更加真实和平等。电视商议中，政府官员、公众、专家学者等多方参与者共聚电视演播室或新闻事件现场等物理空间，以身体在场的方式，面对面地进行对话与协商，整个过程通过电视摄像机等设备被完整地记录下来并传播出去，如是，对话参与者的形象、身份、观点、诉求及他们协商、交锋的过程性信息都会以可视化的形式被更多的观众和网民所看见，这不但保障了各参与者被看见的权利，而且也在客观上实现了整个对话过程的可见。

---

① 即电视媒体与互联网平台的合作传播，具体表现为电视媒体与短视频平台、微博微信等社交媒体合作，开设平台账号并基于用户画像精准推送电视内容。

一方面，电视直播以其信息"零耗损"特质完整地记录并呈现了商议的真实过程。在电视商议现场，每一位对话参与者，不管是提问、聆听还是回应，每个人的每一句话甚至每一个表情都会被电视镜头记录并呈现出来。电视直播见证和记录着商议的过程，使其成为一种可以长期保存、方便调阅的"视听档案"，由此促进了主体的真实表达。

另一方面，电视直播的"注视与凝视"效应促进了对话参与者地位的非中心化，从而推动了平等对话。福柯认为，公共场合的凝视、注视本身就是一种权力。权力会在注视和凝视的过程中被再生产、再分配。将需要监督的事务暴露在众目睽睽之下，便会使人变得温顺、合乎规则。这是一种权力的自动运作，也是一种权力的化境。① 在电视商议的场域中，由于直播过程中观众和网民的注视和凝视，各参与主体将会尽可能地去尊重身份和话语权平等的对话规则——政府官员会暂时脱去"行政管理者"的外衣，作为多元治理主体中的一方出现；公众也不只是代表个人，而是成为广大市民的"民意代表"来参与讨论，在这里，他们的知情权、参与权、表达权和监督权得到了充分尊重；专家学者会超越纯粹"科研工作者"的身份直接参与公共协商，成为公共问题的分析者、解释者和解决者。不难看出，可见性空间在保障各参与主体被看见的权利的同时，还暂时"脱去"了他们权力、身份和地位的外衣，让其成为公共传播中具有平等身份和话语权的行动者，由此推动了平等对话。

其次，商议内容的可见使得参与者观点诉求的表达更加直接和审慎。数字媒体时代，"每一个人都想亲身参与，他们不希望自己的言论经过任何中间人的阐释。代言正在让位于存在或者说是共同代言"②。一方面，电视商议中，个体的经历、观点、诉求与情感的表达是以原态的方式呈现的，观点和诉求来自个体亲身做出的直接表达，而没有经过其他人或者媒体的代言。原态和直接的表达通过电视媒体的传播可以让更多的人看见，从而在获取他人注意力的同时得到了说服和感染他人的机会，由此

---

① 〔法〕米歇尔·福柯. 规训与惩罚［M］. 刘北成，杨远婴，译. 北京：生活·读书·新知三联书店，2007：219-255.
② 〔德〕韩炳哲. 在群中：数字媒体时代的大众心理学［M］. 程巍，译. 北京：中信出版社，2019：27.

可以使个体的诉求与观点获得更深的理解和更多的支持。另一方面，可见性意味着被社会审视。电视商议直播的聚焦效应促使个体谨言慎行，确保事实信息和意见信息的准确性与科学性。电视镜头里个体讲述的每一个事实、表达的每一个观点，其真与假、对与错，都受到公众的监督和评判。鉴于此，电视商议的参与者往往会保持对对话的敬畏之心，深深意识到必须对自己的每一句话负责，这会促使个体理性思考，审慎表达观点主张。

三　内容处理与精准推送：可见性空间的强化路径

近年来不少年轻人常年不看电视，这给可见性空间的建构增添了障碍。在此背景下，电视媒体可以通过以下几种路径建构传播力更强、吸引力更大、影响范围更广的可见性空间。

第一，通过多渠道分发建构传播力更强的可见性空间。电视媒体除了通过传统的卫星、有线电视网播出节目外，还应通过IP化制播方式，利用在线编转码技术对电视商议节目进行全网播放，以此拓展内容传播范围，增强传播力。具体来说，在录制和播出技术上，电视媒体可以引入基于IP的现场视频制作系统，架构IP和SDI（数字分量串行接口）的混合播出网络，充分利用IP化高清摄像机、录像机、多信道数字切换器、在线直播编码器等设备，将电视商议节目的数字高清信号实时转换为更加利于处理的，能够适配不同平台、渠道和带宽的高质量流媒体信号。在播出渠道上，电视媒体可以与互联网商业媒体合作，将其IP化的流媒体内容通过API传送至具备更多用户沉淀量及日活量的综合资讯矩阵平台（如今日头条、一点资讯等）、短视频平台（如快手、抖音、微视等）、社交平台（如微博、微信公众号等）、视听网站（如优酷、腾讯视频、爱奇艺、哔哩哔哩等），使电视商议节目的内容能够通过多渠道广泛传播，从而建构传播力更强的可见性空间。

第二，通过多元化内容处理建构吸引力更大的可见性空间。新媒体时代，不同的内容形式能够迎合不同用户的喜好，从而吸引更多用户的注意力。对于电视商议节目而言，其视频内容形式主要包含长视频、拆条短视频、鬼畜短视频等。其中，长视频指的是呈现电视商议整个过程的视频，包括片头、正片、片尾等部分，时长从几十分钟到几小时不等；拆条短视频是电视媒体按照不同的主题和环节，通过对原始长视频的截取和拆分而形成的若干条视频片段，其时长往往在几分钟以内；"鬼畜"指的是通过视频（或音频）剪辑，用频率极高的重复画面（或声音）组合而成的一段音画节奏同步率极高的视频，①而鬼畜短视频是电视媒体通过鬼畜剪辑手法（如慢动作、高频重复、图像变色等），将电视商议参与者的某句话（观点）或某个动作慢放或高频重复而形成的节奏感强、富有震撼力的短视频。除了全网播出电视商议的全过程视频外，电视媒体还可以通过拆条、鬼畜剪辑等手段对其进行二次创作，形成多元化内容形式（如精简版、精彩回顾、观点展示等），重点在小屏端（手机、平板电脑等）进行推送，以此迎合不同用户的兴趣、满足不同用户的需求、吸引更多用户收看，从而建构吸引力更大的可见性空间。

第三，通过制作用户画像和精准推送建构影响范围更广的可见性空间。媒体融合背景下，电视用户出现了分化，不同的用户具有不同的兴趣爱好、内容偏好及需求。换句话说，不同的用户具有不同的属性及画像，其具体包含性别、居住区域、兴趣爱好、文化层次、学科专业等信息，用户画像是电视商议内容精准推送的重要依据。鉴于此，电视媒体可以与"渠道网络、社交媒体等进行接口对接，台网融合，相互借力，利用用户ID（identification，身份标识号）等信息，通过收集、分析用户行为数据和用户语料数据，为每一位用户精准贴签"②，以此实现为用户精准画像。基于用户画像，电视媒体可将不同主题、不同风格的电视商议节目预告及链接、播后精彩片段等内容推送给不同用户，引导用户点击收看，从而实现内容和用户的精准适配。比如，由于小区业主具有相同或相似的关注点，某期关于业主与业委会矛盾的电视商议节目及其二次剪辑的视频片段会迅速在不同城市、不同小区的业主群中被广泛转发和频繁播放。新媒体语境下，"每一个人都是社会化网络上的一个节点，可以无成本

---

① 常昕，杜琳. 微语态下短视频传播模式分析及趋势思考［J］. 电视研究，2017，（8）：70-73.
② 吕永峰，何志武. 融媒体场域下电视内容精准化传播的实践逻辑及路径［J］. 中州学刊，2018，（10）：159-165.

地、高效地将别人邀请进自己建立的社群中（一起观看），受邀的个人又可以受到鼓励将邀请继续发送给自己的网友"①，数字自我传播如同滚雪球一样促进社会化网络的编织与扩大。因此，电视商议内容的精准推送和社群传播（转发）会让受众规模快速增长，从而建构影响范围更广的可见性空间。

---

① 〔英〕詹姆斯·柯兰，娜塔莉·芬顿，德斯·弗里德曼. 互联网的误读 [M]. 何道宽，译. 北京：中国人民大学出版社，2014：126.

第三章 电视商议的主体及其参与

主体及其参与是电视商议的第二个生产实践要素，它是商议活动得以开展的主体基础和活力保障。事实上，电视商议是一种公共传播实践，对话和协商是其主要的表征形式。然而，在电视商议中，参与对话协商的主体是谁？他们参与的动因与实践逻辑何在？其本质特征与效能要求如何？应通过什么路径来保障这些要求的实现？这一系列问题关系到电视商议的主体动员、组织与甄选，同时还影响着电视商议开展的活力。本章主要结合人类动机理论和社会实践理论，重点考察电视商议的参与主体和参与逻辑，以及参与者的核心特征、效能要求及遴选路径等问题。

第一节 多元主体：电视商议的参与者和行动者

改革开放40多年以来，随着我国经济和社会的飞速发展，阶级和阶层不断变动，利益主体更为多元。公共问题关涉更多利益主体的个人利益和共同利益，对它们的高效、妥善处理需要更多的专业知识、更完善的解决方案和更广泛的共识。鉴于此，电视商议理应纳入结构更为完备的多元主体，比如政府、市场、公众、专家等，使其能够群策群力地参与社会治理，从而共同解决公共问题，实现共同利益。从这个意义上讲，多元主体是电视商议的参与者和行动者。

一 社会分化与多元共治：不同利益主体及其合作框架

改革开放前，"单位制"是我国的社会组织化结构形式。在城市中，"单位制"的主要载体是行政单位、国有企业及街道社区，而在农村，"单位制"的主要载体是人民公社。在这种体制下，社会当中的每个个体都被归入某个单位之中，接受政府和单位的监督和管理，社会由此实现了高度的组织化与一体化，其分化程度很低。在这种社会组织化模式下，不管遇到的是个人问题还是公共问题，个体一般都习惯于向单位或者政府寻求帮助和问题的解决，对于公众而言，政府是全能的管理者。因此，在长期形成的"管理型政府""全能型政府"的政治惯性下，公众对政府有着极高的依赖性，习惯于将发现的公共问题"呈报"给政府，主张公共事务应由也只能由政府出面管理和解决，政府与公众之间交往互动不足、合作行动匮乏。改革开放后，随着市场机制的引入和经济的快速发展，相当多的个体脱离了单位，进入公共社会的组织化框架中，从而推动了社会分工与社会的高度分化，逐渐形成了包含政府、公众、市场、社会组织等在内的不同利益主体。

赫伯特·西蒙的有限理性理论认为，因为人的知识储备及认知能力是有限的，所以由人组成的任何组织都无法按照完全理性的行为模式去实践，作为公共行政组织的政府也不例外。面对风险社会和不确定公共问题的频现，政府的有限理性逐渐显现，具体表现为政府在应对各种复杂的公共问题时，专业知识储备和相关综合能力不足。而不同的利益主体具备不同的经济资本、文化资本和社会资本，蕴含着不同的能量，面对不确定的、复杂的社会公共问题，能够集思广益、实现优势互补，并通过合作行动促成问题的解决，因此，多元利益主体理应成为社会治理的主要力量。鉴于此，我国近年来开始积极探索社会治理体系与能力的建设，强调"推进国家治理体系和治理能力现代化""打造共建共治共享的社会治理格局"，提出建立服务型政府，并鼓励公众参与公共事务。"治理所要创造的结构或秩序不能由外部强加，而是来源于行动者之间的互动。"[1] 当前，我国社会治理的改革与转型就是要"实现这样一个治理格局：政府机制、市场机制、社会机制三种机制的多元共治"[2]，在此格局中，党和政府处于领

---

[1] G. Stoker. Governance as Theory: Five Propositions [J]. International Social Science Journal, 1998, (155) 50: 17-28.
[2] 周庆智. 改革与转型：中国基层治理四十年 [J]. 政治学研究, 2019, (1): 43-52.

导和主导地位。因此，治理理念下，社会治理应采用"互动—信任—合作"的框架和路径，促进政府、市场和社会之间的有效交往，其具体内容为：在相互承认的基础上，通过对话协商形成解决公共问题的方案，达成关于行动和秩序的共识，由此推动相互理解、相互信任，从而促进多元主体围绕公共问题的合作治理。

二　多元主体及互动实践：电视商议的"结构性力量"

"统治"是通过指令来管理，而"治理"是通过自组织（self-organizing）网络来管理。① 在基层社会治理中，多元主体分别成为自组织网络中的关键节点，各个节点通过自组织网络来发挥各自的作用，共同参与治理实践，以期形成合力，促进公共问题的解决。电视商议的灵魂和宗旨是公共性，其实质在于政府、公众、市场和传媒等多元主体对公共生活的共同治理，体现了国家权力和社会权力的持续互动。具体而言，电视商议由电视媒体搭建公共对话平台，并进行具体的策划、组织和实施，其参与主体主要包括政府、公众、市场、专家学者等，他们形成电视商议的"结构性力量"，实施着不同的行动，发挥着各自不同的作用，由此共同形成基层社会治理的"合伙人"。需要说明的是，考虑到我国特有的"党委领导，政府负责"政治体制和二者在社会治理中的统合角色及作用，本书将"党组织"和"政府"作为一个联合体进行讨论，并以"政府"这个执行者作为其统一称呼。

1. 政府：营销政策、推进共识形成、积累社会资本

首先，政府在电视商议平台上进行政策营销。好的政策需要好的执行，好的执行需要用好的解释和说服让政策的执行得到更多人的支持，这便需要政策营销。所谓政策营销，指的是"政府使用营销的手段向作为顾客的政策消费者和作为合作方的政策供给辅助者'兜售'政策产品或政策议题来换取支持的过程"②。政府是公共政策的制定者，也是政策营销的主

---

① 〔英〕H. K. 科尔巴齐. 治理的意义［M］//王浦劬，臧雷振. 治理理论与实践：经典议题研究新解. 北京：中央编译出版社，2017：5.
② 谢志平. 公共政策营销的体制性约束及其调适［J］. 政治学研究，2015，(3)：101-109.

体，公众对政策的认同是公共政策付诸实践的前提和条件，也是公共政策社会价值考量的重要依据。在电视商议中，政府官员通过政策营销可以向公众和市场宣传政策目的、解释政策内容、通报执行情况，由此强化政策信息沟通，化解信息不平衡的困境，消除公众的误解和疑虑，从而培育和凝聚政策共识，维护政策权威，促进政策认同，提高政策的执行效率，推进政策的顺利实施。①

其次，政府在电视商议平台上推进共识形成、解决问题。政府官员作为参与主体中的重要一方，其重要的一项行动内容便是"利用基于价值的共同领导来帮助公民明确表达他们的共同利益需求"②。在电视商议过程中，政府官员通过咨询、询问或者引导的方式，鼓励和促进公众利益诉求及观点意见的充分表达，为协调利益关系、调和各方矛盾、解决公共问题收集第一手资料。另外，"不同利益群体或国家有关部门能否找到利益交汇点和利益重叠处是能否寻求共识、形成共识的关键。而利益交汇点和利益重叠处在哪里，只有在交流和沟通中才能发现"③。因此，政府官员应发挥公共权力的功能，在相互平等、相互承认、尊重差异的前提下，通过与公众、市场、专家学者等主体充分交流沟通，共同分析基层社会治理过程中遇到的公共问题，揭示问题的核心实质及复杂性，并对不同的利益诉求、不同的观点意见进行综合的协调与权衡，从而发现利益交汇点和重叠处，形成基于问题解决和公共利益的公共意见，这个过程推进了共识的达成和问题的解决。

最后，政府在电视商议平台上展示公共形象，建立理解和信任关系，由此积累社会资本。这主要体现在四个方面。第一，政府官员为了公共事务来到电视商议现场，与公众、市场等主体面对面地对话与沟通，这个行为本身就展示了政府对公共事务负责、对民生负责、对公众负责的良好公共形象。第二，在商议现场，政府官员理性地为公众解释政策内容、通报执行情况，凸显了行政管理的专业性和政策执行的严肃性，展示了政府官

---

① 梁丽萍. 论公共政策与公众认同的互动与融合 [J]. 中国行政管理，2006，(7)：41-44.
② 〔美〕珍妮特·V. 登哈特，罗伯特·B. 登哈特. 新公共服务：服务，而不是掌舵（第三版）[M]. 丁煌，译. 北京：中国人民大学出版社，2016：31.
③ 赵建国. 论共识传播 [J]. 现代传播（中国传媒大学学报），2019，(5)：36-41.

员权威严肃的公共形象。第三，从惯性认知来看，政府官员给公众的印象往往是不苟言笑的"冷面孔"，但事实上，政府官员也是有血有肉有感情的市民。在电视商议的某些环节，基层政府官员介绍其工作内容、描述其工作状态，还有的基层干部表达了由于工作原因而不能照顾和陪伴家人的愧疚，情到浓时甚至在现场流下热泪。这一方面拉近了他们与公众的距离，推动了平等对话关系的构建，另一方面展示了政府官员柔情的一面，激发了共情，促进了相互理解，从而在一定程度上动摇了我国长期形成的"强政府，弱公众"的惯性认知格局，助推了政府与公众伙伴关系的建构。第四，政府官员在电视商议现场的表态和承诺，倒逼了问题的解决，展示了其有责任、有担当、有行动力的公共形象。总之，"权力的效率是通过成全来实现的。权力试图使人们对自己产生依赖而不是让他们变得顺从"①。政府官员通过电视商议平台，利用手中掌握的行政权力，协调各方关系，推动问题解决，这不但提升了权力运行的效率，而且展示了良好的公共形象，由此赢得了公众的认同和理解，促进了公众对政府的信任和依赖，进而为政府积累了社会资本。

某高校教师 HGL 在访谈中表示，通过观看电视商议节目，她对政府官员的公共形象有了新的认知：

> 通过观看电视商议节目，我对政府官员的印象发生了转变。从电视商议中，我看到这些官员其实每天都干着大量的、繁杂的工作，他们其实也很辛苦。只不过有的问题覆盖面大，牵涉到很多部门，或者需要做大量市民的工作，所以一时难以解决。但总体上看，他们还是有担当的、负责任的，我们应该对他们给予理解。（HGL，受访时间：2019 年 10 月 12 日）

2. 公众：诉求表达、意见交互、政策与共识传播

首先，公众在电视商议平台上表达理性观点与情感诉求。电视商议给了公众话语权，这是一个突破，突破了少数政治精英代表公众进行决策的

---

① 〔德〕韩炳哲. 精神政治学 [M]. 关玉红, 译. 北京：中信出版社, 2019：21.

惯性模式，使公众"被代言"的情况得到改善。公众面对其他利益主体和摄像机镜头直接进行诉求表达和观点表述，为自己"代言"，形成了一种"参与的政治"，从而明确了其作为基层社会治理的重要一方的主体地位，使其获得了与电视商议中政府官员、市场主体代表、专家学者等主体同等的身份和话语权。除此之外，公众的构成较为复杂，这体现为受教育程度、专业和职业的多样性与丰富性，"受过良好教育、见识广博的精英，只要没有进入政策决策系统，就属于政府系统之外的公众，他们的提供的信息往往集中了智慧的意见和建议，他们的声音同样属于公众的声音"[①]。可见，公众当中的一些精英可以用其拥有的专业知识为其观点表达赋权，他们在电视商议中提出专业意见并与其他主体进行意见的交互，为公共决策和公共问题的解决提供重要参考。即使是不具备相关专业知识的公众在电视商议中也可以表达自己的情感诉求，而"公众的心理认同的重要性、公众的主观幸福感也是公共利益的重要组成部分"[②]，这些情感诉求由于其来源和视角的广泛性与差异性而变得弥足珍贵，为公共问题的解决提供了价值方向，同样推动了公共意见的形成和公共问题的解决。例如，《向前一步》于2019年3月31日播出的《信任的味道》中，面对芳城园一区四号楼前垃圾中转站的改造问题，小区居民、离休老干部陈老先生利用其掌握的专业知识，根据前期测量的数据，提出了四个具体解决方案并手绘了图纸，为政府部门的决策提供了重要参考，而其他居民代表也针对这几个方案提出了自己的意见和情感诉求。经过五个多小时的观点碰撞和利益权衡，多方主体最终形成了"原地升级改造，增加噪声和臭气控制装置"的共识，使困扰居民多年的垃圾中转站扰民问题得到解决。

其次，公众践行电视商议的共识，传播相关政策内容。电视商议所形成的共识是得到多方主体认可的公共意见，同时也是具备约束力的行动制度。"制度只有与制度对象建立关联，才能使其遵守制度，才能充分发挥

---

① 何志武. 大众媒介与公共政策——对武汉市"禁麻"政策的个案研究［M］. 武汉：武汉大学出版社，2008：127.
② 王锡锌，章永乐. 我国行政决策模式之转型——从管理主义模式到参与式治理模式［J］. 法商研究，2010，（5）：3-12.

制度效能、保持制度的权威性和持续性。"① 个体参加完电视商议后,经共同商议而形成的意见、共识与制度便与每个个体建立了关联,为公众遵守共识、践行共识提供了遵循和动力。另外,在践行共识的过程中,参加了节目的当事人还会成为政策的宣讲者和共识的传播者,通过现身说法、口耳相传和行为示范,使得政策内容和共识方案的传播更为广泛、落实更加有效。

3. 市场:寻求理解支持、提供专业方案、塑造企业形象

市场主体指的是在基层社会治理中提供相关商品与服务的经济实体,如房地产公司、物业服务公司、停车管理公司、电力公司、资产评估公司、共享(电)单车公司等。市场主体能够为公共问题的解决提供经济、技术和人力支持,同时市场主体也是公共政策的实施对象,所以理应成为电视商议的参与主体。在电视商议中,市场主体的行为内容主要包括以下几个方面。

首先,通过矛盾调解寻求各方理解与支持。基层社会治理中,市场主体可能是公共问题发生的责任主体之一,比如近年来,在小区治理过程中,发生了很多业主与物业公司、业主与房地产开发商之间的矛盾。而面对共享(电)单车"围城"的问题,广大市民又同共享(电)单车公司发生了矛盾。对于市场主体而言,其核心诉求是经济利益的获取。但是,经济利益的获取需要具备良好的市场条件,如稳定的用户、良好的口碑和运行秩序等。如果市场主体的行为及信誉受到用户的严重质疑,用户便会对其失去信任和黏性,进而不配合其市场经营活动,甚至将其抛弃。例如,在很多的城市社区治理案例中,由于物业公司经营和管理不规范、对重大事项不与业主沟通就进行关门决策等原因,业主对物业公司不满,进而拒交物业费,甚至要求更换物业公司。所以,市场主体经营活动的顺畅开展、经济利益的持续获取,必须依靠用户的理解和支持。在电视商议中,市场主体通过与公众、政府的真诚对话,分析公共问题出现的原因,通报已经采取的措施,同时对职责范围内经营、服务的不足与缺陷予以承认并就此道歉,继而与政府、公众、专家学者等其他主体一起探讨提升服

---

① 张树华,陈家刚,燕继荣,郁建兴. 从制度优势到治理效能转化之路如何走 [N]. 光明日报,2019-11-12:7.

务质量、实现公共利益的具体措施，以此调解矛盾，获得用户的理解和支持，进而创造良好的经营和服务环境，保障其经营活动的顺利进行和经济利益的持续获取。

其次，通过提供专业方案和服务塑造企业形象。"市场并不是私人领域满足私利的独有方式和手段，（它）也是公共领域提供公共产品的基本手段"①，因此市场具备内在的公共性特征。实际上，市场主体虽然可能是公共问题发生的责任主体，但同时也是公共问题解决的助力者和公共利益的维护者。市场主体所涉专业领域各不相同，在市场竞争中具备较为丰富的专业知识和较强的服务能力，这些知识和能力为其解决公共问题提供了重要支撑。在电视商议中，市场主体面对公共问题，立足专业角度与政府官员探讨政策优化方案，与专家学者和公众代表分析问题解决方案及其落地实施办法，并主动承担相应职责，从而推动共识的达成和问题的解决，在维护公共利益的同时，塑造了有担当、积极承担社会责任的企业形象，更为重要的是，此举保障和助推了其经济利益的间接获得。

4. 专家学者：政策解读、问题分析、方案拟定、观点平衡

专家学者指的是在特定学科领域中，对某些专业问题有深入研究、具有较高认知水平和能力的理性群体。从学科范围来看，专家学者包含社会学、经济学、教育学、心理学、管理学、城市学、法学等领域的专业人员；从职业分布来看，他们当中既有律师、高校教师，也有城市规划师、停车管理专家，还有物业问题专家、媒体评论员等。他们的职责首先是"向公众提供更全面、准确的信息，其次是把专业抽象的知识用普通大众可以理解的方式传达给他们，帮助公众做出更理性的决策"②。在电视商议中，作为科学理性的代言人，专家学者以中立的身份，利用文化资本和象征资本，从专业知识和科学理论视角解读政策，透过现象分析问题的核心与实质，并从专业角度为公共问题的解决提供科学方案，其观点和意见具备科学性、权威性和指导性。

---

① 周红云. 全民共建共享的社会治理格局：理论基础与概念框架 [J]. 经济社会体制比较，2016，（2）：123-132.
② 刘海龙. 宣传：观念、话语及其正当化 [M]. 北京：中国大百科全书出版社，2013：81.

在电视商议实践中，高校学者从专业角度解读政策内容，为公众和市场主体答疑解惑，同时，对公共问题出现的原因条分缕析，提出有针对性的问题解决方案。比如杭州电视台《我们圆桌会》2018年4月15日播出的《小区自治之路 如何前行》中，某大学公共管理专业教授结合自己多年的调查和研究，梳理出业主、业委会、物业公司和行政管理部门等多方利益主体之间的矛盾类型，并分析出产生矛盾的主要原因，最后给出"多方共治"的解决思路及专业意见。律师从法理角度分析问题，提供法律依据，并现场普法。比如在北京卫视《向前一步》2019年10月27日播出的节目《还"位"于民》中，律师面对老旧小区私占车位的现象，根据《中华人民共和国物权法》第七十四条的规定"占用业主共有的道路或者其他场地用于停放汽车的车位，属于业主共有"和《北京市机动车停车条例》第二十六条"任何单位和个人不得擅自在道路上和其他公共区域内设置固定或者可移动障碍物阻碍机动车停放和通行；不得在未取得所有权和专属使用权的停车泊位上设置地桩、地锁。物业服务企业应当在物业管理协议和车位租赁协议中予以明示并统一管理"，对私装地锁行为进行了法律定性，得出"私装地锁是违法行为"的结论，让市民们心服口服。城市规划师解读相关法规条例，阐释规划理念，普及建筑红线相关知识，并在专业范围内为问题的解决提供方案；停车管理专家针对某小区停车难、停车乱的问题，运用专业知识和经验，分析问题原因，在现行政策规定的框架内，根据小区实际情况，提出"内挖潜、外共享"的操作路径。媒体评论员针对公共问题、社会现象、新闻事件发表自己的看法，他们一般口才较好，眼光独到，观点犀利，讲话具有一定的感染力和鼓动性，他们的发言往往可以激发共情、引人思考。同时，媒体评论员还可以起到平衡观点的重要作用，具体表现为说出某些主体藏在心中不敢说或不愿说的诉求，从而引发现场的讨论，激发多方主体开诚布公地进行问题探讨和观点碰撞。

综上，政府官员、公众、市场、专家学者等多元主体的参与使电视商议具备了观点流动和话语交往的活力。此外，多元主体的参与有其动力机制，并且遵循着一定的实践逻辑，这将在下文得到探讨。

第二节　个人利益与公共利益：多元主体参与电视商议的逻辑

在具体实践中，政府、公众、市场、专家学者等多元主体参与电视商议，既存在着现实障碍，也充盈着内生动力。但是，从本质上看，通过维护公共利益来增加个人利益，乃是多元主体参与电视商议最重要的实践逻辑。

一　兴趣与精力不足：主体参与的现实障碍

在现实实践中，主体参与电视商议存在着一些障碍因素，主要体现在以下两个方面。

第一，政治沟通兴趣不足影响主体参与。20世纪60年代末以来，新社会运动（NSMs）在全球蔓延，一些新论题被引入政治体系中，包括动物权利、和平的能源生产、与同性恋权利和残障人士权利运动有关的"身份认同政治"等。[①] 加之我国基本公共服务供给不足的状况没有得到根本改变，基础教育、医疗条件、养老服务等基本公共服务尚不能完全满足公众需求，而这些问题并不是通过个体的个人努力便可获得解决的，这使得个体产生无能为力的失落感，加剧了其对于政治的疏离。在以上因素的综合影响下，一方面，传统国家政治议题（如行政机构改革等）的"浓度"有所下降；另一方面，人们的政治效能感逐步消解，而政治效能感"属心理学范畴，指的是公民对于自己能够对政治施加影响的自信程度"[②]。这导致了政治冷淡主义的盛行——个人主义愈加流行，社会共同情感与行动日益缺失，公共道德逐渐被侵蚀，"年轻人脱离国家政治的'公民离散'（civic disengagement）趋势日益增强"[③]。可见，政治沟通兴趣的不足消解

[①] 〔英〕安东尼·吉登斯，菲利普·萨顿. 社会学（第七版）[M]. 赵旭东等，译. 北京：北京大学出版社，2015：953.

[②] Angus Campbell, Gerald Gurin, Warren E. Miller. The Voter Decides [M]. New York: Row, Peterson and Company, 1954: 187.

[③] 〔法〕席里尔·迪翁. 人类的明天 [M]. 蒋枋栖，译. 北京：北京联合出版公司，2018：303.

了主体参与电视商议进行政治沟通的热情和欲望。

私企工人 LDX、某银行经理 LXL 在访谈中表示，由于兴趣不足、政治效能感较低等原因，他们对于参加电视商议缺乏动力：

> 对政策这些东西我不大懂，也没有兴趣关心，这些东西不是有政府和官员们在弄吗？我的力量应该不能够改变公共政策的吧？另外一点，我也不想上电视出风头，在下面过好自己的日子就行。（LDX，受访时间：2021 年 5 月 8 日）

> 没必要参加这些节目吧？感觉有些公共问题，即使上电视说了也不一定得到解决。既然得不到解决，我觉得就没有参加电视沟通的必要。（LXL，受访时间：2021 年 5 月 16 日）

第二，精力与时间不足阻碍主体参与。社会转型期，经济飞速发展，社会竞争也随之变得更为激烈，买房买车、生儿育女、升职加薪、继续教育等方面的压力接踵而至，由此导致诸如"996"（一种在中国互联网企业盛行的加班文化，指的是早上 9 点上班，晚上 9 点下班，并且一周工作 6 天的工作制度）和"007"（每天 0 点上班 0 点下班，一周工作 7 天的制度）等加班文化盛行。电视商议的参与需要查阅资料、收集信息、精心思考、酝酿观点，并参加现场讨论、节目录制等，这无疑需要耗费不少的精力和时间。精力和时间上的不足甚至冲突，使得很多人对电视商议的参与望而却步。

公务员 STT 平时工作忙，孩子也需要照顾，这些常规的、烦琐的事务耗费了其大部分精力和时间，从而导致其无力参与电视商议：

> 平时的话，每天的工作本来就已经很累了，有时还得加班，哪有时间去上电视参加那些对话节目呢？周末有点时间还想陪陪孩子的。如果要去参加电视对话，还得想好怎么发言，感觉太浪费时间了！（STT，受访时间：2021 年 5 月 18 日）

二　生存发展需要及利益获取：主体参与的内生动力

从马斯洛人类动机理论和马克思主义交往观的视角来分析，主体参与电视商议的内生动力是生存发展需要及利益获取。

第一，从人类动机理论来看，每个个体都有生存和发展的基本需要，但这些基本需要并非自然而然便可得到满足，而是要通过个人及群体的争取和行动来满足。美国著名人本主义心理学家亚伯拉罕·马斯洛提出了人类基本需要的几个层次，即生理需要、安全需要、归属和爱的需要、自尊需要、自我实现的需要。从本质上讲，生存与发展的需要，是个体参与电视商议的内生动力，因为电视商议为个体基本需要的满足提供了一种有序和有效的方式。具体地说，电视商议所讨论的议题具备公共性特征，直接关系到每个人的生产和生活，与各个主体的生存和发展紧密相关。在电视商议的平台上，公共问题通过政府、公众、市场、专家学者等多元主体的对话协商得到解决，公共利益由此得到实现，而这又进一步保障了个人基本需要的满足。比如，对于生理需要和安全需要，电视商议为解决食药生产与安全、医疗保障、饮用水卫生、临电改造、治安安全、交通安全、消防安全等方面的问题搭建了对话与协商的平台，给予了不同个体与群体表达观点、诉求及提出解决方案的机会，商议的结果往往会对相关的公共政策产生一定影响，这有助于满足个体生理和安全需要；对于归属和爱的需要，多元主体面对公共问题的对话过程也是他们共同分析问题、解决问题的过程，在一定程度上强化了不同个体共生共在的理念，基于公共问题的协商对话促进了角色认同、群体认同和区域认同，使个体获得了归属感、共情和爱；对于自尊需要，电视媒体对参与者的邀请或者遴选本身，便是对个体"重要性"和"存在感"的一种尊重，而个体观点诉求在公共协商平台中得到表达，进而被其他主体承认或认可，也在一定程度上满足了个体对于自尊、自重和来自他人的尊重的需要与欲望；对于自我实现需要，电视商议通过大范围"曝光"的方式，使不同个体的理性表达具备了可见性，个体为公共问题的解决和公共利益的实现贡献自己的知识和技能，这能让其成为其内心期望成为的那个独特的人，以提升自我价值，实现公共之善，满足"自我发挥和自我完成的欲望，成为他能够成为的一切"。

第二，从马克思主义交往观来看，实践的社会交往性指不同的个体或群体在一定的社会历史条件下，为变革某一客体而进行的有意识、有目的活动的交互特性。为了进行生产，人们便发生一定的联系和关系，调整和改造主体间的物质交往关系。因为生产、价值和利益，人们才发生了交往，"其导因在于需要交换资源和就共同目的开展协商"①，质言之，交往的动力、指向的目的都是利益。而电视商议也是一种社会交往，主体参与其中的动力与目的仍然难以"逃脱"对利益的追求和维护，这个"利益"包括个人利益、群体利益、共同利益、公共利益等。

私企职员 WLL、退休工人 DHS 和物业经理 YGX 对自己参与电视商议的动机分别作了如下解释：

> 我会去参与电视商议。因为公共政策和公共问题其实跟自己的利益具有很强的关联性，比如周边教育资源分配问题，这个问题解决了，就能解决家里小孩就近入学的问题，而且，因为学区房的因素，我的房子也更容易升值。另外，一些公共问题靠个人的力量往往是不容易得到重视和解决的。但是，这些问题一旦上了电视就不一样了，栏目组能够把相关部门负责人召集到一起，还有律师、规划师、专家学者的加盟，这是很宝贵的，这就能够促进问题的解决，收到真真切切的效果。这就是我参与电视商议的动力。（WLL，受访时间：2021年6月13日）

> 公共的事儿是大家的事儿，为了大家的事儿上电视我觉得是非常有意义的、有价值的。特别是当事情得到解决后，我心里会感到特别爽！而且，能够把大家的事情反映上去，并且为事情的解决跑（奔走），也会得到大家的尊重，我会有一种成就感和满足感。（DHS，受访时间：2021年6月15日）

---

① 〔英〕R. A. W. 罗兹. 理解治理：政策网络、治理、反思与问责［M］. 丁煌，丁方达，译. 北京：中国人民大学出版社，2020：47.

物业工作很烦琐，还经常得不到业主们的理解。电视（商议）提供了一个交流的场合（平台），能够让我们物业工作人员跟业主、政府部门坐在一起，有啥说啥、互相倾听，这样的话我们的一些想法和意见就能表达出来，而且我们的一些工作也能宣传出来，这就能让业主更加理解我们、更加信任我们；关系走近了，我们的工作也好开展了，物业费也更容易收上来了，这是我们物业最关心的。（YGX，受访时间：2021年6月17日）

三 通过维护公益增加私利：主体参与的实践逻辑

在实践中，多元主体遵循"通过维护公共利益来增加个人利益"的实践逻辑来参与电视商议，这具体表现在以下两个方面。

首先，对于关涉多元主体的公共问题，公共利益的维护是实现个人利益的最优途径和有效保障。所谓公共利益，指的是"在多元社会的治理过程中，政府与利益相关者在利益和利益分配问题上所达成的共识"[①]。就政府而言，解决公共问题、实现公共目标、维护公共利益是其公共性职能的具体体现。但是，政府还具备"理性人"属性，也有追逐自身利益的自然倾向，这主要体现在组织和个人两个维度上。其中，组织利益主要表现为巩固行政权力、保障有序管理、增加财政收入、提高合法性和公信力等；而个人利益主要表现为提升个人公共形象、获得职位晋升、增加社会资本等。政府在履行其公共性职能、通过公共政策进行公共利益权威性分配的同时，也为其自身利益，包括官员个人利益的实现提供了强劲推力和有效路径，形成了"有为才有位，有位更有为"的良性循环。就公众而言，他们首先关注和争取的是个人利益，其涉及住房、就业、教育、医疗、社会保障等各方面，在公共意识和公共精神逐渐勃兴的背景下，在公共利益框架下获取个人利益才更具合法性和合理性，即"大家好才能真的好"。近年来出现了一些从公众中分化出来的自治组织和非营利组织等，它们行为的落脚点其实也是个人相关权益和利益的实现，其根本的实践逻辑是通过

[①] 张成福，李丹婷．公共利益与公共治理[J]．中国人民大学学报，2012，(2)：95-103．

维护公益来获取私利，即将个人利益和公共利益融合起来并为之开展合作行动。就市场而言，其亦具备一定的公共属性，表现为推动社会经济发展和生活水平提升，为社会不断地提供商品、服务和其他公共福利。市场主体在此过程中追逐着资本的增值和扩张，实现着自身利益（包括个人利益）。诚然，市场主体的逐利本质也可能会导致一些损害公共利益的行为，如销售假冒伪劣商品、侵犯产权等，但这些行为往往是违法违规的，在损害公共利益的同时也损害了经营的合法性以及市场主体自身的声誉和品牌形象，最终会被法律制裁并被市场淘汰。可见，公共利益是实现政府、社会和市场各方自身利益（个人利益）的基础和保障，而破坏公共利益往往也会伤及个人利益，公地悲剧①便是典型的例子。需要说明的是，公共利益和公共价值必须得到各方的确认与认可，唯有如此，才能在公共利益的框架下进行合作与交往，以更好地实现个人利益。

公务员 LCL 在访谈中表示，公共利益也是共同利益，它们的实现能够有效保障个人利益的获得，这也是她参与公共事务的原因和动力：

> 如果这个事情是大家公共的、共同的事情，比如小区加装电梯、管网改造、电力升级、停车场建设等，自然跟我有关系。问题解决了，大家都能够得到实实在在的利益，那么我就会去参加对话。公共的问题解决了，公共利益实现了，个人利益也就能够得到保障了，这样对大家每个人都有好处。（LCL，受访时间：2021 年 6 月 28 日）

其次，电视商议推动公共利益内容的确认与传播，从而进一步助力个人利益的获取。公共利益是基于共同的价值观念而得到确认的具体内容，它具有构成性特征，"寻找和发现公共利益是一个持续性的过程，它在不断的对话、互动和表达中体现出来"②。可见，公共利益是多元主体就共同利益进行对话的产物，其具体构成内容的确认需要一个过程。因此，确认

---

① 公地悲剧指的是，个体为了自身利益过度使用公共品，最终导致公共品彻底退化或废弃，公共利益受损，从而进一步损伤个人利益的情形。
② 陈天祥，黄宝强. 沉寂与复兴：公共行政中的公共利益理论［J］. 中山大学学报（社会科学版），2019，（4）：160-172.

公共利益需要多方主体在某种开放、公开、真诚、理性的对话环境中，共商问题的解决方案和社会的发展方向。电视商议为公共利益的确认与传播提供了一个合适的场域，而寻找和发现公共利益可以帮助解决公共问题，从而实现个人利益，这正是电视商议的效能所在，也是多元主体被吸引到电视商议当中的重要原因。

第一，电视商议助推公共利益内容的确认。事实上，电视商议的过程是多元主体进行公共利益确认的过程。"公共利益对于不同的人意味着不同的东西，它会随着时间的推移而发生变化，也会激发行为，塑造我们的思想，不能进行测量，并且既涉及实质又包含着过程。"[①] 这里的"过程"指的是公共利益具体内容的确认及实现。因此，公共利益不是虚幻的、机械的，而是具体的、流动的。公共利益并不是一个笼统的宣示和口号，而是涵括了具体的、详细的内容，而且不同的公共事务或公共议题指涉着不同的公共利益，其包含着不同的具体内容。本质上讲，多元主体具备"理性人"特征，有着潜在的利己主义倾向，而正义意味着每个人、每个群体的利益都能得到平等的考虑和对待。公共利益内容的确认便是对不同个人利益或群体利益进行理性取舍与均衡的过程，其目的是调节各方利益，同时保障各方利益不受侵害。电视商议中，多元主体一方面表达利益诉求，另一方面发表观点看法，通过不断对话、协商、博弈和妥协，逐渐在利益和利益分配问题上形成共识，完成公共利益内容的确认。

工程师CHG在访谈中高度评价电视商议在确认公共利益具体内容方面的作用。他认为，公共利益的具体内容应该由多元主体在进行充分对话进而形成共识后确定，在这个过程中，电视商议扮演着重要角色，发挥着重要作用：

> 对于某个公共问题而言，比如我们北京这两年进行的共有产权房申请、棚户区改造、文物腾退等，怎样的方案是符合公共利益的？公共利益的内容具体是什么？我觉得这不应该由政府单方面来确定，然

[①] 〔美〕珍妮特·V.登哈特，罗伯特·B.登哈特.新公共服务：服务，而不是掌舵（第三版）[M].丁煌，译.北京：中国人民大学出版社，2016：49.

后再去告知市民去遵照执行，而应该通过不同的利益相关者充分讨论才能确定，大家都认可了，不损害任何一方的切身利益，而且有利于各方利益的共同实现，这样才算是正当的。换句话说，政府、负责运营的市场主体应该跟广大市民充分对话，围绕"什么是公共利益、如何实现公共利益"达成共识。在这个过程中，我觉得通过电视媒体搭建的公共对话平台来互动，在摄像机镜头和众多观众、网友的注视下，各利益相关方有理有据地摆事实、讲道理、表诉求，继而实现观点的碰撞、利益的妥协和调和，提出一个多方共赢的方案，同时维护公共利益，这是一个很高效的方式。（CHG，受访时间：2022 年 12 月 23 日）

第二，电视商议助力公共利益内容的扩散。公共利益确认的过程也是多元主体知识习得与扩散的过程。公共利益是什么？在具体情况下包含哪些方面的内容？涉及哪些个人与群体？会对他们产生何种影响？如何维护公共利益？……这些问题所涉及的理性知识并不是每个人都具备的，也不是自然而然就可以习得的。多元主体参与电视商议，能够了解公共决策信息、表达意见诉求、争取个人利益。除此以外，通过主体间的信息互通、意见交流和利益博弈，多元主体可以得出各自利益的最大公约数，这个公约数的形成过程是一个"求解"的过程，可以解答上述几个问题，从这个意义上讲，电视商议的过程同时也是公共利益相关知识的习得过程。此外，这个过程通过电视媒介及其新媒体（合作）平台（比如网台、"两微一端"、抖音号、快手号等）传播，让更多场外的公众看到了对话过程，甚至参与了实时讨论，使公共利益相关知识和具体内容得到了扩散，推动了更大规模、更广空间内的讨论与认同，这能促进公众加深相关认知、巩固社会美德，形成行动规范等，从而达到基于公共利益来政治整合和社会建构的目的，进而更好地保障个人利益的实现。

2021 年以来，私企经理 LW 对北京卫视《向前一步》持续关注，并有着较深的感触：

我在北京工作了八年多了，最近两年一直都在收看北京卫视的《向前一步》，我觉得这个节目办得很好！每周末看完一期节目后，第二天上班后，我们公司的同事就会讨论一些节目的内容。看得出来，节目里的故事能够引起话题，而且，节目现场的讨论还可以延伸到节目之外，大家还是很认同节目中达成的共识的。公共利益需要大家一起去讨论、去维护，公共利益实现了，个人利益才更有保障，我们的生活才会更加美好！（LW，受访时间：2023年4月10日）

综上，多元主体受生存与发展需求及个人利益驱动，并且遵循"通过维护公共利益来增加个人利益"的实践逻辑参与电视商议。从本质特征来看，对话主体应当具备差异性和代表性的特点，以保障参与主体的结构平衡及主体诉求、观点的多样性和丰富性。

第三节　差异性与代表性：对话主体的本质特征及其实现

多元主体既是公共传播的核心要件之一，也是电视商议实践的核心要求，这里的"多元"包含两个层面的内容：一是强调参与对话的主体的丰富性和完备性，如政府、公众、市场、专家等；二是强调参与群体的广泛性、差异性和代表性。本节更加侧重于讨论第二个层面的内容。其中，广泛性指的是电视商议应当广泛覆盖社会中的不同群体，使得议题所涉及的所有利益相关者都有权利参与对话，"参与审议的公民越多，他们似乎就越能切中要害，还能帮助公民将自己的私人利益与集体利益和公共物品区别开来"[①]。对于电视商议的参与主体而言，差异性与代表性是其最为本质的特征。

一　异质资本与效能保障：差异性与代表性的意蕴

差异性指的是参与电视商议的主体不论是职业、阶层，还是诉求、观点都是异质的，这能保障参与主体及其观点的多样性；代表性意指参与电

---

① ［美］珍妮特·V. 登哈特，罗伯特·B. 登哈特. 新公共服务：服务，而不是掌舵（第三版）[M]. 丁煌，译. 北京：中国人民大学出版社，2016：73.

视商议的相关利益群体的完备性,即与议题相关的各方群体均应参与对话,不能因为相关群体规模较小或参与能力较弱(如文化水平较低、诉求表达能力较差等)而阻碍其参与,忽略其观点与诉求。从逻辑上讲,不同的参与主体代表着不同的利益群体,具备不同的利益诉求,有着基于不同视角的意见和建议。只有承认差异、尊重差异、重视多元主体的意见交互,才能让电视商议成为各种不同声音互相交织的、多声部的"交响乐",为认同、共识和承诺的形成创造良好的结构性条件。为了更好地说明这个问题并揭示其实践逻辑,此处将引入布尔迪厄的社会实践理论做进一步的解释。

在布尔迪厄的社会实践理论中,场域、资本、惯习是三个核心概念。其中,场域是"处在不同位置的行动者在惯习的指引下依靠各自拥有的资本进行斗争的场所"[①];经济资本"由生产的不同因素(诸如土地、工厂等)、经济财产、各种收入及各种经济利益所组成"[②];文化资本是"行动者对某种文化资源的占有,(它)有身体化、客观化和制度化等三种存在状态"[③];社会资本"是行动者借助其所占有的持续性社会关系网而把握的社会资源或财富;象征资本是用以表示礼仪活动、声誉或威信资本的积累策略等象征性现象的重要概念,声誉或威信资本有助于增强行动者信誉或可信度的影响力"[④]。而惯习是行动者通过较长时间的实践而积累起来的性情倾向,这种性情倾向会内化为行动者的意识,去指导和调适行动者的行为。

基于社会实践理论的分析视角,主体差异性和代表性在电视商议中的实践逻辑表现为以下几个方面。

第一,差异性惯习带来多样化的观点与诉求表达(见图3-1)。在电视商议的场域中,差异性的主体带来的是多样的惯习及不同类别与数量的

[①] 宫留记. 布迪厄的社会实践理论[M]. 开封:河南大学出版社,2009:48.
[②] 高宣扬. 当代法国思想五十年(第2版)[M]. 北京:中国人民大学出版社,2016:517.
[③] 宫留记. 资本:社会实践工具——布尔迪厄的资本理论[M]. 开封:河南大学出版社,2010:130-134.
[④] 高宣扬. 当代法国思想五十年(第2版)[M]. 北京:中国人民大学出版社,2016:518-519.

资本,丰富的惯习推动各个主体在此场域中围绕个人利益和公共利益进行经济资本、文化资本和社会资本的竞争,由此形成一种内在的张力,让电视商议充满活力,这个"张力"的表现形式便是多样化观点和差异性诉求的竞相表达。只有保证具有差异性和多样性的主体的参与,才能促使不同主体在电视商议过程中提出更为丰富的诉求、思路和问题的解决方案。在此需要说明的是,差异性和多样性并不能被简单地数值化,也就是说并不是参加电视商议的主体数量越多越好,而是要追求由多样的视角带来的观点诉求的充分表达。

第二,异质性资本促进对问题本质的分析和抵达(见图3-1)。电视商议的场域中,文化资本的竞争表现为多样化的主体利用不同的理性知识,就公共问题的实质、成因及解决方案展开分析、讨论、对话甚至论辩。多元性的知识交互一方面会形成一种知识间的相互制衡,从而减少或避免知识上的错误;另一方面会让问题的核心实质逐渐浮出水面,达到"道理越辩越明"的效果。概言之,多主体、多层次、多视角的讨论,使得多方意见相互碰撞和交锋,促使单一视角下偏激的观点得到纠正,并使参与主体获取新的信息,推动更深一步的思考,在这个过程中,更为科学、合理的问题解决方案亦逐渐显现。

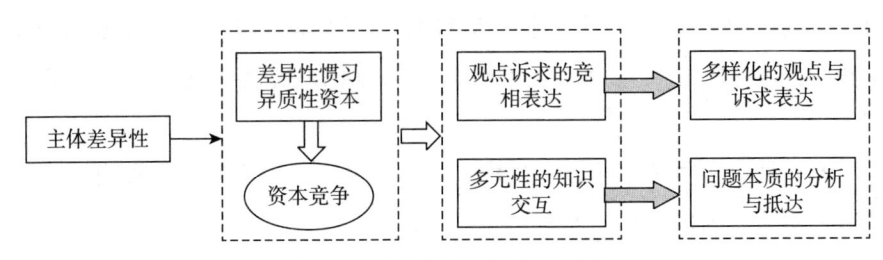

图 3-1 主体差异性的实践逻辑

第三,代表性推动对话关系的平衡和对话效能的实现。代表性指的是公共问题涉及主体的完整性和全面性。电视商议面向的是公共问题,直接指向的是问题的解决。公共问题的解决不是一个职能部门、一个市场主体、一个社会团体或者几位市民就能够实现的,而是需要各个部门、各方主体相互协同。事实上,不同的主体具备不同的资本,具体来说,政府部门主要在社会资本和经济资本占有方面具备优势,市场主要在经济资本占有方面具备优势，而社会团体和公众则在社会资本和文化资本占有方面具备优势。"每个行动者都可以贡献相关的知识或者其他资源。"① 各方主体围绕公共问题，通过对话和商议来推动资本的竞争与转化，直到在场域中形成一个较为稳定的张力结构。一方面，"稳定张力结构"使各方主体的对话关系得以平衡；另一方面，"稳定张力结构"的外在表征形式是共识方案，这个方案往往能够推动公共问题的解决，由此保障了对话效能的实现（见图3-2）。

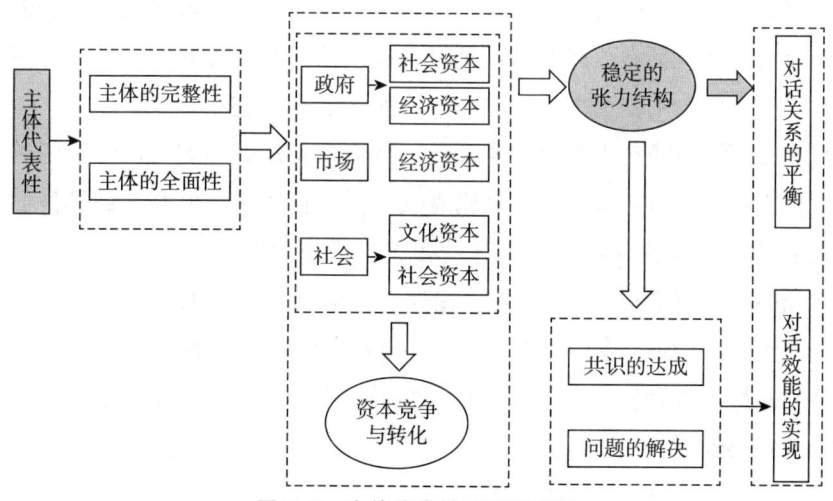

图 3-2　主体代表性的实践逻辑

对于主体代表性在电视商议中的重要作用，在校硕士研究生 CH 有着自己的看法：

> 公共问题形成的原因是复杂的，它的解决往往牵涉到多个部门、多个群体的协同互动。我认为电视商议最为可贵和难得的就是，把公共问题所涉及的部门和各方代表都请到了电视演播室里，大家面对面地围绕问题的解决充分表达意见和诉求，努力形成共识方案，推进问题的高效解决。如果问题涉及的某个部门或者群体不能来到现场参与对话，其

---

① 〔英〕R. A. W. 罗兹. 理解治理：政策网络、治理、反思与问责[M]. 丁煌, 丁方达, 译. 北京：中国人民大学出版社，2020：44.

诉求和意见没能表达，那么对话也就失去了平衡，即使达成共识，可能也不具备正当性和可操作性，最后导致公共问题"按下葫芦浮起瓢"，一直得不到根本解决。（CH，受访时间：2022年12月12日）

二 全域抽样与广域参与：差异性与代表性的建构方式

在前期的调研中，我们发现，现有的电视商议节目，其公众参与的渠道大多局限于栏目热线电话或电子邮箱等，还有的节目采取张贴公告的方式招募参与者，另有一些节目甚至没有提供任何联系方式。如是，可能会导致一批人由于不知道栏目的参与方式而无法参与进去，从而可能将一些有代表性的人群或观点阻挡在商议的场域之外，进而影响主体参与的差异性和代表性；还有的节目只是鼓励观众提供节目线索，但并未鼓励他们积极报名参与节目的现场讨论，这就在无形之中给节目的参与浇筑了"围墙"，消解了对话场域的开放性。比如，北京卫视《向前一步》栏目组于《小区停车保"位"战》录制前一天（2019年7月19日）在房山区山水汇豪苑小区的报刊栏和树干等位置张贴了一则告示，征集愿意参与对话的观众，内容如下：

告示

各位山水汇豪苑南区的居民们：

大家好，北京卫视《向前一步》栏目组计划于本周六（2019年7月20日）在北京电视台录制关于山水汇豪苑小区的节目，有想参加节目录制的一期、二期业主，须本人携带身份证原件、房产证原件到居委会进行登记，登记时间为2019年7月19日上午9：00~11：00、下午2：00~5：00，本次录制限额100名，额满即止。

2019年7月19日

电视媒体张贴告示让居民自愿报名的方式尊重了公众意愿，同时节省了电视媒体组织和遴选参与者的时间成本，从而提高了效率。但是，它的缺陷也是明显的。首先，这种方式宣传和动员范围有限，且报名时间只有一天，导致一部分利益相关者可能无法及时看到告示内容并作出响应，从而失去了参与对话的机会，这无疑就消解了主体参与的广泛性和平等性。其次，这种方式可能会导致参与主体的同质化。张贴公告让公众自主报名时，愿意报名的往往是一些精力比较充沛、时间比较充裕的群体，比如小区里的退休老人们，而那些处于不同社会阶层、不同年龄段的中青年人群由于工作忙、周末要陪孩子等原因不能参加，这就将一些利益主体或者有真知灼见者排除在外，导致参与主体结构单一，多样性、差异性和代表性不足。由此看来，电视媒体动员和组织方式的科学性会直接影响参与主体的差异性和代表性，而参与主体差异性和代表性的不足会影响意见表达的丰富性，从而降低电视商议的效能。

居民数量的增加会"急剧缩减有效参与的机会和个人的影响"[1]。电视商议既然是一个公共话语平台，就应该采取一定的方法和策略，增强参与主体的差异性、广泛性和代表性，只有这样，才能激发参与热情，增强参与活力，提高参与效能。

首先，在问题所涉的全域范围内，运用随机抽样方法组织并动员主体参与对话，保障参与主体的差异性。理论上讲，"政治共同体的每个成员在平等的基础上都应该被考虑和吸纳到协商（商议）中"[2]，只有这样才能最大限度地保障参与主体的差异性。但是，这在实践操作层面往往是不具备可行性的，因为现实的情况不允许所有人都参与商议，并且也不是所有人都具备参与商议的相关素养和意愿。随机抽样是由专业人员将商议中应参加的群体统一编号形成样本库，然后根据参与商议的主体数量，通过计算机软件辅助，获取实际参加商谈的人员名单的一种方法。从统计学意义上看，对于覆盖所有利益相关者的样本群而言，随机抽样可以保证所有利益相关者都有相同的概率被抽中，实际上是对参与权、表达权、知情权进行了平均的分配。所以，电视媒体应围绕议题，利用随机抽样方法来选择利益相关群体的参与人员，并动员他们参加对话，只有这样，才能切实保

---

[1] 〔美〕罗伯特·A. 达尔. 多元主义民主的困境——自治与控制 [M]. 周军华，译. 长春：吉林人民出版社，2006：13.
[2] 何包钢. 协商民主：理论、方法和实践 [M]. 北京：中国社会科学出版社，2008：53.

障参与主体的差异性。具体而言，议题确定后，电视媒体应通过采访、调查或发放问卷等形式，提前进入问题所发生的场域（如小区、学校），实地了解引发公共问题的焦点要素，并在问题所涉及的全域范围内做好前期的意见收集工作，继而进行统计与分类，厘清不同利益主体的诉求倾向和意见分布情况，以此为依据框定样本群，然后使用随机抽样的方法，确定目标参与者，并邀请、动员他们参加电视对话。

其次，运用融媒技术手段拓展电视商议场域，使得对话现场以外的、广域范围内的利益主体及其观点能够实时进入对话空间，从而保障参与主体的广泛性。从公共传播的角度看，多元主体的对话应该是开放的，表现为参与主体、观点表达及对话场域的开放性。因此，电视商议不应将对话限定于电视演播室这个封闭的空间，而应运用融媒体技术拓展对话场域，将相关利益主体都置于一个共同的对话情境中。比如，在电视商议节目中推出"微信演播室"技术模块，并提前告知观众节目的录制时间和具体的进入方式，节目在录制过程中支持场外观众参与讨论，并在现场的大屏幕上实时呈现场外观众的画面，这就拓展了电视商议的空间，在促进意见多样化的同时，增强了节目的互动性和吸引力，激发了公众参与热情，在较大程度上保障了参与主体的广泛性。

最后，运用调查采访手段，主动寻找研判利益相关方，并动员其参与对话，从而保障参与主体的代表性。电视商议要求议题的相关利益群体均能到场参加，少了其中任何一方，都会影响良好的对话关系的建构，从而降低对话效能。比如，在一期关于小区自治问题的电视商议中，政府部门、物业公司、业委会成员分别代表政府、市场、业主，这几方必须悉数到场，否则，关于小区自治问题的探讨会因为少了重要主体的参与而流于形式，电视商议也难以达成共识。即使在场交流的几方就某个问题达成了共识、形成了方案，由于方案的执行需要各方相互协同、相互配合，所以现场达成的"共识"仍然很可能沦为没有执行力及效能的意见方案。因此，电视媒体应通过调查和采访，全面分析对话议题所涉及的利益相关方，并利用组织推荐、自主邀请等方式，将各方利益代表都请到节目对话现场，从而保障参与主体的代表性。比如，在《向前一步》栏目组确定《八米阳光》对话代表的过程中，记者首先通过采访将整个事件的原委调查清楚，然后把相关政策法规了解透彻，进而在多次的采访和沟通中，分析、确定了商议主体，并动员了规划局官员、社区干部、双锦园社区的居民代表、违建住户代表、律师、媒体评论员等六方代表参与电视对话，保障了参与主体的代表性。

第四节 科学性与权威性：对话主体的效能要求及其保障

电视商议面向公共问题，指向公共利益。公共问题的妥善解决高度依赖于科学方案的应用和行政权威的支持。显而易见，参与主体的科学性和权威性是保障电视商议效能的重要因素。具体来讲，科学性指的是参与主体具备科学理论和专业知识，在某一特定领域受过专业训练，能够从专业视角出发分析和解决公共问题，以保障解决方案及最终形成的共识的专业性和合理性；权威性指的是参与主体具备战略视野和一定的公权力，能够立足经济社会发展全局，通过沟通协调机制对各方利益进行权威性分配，同时为公共问题的解决与公共利益的实现进行权威决策和依法行政。可见，参与主体的科学性和权威性更多聚焦的是专家学者和政府官员的素质与能力。那么，科学性和权威性的逻辑如何？其保障路径又是怎样的呢？

一 知识赋权与行政赋权：科学性与权威性的逻辑

对话主体的科学性能够保证技术理性的实时在场，从而增强公共问题分析的严谨性和深刻性，保障解决方案的专业性和可行性；对话主体的权威性能够保证共识和决策的严肃性，同时，公权力的实时在场，使得决策和共识的落实具备了效力保障。相反，如果没有科学性主体的参与，多元主体的对话及行动可能不会使公共问题得到有效解决，甚至可能会导致新的公共问题的产生；如果没有权威性主体的参与，即缺少了政府公权力的支持，共识和决策的执行力则会大打折扣。可见，参与主体的科学性和权威性指涉的对象分别是专家学者（包含电视媒体邀请的专家学者，以及观众和网民中的"民间专家"）与政府官员，他们共同保障了电视商议中共识与方案的科学性、可行性、严肃性和执行力，从而使得电视商议更加富有效能。具体地讲，对话主体科学性和权威性的实践逻辑表现在以下两个方面。

首先,科学理论及专业知识为专家学者赋权。专家学者之间文化资本的竞争一方面可以促进文化资本的积累和社会资本的转化,另一方面也推动了对问题的专业分析,保障了解决方案的科学性。制度化状态的文化资本"指的是由合法化制度所确认的各种资格,特别是高等教育机构所颁发的各种学衔、学位和教师资格文凭等"①,其实质是能够表明知识、地位等资源的象征符号,其表征是科学理论、专业知识及相关经验。

从实践理论的视角来看,第一,文化资本之间的竞争表现为不同行动主体之间的知识交互。知识本身是开放的、多元的。对于行动者个体而言,知识的交互可以促进文化资本的流动,在输出自我文化资本的同时也会接受他者的文化资本的输入,从而实现文化资本的积累,如专家学者的专业意见和方案经过其他专家多学科、多视角的质询、讨论和补充而得到优化和完善,在此过程中,其科学理论和专业知识水平也可能因此得到提高。第二,文化资本的竞争还表现为优势文化资本的显露和胜出。如是,相关的行动主体会得到他者的认同、赏识和尊重,从而实现文化资本向社会资本的转化。比如在电视商议中,经过观点的碰撞和交锋,一些专家学者的意见或方案在竞争中胜出,可能得到政府官员、公众和其他专家学者的认可与采纳,由此提升了提出意见或方案者的学术影响力、公信力和知名度,使其社会资本得到积累和增加。《我们圆桌会》某常驻专家嘉宾在接受采访时曾讲道:"在一定程度上讲,《我们圆桌会》让我扩大了视角,拓展了研究范围,增加了研究的厚度以及看问题的一些方法,它给了我很大的帮助;另外,(我们的学术研究)通过(电视)媒体展现以后,(可以)实现整个学术的价值,它的影响力会更大一些,如果没有这个平台,我们做的这点学术的影响力绝对没有这么大。"②

事实上,基层社会治理中的公共问题,很多都涉及一些专业领域,如城市规划、交通设计、司法解释、噪声监测、大数据分析等,这类问题对

---

① 宫留记. 资本:社会实践工具——布尔迪厄的资本理论 [M]. 开封:河南大学出版社, 2010: 130-134.
② 参见杭州电视台《我们圆桌会》2019 年 1 月 13 日播出的《新年特辑:杭州·有你们真好》。

公共决策的科学理性要求较高，它们的解决需要科学理论与专业知识做支撑。在电视商议中，专家学者是"文化资本"和"技术理性"符号的人格化体现，作为某一行业领域的专业人士，其理性知识和技术优势可以弥补多元主体在问题分析和方案论证方面科学理性的不足，为观点的碰撞和知识的交互、问题解决方案的确定提供智力支持，从而保证方案的科学性和可行性。比如，杭州电视台《我们圆桌会》于2019年4月27日播出的《文一路隧道东口堵点 怎么破？》中，面对杭州市文一路隧道堵点问题，杭州市交通规划设计研究院高级工程师借助动画演示，分析堵点产生的原因，并利用交通流量均衡原理，提出了拥堵问题的解决方案：分时段封闭莫干山路出口匝道，消除车流交织冲突，确保通行安全和秩序；优化入口匝道及车流汇流区的交通渠化设计，引导入口匝道车流合理规范有序进入快速路主线；诱导入口匝道车流通过湖墅南路上匝道上高架；优化文一路地面道路沿线信号配时，保障提前驶出隧道的车流顺畅通行。其他在场的专家如同济大学交通运输工程学院教授补充了充分利用交通信号灯明确通行权，使用交替通行的方式引导入口匝道车辆有序进入快速路主线的意见，浙江工业大学公共管理学院教授提出了将文一路隧道西出口车辆通行问题通盘考虑进去，提升隧道通行效率的建议，而电建集团华东勘测设计研究院原副总工程师则提出封闭德胜高架的教工路上下匝道，以保证快速路主线的通行效率的优化意见。几位专家围绕文一路隧道东口堵点的问题，分别从不同学科、不同专业的角度提出了解决方案，阐述了相关理由，并在现场进行观点的碰撞与交锋，从而使得治堵方案更加科学、更具可操作性，为政府职能部门的科学决策贡献了智慧、提供了参考。

其次，行政权力和公共财富为政府部门（官员）赋权。政府部门（官员）的社会资本（行政权力）推动了问题解决方案的有效实施，经济资本（公共财富）保障了问题解决的公共开支，从而保证了解决方案的权威性和执行力。具体而言，公共财富主要通过税收的形式聚集到政府部门，并转化为政府部门及其官员所具备的经济资本，在此过程中，政府部门（官员）还得到了资源和信息，这些资源和信息又转化为他们的社会资本。社会治理中，政府运用公共财富和经济资本的一个重要面向便是基础设施建设和完善社会保障，在不断解决社会公共问题的同时，促进经济发展和社会稳定，进而夯实权力基础、提升公共形象，实现经济资本和社会资本的不断积累。

在现实实践中，由于我国政治体制的原因，多年来传统行政管理手段盛行，导致社会组织成长缓慢、市民社会发育不足，很多公共问题的解决必须依靠政府部门及其公权力的支持。这主要表现在两个方面。一是财政资金的支持。很多公共问题的解决，比如教育资源的增加、交通条件的改善、医疗资源的均衡分配、公共城市空间的优化等都需要投入大量的公共资金。二是部门间的协调联动。公共问题的内部构成元素较多，往往牵涉到多个部门与主体，其解决需要多个部门之间的协调与合作，比如城市堵点的破解需要交管部门、公共交通部门、建设部门等多部门协同行动并形成合力方能成功。

在电视商议中，政府职能部门的官员，特别是主要官员的参与为电视商议提供了"公权力在场"的象征符号，相关政府部门的官员面对群体代表和摄像机镜头，解读政策、分析问题、商讨解决方案，甚至在对话现场作出限期解决问题的承诺，这便使得通过商议达成的共识有了落实的保障，在为多元主体的对话协商提供动力的同时，也让电视商议更具权威性、公信力和行动力。

北京卫视《向前一步》2019年2月3日播出的《回天有术》节目中，昌平区常务副区长来到了电视商议现场。针对回龙观、天通苑社区居民代表提出的"两个小时都打不上篮球"的问题，副区长承认回天地区存在运动设施不够充分、体育文化设施短缺的状况，现场解读了《优化提升回龙观天通苑地区公共服务和基础设施三年行动计划（2018—2020年）》，向市民提出了解决方案：鑫地市场北侧正在做室外体育场设施的改造，同时在靠南面部分建体育场和文化馆，投资超10亿元。政府已回购了一个3万平方米的文化馆，2019年可以投入使用。另外，政府还将建设6个体育文化活动场馆和7个园林绿化项目，占地面积240公顷，以满足回天居民的文化娱乐需求。副区长面对电视摄像机镜头提出的问题解决方案及他对于施工进度的承诺体现了共识方案的权威性和问题解决的执行力，不仅得到了现场居民代表的认同和点赞，而且也让他们看到了昌平区政府改善回天地区体育文化娱乐条件的具体行动，从而提振了他们对问题解决的信心，使电视商议的公信力和效能进一步增强。

二 专业契合与权力在场：科学性和权威性的保障路径

在前期的调研中，我们发现，现有的部分电视商议节目中，不论探讨的议题是公共交通，还是小区自治，抑或是垃圾分类，到场的专家都局限于相对固定的某位或某几位，由此造就了某档电视商议节目的"明星学者"和"多面手专家"；还有的电视商议节目明明探讨的是文物腾退问题，却请来了栏目组比较熟悉的心理专家助阵。这些"明星学者""多面手专家"一般深谙电视栏目规则，具备参与电视表达的诸多条件，如口才较好、表现力强，甚至某些学者常在栏目中语出惊人，动辄对现场的政府官员进行质问和批评，增强了节目的戏剧性效果，丰富了看点。

事实上，这些表现恰恰契合了布尔迪厄在《关于电视》一书中所描述的"快思手"的特征。电视媒体与"快思手"的长期结盟和互搭梯子成就了一批"媒介常客"和"电视知识分子"，其根源在于他们"与在象征的生产场中的各自地位相联系的共同利益"[1]，即节目的可看性和收视率，以及邀请专家的便利性和专家的易沟通性。但是，这些"专家"所学的专业在很多时候并不能完全契合商议的主题，其观点表达"重论争轻辩论、重论战轻论证"[2]，从而未能发挥其本该成为的"理性代言人"的作用，在很大程度上削弱了问题讨论和方案形成的科学性与可行性。

在政府部门及其官员的参与方面，我们发现，现有的某些电视商议节目邀请到的官员来自的政府职能部门有限，即公共问题涉及的职能部门没能全部派代表到场，导致解决问题的协同方案难以形成；或者某个政府职能部门的主要领导不来参加，而是委托某个普通科员参与对话，科员为避免说错话而不敢代表部门进行充分的发言，导致相关职能部门的参与流于形式。

以上两种情况无疑都消解了公共问题解决方案的权威性和执行力，从

---

[1] 〔法〕皮埃尔·布尔迪厄. 关于电视 [M]. 许钧，译. 南京：南京大学出版社，2011：49.
[2] 〔法〕皮埃尔·布尔迪厄. 关于电视 [M]. 许钧，译. 南京：南京大学出版社，2011：48-49，138.

而在很大程度上降低了电视商议的效能。因此，为了保障对话主体的科学性和权威性，电视媒体需要加强以下几个方面的工作。

第一，围绕公共议题的属性，有针对性地遴选和邀请相关专家参与对话。电视商议中，专家的科学性和专业性表现在从纯粹的业务角度为公共问题的解决提供技术、知识和经验，利用其文化资本和象征资本对问题解决的必要性和可行性进行分析、对解决问题的方案进行设计。显而易见的是，不同的公共问题涉及不同的学科，需要的科学理论和专业知识也不一样，要防止专家成为"全把式""电视专业户""快思手"，也要防止出现专家的专业与讨论话题格格不入的现象。

鉴于此，在实践运作中，电视媒体首先应对公共议题所涉及的专业属性进行分析，以此为依据框定本期节目中邀请专家的学科及专业；其次要充分利用当地高校和科研机构资源，遴选出既符合专业要求，又在本专业中具有一定话语权，而且表达能力较强的专家，并邀请其参与电视对话；最后在确定和邀请相关专家后，应提前一周以上告知其讨论的议题，以便其充分准备材料、酝酿观点和解决方案，做到有的放矢。需要注意的是，电视媒体无须提供采访提纲或问题清单，以免限制专家的观点思考与表达，这样可以保障对话现场的观点争锋与碰撞，使讨论更激烈，方案更理性、科学、合理。比如，杭州电视台《我们圆桌会》的专家邀请机制是：先由栏目组根据议题需要，提供需要参与对话的专家的学科和专业信息；而后由杭州市城市发展研究中心、杭州发展研究会根据栏目组所提供的信息，邀请社会学、经济学、城市学、管理学、教育学、心理学、公共治理等方面的专家参与节目的策划、讨论和录制。①

第二，缕析公共问题的权属，全面邀请相关政府职能部门的主要领导参与对话。近年来，政府职能部门对于电视商议有了新的认识，参与意愿逐步提高。通过访谈我们发现，相较于前几年，党政部门对于电视商议的配合程度有了较大提高，邀请其领导参与节目的难度有所降低。这主要归因于几个方面：一是电视商议的指导方或主办方一般为上级政府部门，其要求或协调各职能部门积极配合和参与；二是职能部门希望在节目中解释

---

① 俞春江. 协商民主视域下的电视问政研究［M］. 杭州：浙江大学出版社，2018：63.

政策，以获得公众支持，同时在节目中宣传本部门的工作业绩；三是某些地方将官员参加节目与个人职位晋升相关联，增强了基层官员上节目的积极性。比如，2012年12月，杭州市委办公厅首次对杭州市经济和信息化委员会等20个《我们圆桌会》优秀联动单位以及一批优秀个人进行表彰，以鼓励其在2012年对媒体公共议事平台的重视和支持,① 这些荣誉无疑为官员的职位晋升提供了一定的资本。

栏目主编 LZB 在访谈中表示，较之节目刚开办时，到2020年时一些政府官员上节目的意愿有所提升，请他们参加电视商议也相对更容易一些了：

> 邀请官员或领导通常都是我们自己联系，节目开办之初时上级政府部门会有一些协助，等节目步入正轨、有了一定的影响力后，就主要靠我们自己去沟通联络了。（LZB，受访时间：2020年8月8日）

H市委常委 JDZ 和社区党委书记 YSJ 认为，电视商议能够帮助政府更好地进行政策营销，推动政策认同，促使广大市民理解和支持政策，让政策更顺利地实施。因此，他们愿意参加此类电视节目：

> 公共政策的实施需要广大人民群众的理解和支持，在这个基础上身体力行并带动周围的人遵守规定、践行政策。从这个意义上讲，政府职能部门应该参加，也愿意参加这一类的电视（对话）节目，在这个平台上，解读政策、消除矛盾、增进理解、拉近距离，这有助于相关政策的顺利落地、降低实施成本、推进社会治理。（JDZ，受访时间：2021年5月4日）

社区是城市治理的"最后一公里"，社区工作千头万绪，牵涉到党和政府相关政策的落实，关系到每位市民的切身利益。相关的政策能够顺利落地和实施，首先要求市民能够了解政策背景、明白政策内

---

① 俞春江.协商民主视域下的电视问政研究［M］.杭州：浙江大学出版社，2018：106.

容,其次要求市民能够理解和支持政策,最后还需要市民理解和信任我们基层干部。参加电视商议节目能够解读政策、寻求支持、促进信任,同时促进问题的解决,所以我们不怕直面问题和矛盾,也很愿意参加这类节目,促进我们与市民的沟通,推进相关工作的落实和相关问题的解决。(YSJ,受访时间:2021年6月10日)

在上述主、客观条件背景下,电视媒体应通过采访和调查,了解公共问题产生的原委,在此基础上全面分析问题所涉及的政府职能部门,并列出清单,通过发函邀请、组织指派、协调说服等多种方式动员相关部门的主要领导参与电视对话。即使相关部门的主要领导无法亲自参加,也要授权分管相关领域的副职领导或相关科室负责人参与对话,保证其部门人员能够在对话现场全权代表本部门解读政策、表达观点意见,并作出相关表态和承诺。

第四章 电视商议的内容及其确认

内容及其确认是电视商议的第三个生产实践要素，它是电视商议得以实施的物质基础。公共性是公共传播及电视商议的核心属性，作为公共传播的电视商议的内容则是公共性的直接表征。那么，电视商议的对象和内容是什么？它们的选定是否存在政治逻辑的运作？它们是怎样被收集与沉淀的，又是如何被甄选和确定的？这一系列问题的答案既关系着电视商议的议题收集、甄选及其议程安排，还影响着其公信力与引导力的培育和提高。本章基于对北京卫视《向前一步》和杭州电视台《我们圆桌会》等部分代表性电视商议节目的议题分布统计，揭示了电视商议的内容和对象，同时细致考察了电视商议议题的征集路径、甄选方式、议程优先级和频次安排等问题。

第一节 公共议题：电视商议的指向和内容

公共议题，指的是在社会生活中涉及公众生产生活的公共问题。一般情况下，公共议题主要包含两类内容：一是公众广泛关注的热门民生话题，如个税调整、食药安全、老旧小区改造、城市堵点疏解等；二是政府、公众、市场等多元主体之间论辩较多的争议性话题，如垃圾分类、小区自治、公共区域停车、垃圾中转站选址等。有些话题（比如小区自治、加装电梯的争议等）看似是某个小区内部"鸡毛蒜皮"的小事，但是这类事件往往具备普遍性，即多个小区甚至多个地区都存在着类似的问题，因此"鸡毛蒜皮"的议题也可以作为公共议题来探讨。需要说明的是，以上两类内容之间并没有严格的界限，不同类别的内容之间往往还存在着相互交叠的现象。显而易见的是，公共议题紧密关联着公众的个人利益、群体利益和公共利益，因此往往会受到极大关注和广泛讨论。作为电视商议的核心要件之一，公共议题表征着电视商议的公共性实践。

首先，公共议题为电视商议的公共性实践提供"原料"。电视商议的公共性主要指的是电视商议本身对公共利益的关照程度。在实践中，有了公共议题，电视商议才能有明确的探讨对象和内容，进而才能围绕公共利益的实现，进行多元主体的对话协商。具体来说，多元主体对公共议题的讨论不但涉及"如何正确地做事"的问题，而且涉及"如何做正确的事"的问题，这里面包含两个层面的内容：一是社会公共生活中出现的具体问题的处理和解决，如交通治堵、文物腾退、街巷治理、违建拆除、噪声治理、老旧小区物业服务改进等，这类公共议题进入电视商议中的直接目的是具体问题的妥善解决，具体表现为矛盾调解和解决方案的制订；二是公共现象的价值探讨与确认，如对公共精神、工匠精神、垃圾分类、社区公共服务等进行讨论，电视商议围绕这类公共议题主要探讨的是议题所指向的共同价值问题，并围绕价值问题确认议题所涉及的共同利益和共同责任。事实上，无论是哪个层面的议题内容，都从客观上充实和丰富了电视商议的运作过程，促进了其对公共利益的关照。相反，如果没有公共议题，作为公共传播的电视商议便成为"无本之木""无源之水"，对话和协商也会因为主题的"缺席"和"脱焦"而沦为一场无主题诉说，对公共利益的关照更是无从谈起，从而严重消解电视商议的公共性。

其次，公共议题为电视商议的公共性实践提供"燃料"。这主要表现为公共议题能够推动公共参与和公共协商，促进公共理性的形成及公共问题的解决。审议民主理论家们认为，"一切社会问题都需要通过更具现实关照性的认知和批判角度来展开讨论"①。只有通过公众的广泛讨论，公共问题才可能接受更为全面、更为深刻的审视，讨论也才有可能直达问题的实质和核心，针对问题的对策才会更具效能。事实上，公共议题为电视商议提供了"燃料"——公共议题是公众关心的、牵涉到每个人切身利益的共同问题，这便"点燃"了多元主体的参与欲望和对话热情，推动他们基

---

① 李兵，郭天一. 话语共识与社会多元性整合——哈贝马斯审议民主理论探析[J]. 思想战线，2019，(1)：78-84.

于共同利益基础和共同价值取向进行充分对话和利益调适,努力"将离散式个体偏好的聚合转变为以公共善或根本性正义为基础的正当性共识"①,从而促进公共问题的解决和公共利益的实现。

第二节 内容的显现:议题的收集与发现

电视商议的选题往往"映射"出强烈的政治意蕴。在我国特殊的政治体制和国家社会关系下,议题的选定并不全是栏目组的"独立动作",而是完成党政部门的"命题作文"或者通过与党政部门充分协商而完成的。根据前期调研,北京卫视《向前一步》和杭州电视台《我们圆桌会》在开办初期,节目议题都要分别报送北京市委和杭州市委办公厅审核,如遇当地重要会议或者新闻事件,党政部门还会给栏目组主动下发选题,以配合政府的公共决策。经过长时间的合作,目前,政治力量和专业力量之间已经逐步达成默契和信任,栏目组已经能够完全自主地进行选题的确认和节目的制作。

从本质上讲,电视商议的对象和内容以公共性为本质属性,而"公共性要避免普遍性的风险和伤害,(就)要开放地接纳多元化和差异性"②,这就要求议题的征集与搜集必须遵循多元化和差异性的原则与要求。具体而言,电视媒体应从以下三个方面进行议题的收集。

一 主动"织网":议题的征集

电视媒体应将栏目热线、电子邮箱、官方微博、公众号、主题论坛等渠道整合起来,将它们织成一张话题征集的网络,让议题在"网"上集结并沉淀。具体地讲,就是电视媒体利用各种方式发布议题征集公告,以此延伸议题信息触角,拓展议题信息来源,并动员公众积极参与,从而收集不同阶层、不同身份的个体提供的多样化议题。比如,南京电视台《民声》栏目组在录制节目前,会借助热线电话,南京广电网"《民声》论坛",南京广播电

---

① 韩璞庚,张颖聪.公共理性与民主刍议[J].学术界,2019,(12):94-99.
② 胡百精,杨奕.公共传播研究的基本问题与传播学范式创新[J].国际新闻界,2016,(3):61-80.

视台微博、微信公众号,向广大观众和网民征集话题。又如,杭州电视台《我们圆桌会》栏目组通过栏目热线、栏目微信公众号、官方微博、"杭网议事厅"网站发布选题征集公告,向广大观众和网民征集栏目选题。

除此之外,电视媒体还应与市民(政务)热线、网络问政平台等进行联动,从中收集议题。比如,《向前一步》栏目组与"12345"热线建立联动机制,在 2020 年新冠疫情期间,紧扣北京市民通过"12345"热线集中反映的几大问题,收集了"蔬菜涨价""外地返京人员安全""失管小区管理""快递取件烦琐""城市复工""警务服务""社区管理"等热点、难点议题,并组织了电视商议。

二 数据挖掘:议题的搜集

在互联网通信技术的加持下,网络论坛和社交媒体为人们建构了一种新型的交流场域,这种交流类似于生活中的日常言谈,而"许多最终变成作为意志形成过程的正式公共商议之主题的议题,开始于日常言谈"①。互联网上的"日常言谈"涉及的主体和话题多元而广泛,其中的意见与情感表达多样而丰富,这些话题、意见、情感共同构成了富含信息资源的"民意海洋"。鉴于此,电视媒体应利用网络聚合、爬虫和数据挖掘等技术,在互联网论坛、微博、微信、短视频平台等新媒体的"民意海洋"中,进行话题识别、意见挖掘和情感分析,重点对语义数据和情感数据进行解析,使网络民意得以显现,从而将民众最为关切的热点、难点议题过滤出来。

具体来说,电视媒体与互联网商业媒体互通接口,对来自网媒、电子报、微博、微信、App(手机应用程序)、论坛、视频平台等渠道的数据进行收集、统计和分析,进而使用相关算法和信息数据模型总结出热点主题和热点词,让议题设置与公众关注点高度契合,实现线上线下的完美"牵手"。比如,杭州电视台《我们圆桌会》除了栏目热线、栏目微信公众号和官方微博以外,还与杭州网(https://www.hangzhou.com.cn)、19 楼网上论坛(https://www.19lou.com)等互联网机构合作,对网帖、网友留

---

① 〔美〕莎伦·R. 克劳斯. 公民的激情:道德情感与民主商议〔M〕. 谭安奎,译. 南京:译林出版社,2015:137.

言、网友评论等数据进行收集、处理和分析,并对网民意见进行分布统计,以此为依据来搜集选题。2020年5月24日,该栏目组便根据萧山网络论坛上网友对萧山区郡望府小区垃圾乱放问题的吐槽以及《钱江晚报》的报道,策划、录制了一期题为《前端分类百花齐放 成效如何》的电视商议节目,组织政府职能部门官员、专家学者、热心市民、物业公司代表等围绕杭州市垃圾分类"撤桶并点,定时定点"的投放方法进行了对话和讨论;又如,《向前一步》栏目组根据2020年5月"抖音热搜榜"上的一条"女子小区遛狗不拴绳,大爷怒骂一脚将狗踹飞"的短视频,结合2020年6月1日起实施的《北京市文明行为促进条例》,录制了一期关于"养犬文明攻略"的电视商议节目(2020年6月21日播出)。以上这些选题契合了热点、直面了难点,因而受到了广泛关注和讨论。

除此之外,电视媒体还应与当地的政务服务平台和融媒体中心合作,拓展议题搜集范围,具体来说,就是要充分利用政务服务平台和融媒体中心的公共服务功能沉淀用户,并设置公共服务论坛,从而将不同群体的不同意见引流到论坛当中,进而对平台上的意见、观点和诉求进行汇聚、整理和分析,以此打捞与搜集议题。

三 调查咨询:议题的发现

除了多渠道征集议题和通过数据挖掘搜集议题外,电视媒体还应主动出击,利用专业优势,通过调查、采访和咨询等手段去发现议题。

首先,根据政策议程,策划、设置选题。传播学家拉斯韦尔认为,协调社会是媒介的基本功能之一,指的是媒介通过信息发布与传播,推动舆论形成,引发社会多方利益主体的广泛关注与讨论,最终实现利益调适的功能。具体而言,电视媒体基于政府的工作重心,围绕城乡经济社会发展,策划和设置相关议题,组织动员政府、市场和公众等多方利益主体进行讨论,借此营销政策内容、完善政策方案,提升政策的支持度和效能,这个过程便促进了政策议程向媒介议程、媒介议程向公众议程的转化,进而推动了对社会各方利益的协调。因此,电视媒体应积极与政府部门对接,将一些事关经济社会发展全局、与公众切身利益密切相关的话题引入电视商议平台进行讨论,促进决策的科学化,推动行动共识的达成。

比如，2018年7月，《中华人民共和国固体废物污染环境防治法（修订草案）（征求意见稿）》公开征求意见，其提出，国家推行生活垃圾分类制度，地方各级人民政府应做好分类投放、分类收集、分类运输、分类处理体系建设。2019年6月，习近平总书记对垃圾分类工作作出重要指示，强调"实行垃圾分类，关系广大人民群众生活环境，关系节约使用资源，也是社会文明水平的一个重要体现"①。鉴于此，《我们圆桌会》和《向前一步》分别在2019年6月和2019年8月策划、设置了"垃圾分类"议题的相关节目，邀请政府职能部门官员、环境问题专家向公众和企业普及垃圾分类的相关知识，探讨垃圾分类的意义和举措，提高了社会各界对垃圾分类的接纳度和支持度。

其次，通过走访咨询，寻觅热点、痛点选题。栏目组记者通过采访公众，获取大量第一手资料，从中遴选出公众关注度高、影响范围大、社会期待强的议题。从经验上讲，这更多依赖的是记者的脚力、眼力和脑力，要求记者能够扎根基层，深入城乡社区和新闻事件一线，精心观察、见微知著，从社会生活中的小切口中发现普遍问题，思考其独特价值，进而遴选出节目的选题。

"寻找选题最好的办法就是贴近新闻事件的第一现场。"② 在寻找《向前一步·八米阳光》③ 这期节目的选题的过程中，栏目组分派十几名记者到北京各个区县进行前期的调查采访。他们在小区里转悠，与看门的大爷交流，与坐在门口聊天的大妈沟通，一点点寻找线索。终于，在经过近两个月的奔波后，有幸挖掘到石景山鲁谷街道拆违建的选题，由此策划组织了《八米阳光》的电视商议。

除此之外，栏目组记者还可以通过咨询专家的方式寻找选题，比如组织成立专家顾问组，利用专家学者的专业知识和学术视野，鼓励他们将自己的调研主题及成果带到电视商议的场域中，以此发现和收集由专家们提出的公共议题。

---

① 习近平对垃圾分类工作作出重要指示［EB/OL］.［2020-01-06］. https://www.xinhuanet.com/politics/2019-06/03/c_1124577181.htm.
② 邵晶，高笑冉．一档无法作秀的节目如何"硬碰硬"？［EB/OL］.（2019-11-19）. https://mp.weixin.qq.com/s/aDQOgM3zf2w-FcHXB9zkLg.
③ 该期节目获得第二十九届中国新闻奖一等奖。

第三节 公共性分析：议题的确认与安排

公共性是对公共价值和公共利益的凝聚与抽象。对于电视商议而言，议题的公共性分析面向的是议题本身是否富含公共价值、是否导向公共利益、能否激发公共讨论。事实上，议题只有具备了公共性，才能使电视商议获得正当性和必要性，也才能促使多元主体积极参与。在操作层面，公共性分析的核心内容是电视媒体对征集及挖掘的议题进行甄别、确认与安排。

一 热点、痛点与难点：议题的甄别与确认

电视媒体通过多种路径、多种手段收集议题，使得各种公共议题集结、汇聚形成一个"议题池"。但是，在具体实践中，并非所有的公共议题都适合电视商议。换言之，电视商议的议题需要再次经过甄别和确认才能进入议程安排阶段。

（一）议题选取的面向及存在的问题

公共议题覆盖面广，涉及的问题种类繁多，但是它们都有一个共同特点，即面向公共领域、指向公共问题、聚焦公共利益。因此，从某种程度上讲，只要是具备群众性与普遍性的公共问题，都可以作为电视商议的议题。那么在现实实践中，电视媒体一般会选取哪些内容作为电视商议的议题呢？

北京卫视的《向前一步》和杭州电视台的《我们圆桌会》是我国近年来具备电视商议特征的节目，本书分别对两档节目 2023 年全年的内容进行了议题分布考察。

2023 年，《向前一步》共播出 73 期节目，议题主要分布在公共治理、城市规划、民生保障、自然灾害报道和其他等 5 个方面，其中，公共治理类的议题涵盖了治理违规三轮车、供暖费消失问题、小区业主与业委会的矛盾、夜市治理、自建房拆除、两小区间的居民矛盾、小区业主与物业的矛盾、休闲广场变成收费停车场、铁路附近的居民房是否为违建、医院门口交通整治、小区内的交通整治、小区面积变小问题、小区内开汽车维修店争议、小区电梯问题、小区物业费与停车费、小区居民出行问题、老楼

改建、老旧小区改造、小区内外的停车场、修村路、小区的大棚拆除、小区内开医院、水表计量公平、民宿规划升级等；城市规划类议题涵括了棚户区改造、城市更新改造、古城升级改造、拆公园修路、网红集市升级改造等；民生保障类议题涵盖了村里种果树、热水供应、集中供暖、水库生态环境、小区的水源和空气、保水与增收之间的平衡等；自然灾害报道类议题涵盖了北京12月的强降雪、北京7月和8月的暴雨等；其他类议题涵括了中国影都的转型发展、老字号企业的文化传承与经营困难、五年特别节目、企业转型升级的讨论、智能医疗、集团化办学、无人驾驶、涉案企业合规改革、优化营商环境等（见表4-1）。

表 4-1 《向前一步》2023 年全年议题分布

单位：期，%

议题类别	涉及内容	期数	占比
公共治理	治理违规三轮车、供暖费消失问题、小区业主与业委会的矛盾、夜市治理、自建房拆除、两小区间的居民矛盾、小区业主与物业的矛盾、休闲广场变成收费停车场、铁路附近的居民房是否违建、医院门口交通整治、小区内的交通整治、小区面积变小问题、小区内开汽车维修店争议、小区电梯问题、小区物业费与停车费、小区居民出行问题、老楼改建、老旧小区改造、小区内外的停车场、修村路、小区的大棚拆除、小区内开医院、水表计量公平、民宿规划升级等	40	54.8
城市规划	棚户区改造、城市更新改造、古城升级改造、拆公园修路、网红集市升级改造等	6	8.2
民生保障	村里种果树、热水供应、集中供暖、水库生态环境、小区的水源和空气、保水与增收之间的平衡等	6	8.2
自然灾害报道	北京12月的强降雪、北京7月和8月的暴雨等	12	16.4
其他	中国影都的转型发展、老字号企业的文化传承与经营困难、五年特别节目、企业转型升级的讨论、智能医疗、集团化办学、无人驾驶、涉案企业合规改革、优化营商环境等	9	12.4
合计	—	73	100

2023年《我们圆桌会》共播出96期节目，议题总体可以分为10类：一是公共治理类，包括交通治堵、电动车整治、电动自行车治理难题、停车困难、危旧小区改造、公交车租借限制、道路交通优化管理、城市的公

共草坪管理、地铁口非自动车乱象、现代化治堵、路口遮阳棚等；二是民生保障类，包括交通设施的合理摆放、如何更好地服务游客、体育场馆的利用、社区食堂的运营、公交进医院、楼顶打造晾衣场、全民健身设施、优化公共交通票价优惠措施、商业外摆、营商环境优化、共同富裕、公交服务等；三是城市发展类，包括杭州如何打造国际赛事之城、杭州如何更好前行发展、杭州"站城融合"等；四是人大视窗类，包括杭州市人大给亚运会建议、杭州市人大代表关于杭州如何提升标识系统的国际化水平的观点、杭州市人大代表关于营商环境的观点、杭州市人大代表关于杭州的婴幼儿托育工作的看法等；五是政协视点类，包括政协委员关于杭州城市发展的观点，政协委员讨论延续历史文脉、提升城市品质，政协委员有关杭州共同富裕、乡村振兴的观点，政协委员关于杭州商业外摆的提升改造的观点，政协委员有关如何打响"善城杭州"品牌，推动城市向美而生、向善而行的观点，等等；六是杭州亚运会、亚残运会系列类，包括杭州文旅如何借助"亚运"引流、杭州如何借助亚运"出圈"东风助推现代服务业全新起航、后亚运时代杭州如何挖掘经济新动能、杭州为亚残会做的准备、杭州亚运会给杭州的发展带来的启示、杭州亚运会为杭州的发展带来的经验、杭州亚运会的精彩时刻、为亚运献策、有关杭州亚运会的幕后故事等；七是文化风尚类，包括工匠精神、如何对待"平民英雄"等；八是医学与健康类，包括如何预防呼吸道感染、保护未成年人、0~3 岁婴幼儿阶段宝宝养育问题、青少年的心理健康、抗疫等；九是文化与传承类，包括杭州老字号传承保护、杭州全民阅读、用法律保护和发展杭州这座历史文化名城、历史建筑如何才能更好地活化利用、如何让年有年味等；十是社会热点类，包括杭州 citywalk、热搜事件等（见表 4-2）。

表 4-2 《我们圆桌会》2023 年全年议题分布

单位：期，%

议题类别	涉及内容	期数	占比
公共治理	交通治堵、电动车整治、电动自行车治理难题、停车困难、危旧小区改造、公交车租借限制、道路交通优化管理、城市的公共草坪管理、地铁口非自动车乱象、现代化治堵、路口遮阳棚等	15	15.6

续表

议题类别	涉及内容	期数	占比
民生保障	交通设施的合理摆放、如何更好地服务游客、体育场馆的利用、社区食堂的运营、公交进医院、楼顶打造晾衣场、全民健身设施、优化公共交通票价优惠措施、商业外摆、营商环境优化、共同富裕、公交服务等	17	17.7
城市发展	杭州如何打造国际赛事之城、杭州如何更好前行发展、杭州"站城融合"等	16	16.7
人大视窗	杭州市人大给亚运会建议、杭州市人大代表关于杭州如何提升标识系统的国际化水平的观点、杭州市人大代表关于营商环境的观点、杭州市人大代表关于杭州的婴幼儿托育工作的看法等	7	7.3
政协视点	政协委员关于杭州城市发展的观点，政协委员讨论延续历史文脉、提升城市品质，政协委员有关杭州共同富裕、乡村振兴的观点，政协委员关于杭州商业外摆的提升改造的观点，政协委员有关如何打响"善城杭州"品牌，推动城市向美而生、向善而行的观点，等等	7	7.3
杭州亚运会、亚残运会系列	杭州文旅如何借助"亚运"引流、杭州如何借助亚运"出圈"东风助推现代服务业全新起航、后亚运时代杭州如何挖掘经济新动能、杭州为亚运会做的准备、杭州亚运会给杭州的发展带来的启示、杭州亚运会为杭州的发展带来的经验、杭州亚运会的精彩时刻、为亚运献策、有关杭州亚运会的幕后故事等	19	19.8
文化风尚	工匠精神、如何对待"平民英雄"等	2	2.1
医学与健康	如何预防呼吸道感染、保护未成年人、0~3岁婴幼儿阶段宝宝养育问题、青少年的心理健康、抗疫等	6	6.2
文化与传承	杭州老字号传承保护、杭州全民阅读、用法律保护和发展杭州这座历史文化名城、历史建筑如何才能更好地活化利用、如何让年有年味等	5	5.2
社会热点	杭州citywalk、热搜事件等	2	2.1
合计	—	96	100

通过议题整理和分析，我们不难看出，有些议题的设置缺乏科学性，没能契合电视商议的特点。一个突出的问题是，虽然选取的都是一些公共议题，但是议题本身比较宏大，经过几期节目讨论后仍然是久拖不决，无法形成共识，更难以促成问题的解决。事实上，公共议题是公共传播的核

心要件之一，也是电视商议的对象和内容，电视商议的议题选取是一门科学。理论上讲，虽然任何贴近社会生活的公共问题都可以作为电视商议的议题，但是有些议题本身比较宏大，如全球化、人口流动、收入分配、教育公平、民主政治、粮食安全等，此类议题牵涉到的部门和具体的问题特别繁杂，不适宜进行电视商议，而且即使讨论也难以达成一定的共识，短期内更是无法实现问题的解决，会使电视商议逐渐沦为"对空言说"的乌托邦公共论坛，从而消解其公信力和影响力。因此，公共议题的甄选和确认需要遵循一定的原则。

（二）议题甄选与确认的原则

首先，电视商议的议题应该是公众广泛关注的、直接关涉其切身利益的热点问题。换言之，电视商议选择公共议题时不应偏向宏大叙事，而是要聚焦于公众最关心、最直接、最现实的利益问题，原因是这类议题富含公共价值，往往可以激发公共讨论。马斯洛在《动机与人格》中着重强调了动机的一个重要方面——可能性，"目的的可能性，是让人们产生强烈动机的重要因素。如果眼前的目标过于宏大和乌托邦，人们便会对其暂时失去兴趣和动力"①。因此，电视商议所选取的议题应该是关于在公众身边的、实实在在的，看得见、摸得着，且通过商议可以在一定时期内得到改观或彻底解决的现象或问题的具体而微的实体性话题，如文物腾退、棚改征收、违建拆除、小区共治、垃圾焚烧厂选址、城市养狗规范、拆迁补偿、城市治安、群众文体设施投资等。这些都是公众聚焦的、关乎其切身利益的问题，而且在很多情况下相关主体可以在短期内作出决策并解决这些问题，因此这类热点问题理应成为公共议题选取的重要面向。

其次，除了公众广泛关注的公共问题以外，一些个人的痛点问题亦能以"小切口"折射出公共问题，因此，这类问题也理应成为公共议题的内容。比如，邻里纠纷背后可能牵涉到文明养宠问题，居民停车难现象折射出的是小区自治或老旧小区物业管理的问题。这些议题虽然切口小，但是可以以小见大、由浅入深，从民生小话题引出公共问题，进而带动各主体

---

① 〔美〕亚伯拉罕·马斯洛. 动机与人格（第3版）[M]. 许金声等，译. 北京：中国人民大学出版社，2012：15-16.

深度剖析、充分对话，寻找解决问题的良策。除此之外，电视媒体还应充分利用其敏锐的洞察力和专业能力，通过采访调查，主动寻找和挖掘那些特殊群体尚未表达出来或没被社会广泛关注的议题，以及一些与普通公众个人利益无涉或交集较少的但对社会而言有重要价值的公共问题，如对孤独症群体的关注关爱、对失独家庭的帮扶等。

最后，电视媒体应及时发现政府、公众和市场之间争议较大的话题及其他难点问题，如机动车限行、垃圾分类、文物腾退、公租房申请式退租、野生动物禁食、共享电单车整治、路侧停车电子收费问题等，力争通过公共讨论推动争议向共识转化。一般来说，争议性公共话题主要是围绕政府出台的某些公共政策而形成的，其涉及利益主体较多，不同主体对其认知差异较大，缺乏社会共识，处理不当可能会阻滞政策的顺利施行，甚至引发冲突、对抗等一系列问题。因此，电视媒体应将此类话题置入电视商议场域中进行公共商议，通过对话协商弥合分歧、化解矛盾、促成理解，最终完成利益的调适平衡，从而将争议性话题逐渐转变为共识性话题。

二 议程与频次：议题的安排与组织

多样性决定公共性，没有多样性，也就没有了公共性。公共议题被征集与搜集后，便会汇集成为一个"议题池"。但是，"议题池"中有的议题公共性较强，有的议题公共性较弱；有的议题所涉及的问题急需尽快解决，而有的议题所涉及的问题有待进一步论证后再做相关决策；有的议题内容简单、问题集中，可以快速响应并予以解决，而有的议题涉及问题复杂、涉及层面繁多，可能需要进行多轮对话协商方能形成解决方案。一言以蔽之，议题本身所具备的公共性和复杂性是有差异的。这也就意味着，有的议题应当被设置为优先议程，而有的议题则可能更适合被设置为次优议程；有的议题可以用一期节目讨论完毕，而有的议题需要在被分解为多个子议题后，通过多期节目的充分讨论让相关主体达成共识。

第一，电视商议的议程安排应服从议题的公共性。具体来说，市民关心的热点问题（如垃圾中转站改造问题、老旧小区加装电梯问题）、政府工作的重点问题（如保障房建设问题、棚户区改造还迁问题）、媒体热议的焦点问题（如交通堵点整治问题、文物腾退问题）、社会治理的难点问题（如小区自治问题、疫情联防联控机制问题）、公众认识中的疑点问题（如违建拆除问题、路侧停车收费问题、垃圾分类政策的落地实施问题）等，都是具有较高公共效用、较强公益导向，并且能够激发公共表达热情的议题，其公共性较高，因此应当优先安排相关节目的录制与播出。

在实践操作中，电视媒体可以通过议题反映的集中度来确定议题热度，或者鼓励公众对相关议题投票，以此确定议题议程安排的优先等级。比如，2020年新冠疫情比较严重的一段时间内，为了防止疫情扩散及蔓延，居民小区都实行了全封闭管理，但是这也给广大居民的生活带来不便。其中，快递包裹不能进入小区配送是一个集中存在且亟待解决的问题，居民因此在集中的时间段向"12345"市民热线高频反映。北京卫视《向前一步》栏目组与"12345"热线联动，优先将"疫情期间快递包裹进家门最后一百米的解决办法"作为议题，在2020年3月1日采取"云视频、云对话、云跨线"的方式，邀请12位政府官员、社区干部、居民代表、物业代表和快递员代表进行电视商议。多方主体群策群力，最终形成了"在小区门口设立方向指示牌、快递分区、安装快递架"的共识方案，促成了问题的解决。这样的选题直面和回应了疫情防控期间居民迫切需要解决的公共难题，通过公共讨论实现了公共效用及公共利益，收到了积极的社会效果。

第二，电视商议的频次安排应契合议题的复杂性。对于适合进入电视商议空间的议题，还存在一个频次安排的问题：对于某个议题，是分成几个子议题用若干期节目来分别讨论，还是使用一期节目来集中讨论？议题过于宽泛会导致电视商议时话题无法集中，进而使得讨论难以深入，对事实基础的判断以及对解决方案的认知也会出现偏差。因此，从实践上讲，对于比较复杂的热点公共议题，比如"杭州人应该如何迎接G20""小区自治，如何前行""交通堵点治理如何推进"等，应当将其"解剖"和拆分为若干个子议题进行讨论，以开展层层递进、抽丝剥茧的梳理和分析。每期聚焦讨论一个具体的子议题，可以使问题讨论的思路更加清晰、层次更加丰富，这样不但能够使节目现场的参与者理清思路、深入分析，并步步为营地达成共识，而且可以让场外的电视观众以一种更加有条理的方式接收信息、参与讨论和互动,真正起到话题传播和公共传播的作用,让共识得到更广范围的扩散。

第四节 立场的"沉淀":观点诉求的酝酿与归结

"生活在不同社会地位的行动者及各种社会成员,原本就在他们所处的特殊社会地位中,长期地练就了适应于该阶层社会地位的人群的话语。在人们进入激烈的资本斗争时,他们就会在他们的竞争行动中,紧密地配合斗争的需要,使用经过细腻选择的言语,以便达到资本斗争的胜利。"[①] 其中,"经过细腻选择的言语"实质上指向的是观点和诉求的充分与准确表达。电视媒体使用演播室等实在空间和互联网虚拟空间共同建构了电视商议的公共场域,正式商议开始前的观点酝酿和商议过程中的观点交互共同构筑了一个"流动的意义之网",它一方面建构着公共领域,另一方面承载着对话的进行及不断深入。具体而言,在电视商议中,多元主体围绕公共议题展开观点的碰撞和利益的角逐,对话过程的深入展开和共同理解的高效形成,乃是各参与主体观点、诉求及其理由充分和准确表达的结果,而这必然依赖于其观点诉求的酝酿与总结。电视商议不是让多方主体在节目现场剑拔弩张、自说自话,而是要求各主体提前了解各方诉求和观点,并鼓励、帮助他们充分酝酿语言,理性地提炼观点、准备论据,这样才能真正地确认各方观点,并促成其观点的交流和交锋。鉴于此,议题被确认和安排后,多元主体观点诉求的酝酿和总结便成为一个不可或缺的重要环节,只有这样才能保障电视商议内容的充实和推进的有力。在实践操作中,电视媒体应注意以下几个问题。

第一,议题确认与议程安排完成后,电视媒体应在第一时间将被确定的议题通过多个渠道(如官方微博、微信、网站、手机应用等)予以公布,以帮助参与者或潜在参与者提前准备,在搜集议题相关资料的同时,促进其深入思考和酝酿观点,为各方在电视商议中更为理性、准确地表达

---

① 高宣扬. 当代法国思想五十年(第2版)[M]. 北京:中国人民大学出版社,2016:533.

观点和利益诉求奠定基础。对于涉及诸如规划、法律等专业领域和专业知识的议题，电视媒体在正式组织电视商议前，应聘请和安排专业顾问（如规划师、律师、物业专家等）通过一定的途径向公众提供集中的专业咨询服务，为他们解答相关专业问题，并帮助其分析问题，促进其立场的"沉淀"。

第二，电视媒体还应充分利用互联网，在各利益主体正式进入电视商议空间之前，搭建非商议空间。具体来说，就是电视媒体就某个议题设立网络论坛，通过微信或微博的推广将相关人员引流到论坛中，使其围绕主题进行充分讨论，促进公众之间的交流，借此一方面激发主体的参与活力，吸引更多相关主体参与主题讨论，另一方面在正式商议之前组织参与主体进行观点交流，促进各方参与者的"提前"思考，从而助力正式商议的效能效率提升。

第三，在电视商议直播或录制之前，电视媒体应向参与者公布或发放相关的说明材料，包含议题、参与人员、发言规则以及事件的背景资料，以便所有参与者都清楚议题的相关背景和信息。具体地讲，发放材料有两个目的：一是客观交代议题的内容，包括所涉事件的原委或者所涉工程的概况等，以此提升信息透明度，增进信息对称；二是使参与者能够充分消化议题内容，并通过自我的审慎思考及与其他人的交流沟通，形成自己的诉求和观点，以此助推各方主体立场的充分"沉淀"。

第五章 电视商议的互动及其呈现

互动及其呈现是电视商议的第四个生产实践要素，它是商议活动得以实施的运作基础。事实上，电视商议乃是多元主体通过电视及其新媒体（合作）平台而呈现出来的互动实践与展演。在电视商议中，多元主体所传递的事实信息、意见信息以及主体间的观点互动都理应通过可视化的方式得到呈现，以在整个对话过程中达到"观众能看到，参与者被看到"的效果。对于电视商议而言，其外在的呈现形式如何？多元主体观点表达与互动的本质何在？其对话交往行为所秉持的核心规范是怎样的？理念向实践转化过程中，对话程序及规则又当如何执行？这一系列问题的答案既关系到电视商议本身的具体呈现，又影响着多元主体对话互动的有序开展。本章结合对话理论和互动仪式链理论，重点剖析电视商议的外在呈现形式及本质特征、核心规范及其保障路径等问题。

第一节 相遇的对话与展演：电视商议的呈现形式

加拿大社会学家欧文·戈夫曼认为，相遇是"具备集中注意于某一视觉和认知、双向开放性的言辞交往、高度的行为相关性等特征的焦点互动"[1]，换言之，这种"焦点互动"是以相遇各方的对话交往和共时体验为内容的，而且会经由大屏（电视）和小屏（平板和手机）展演出来。因此，从经验上看，相遇的对话与展演是电视商议中多元主体互动实践最为核心和突出的呈现形式。

---

[1] Erving Goffman. Encounters: Two Studies in the Socilolgy of Interaction [M]. Indianaplis: Bobbs-Merrill, 1961: 7.

一 "我们"：相遇的沟通与整合

首先，相遇表现为具身性交流。多元主体身体上的相遇，能够让对话同场共时，让问与答在同一场域中实时进行，从而形成了有问有答、问中有答、答中有问的互嵌式对话，继而推进了彼此的焦点互动。

其次，相遇还表现为一种沟通仪式。兰德尔·柯林斯认为，"仪式本质上是一个身体经历的过程。人们的身体聚集到同一个地点，（便）开始了仪式过程"①。多元主体将各自的身体聚集于电视演播厅或是新闻事件现场，这便为沟通仪式提供了主体基础，主体之间的顺畅对话使沟通仪式得以顺利建构。沟通仪式能让彼此相互关注并产生情感连带联系，使得对话既蕴含着价值，又饱含着感情，"而感情和价值丰富的对话才是获得公共判断的真正最佳路径"②，通过这样的对话能更好地推进共识的达成。可见，身体的相遇及对话能够促进多元主体的沟通及其整合，其实践逻辑表现在以下三个方面。

第一，身体的相遇能使参与者亲近对方、感受对方，促进平等对话关系的建立。列维纳斯认为，"感受他者的身体往往就意味着感受人本身，感受人性本身。对于他者之身体的感受必须落实于自我的身体上，否则这种感受就只是一种普遍性的认知而已，它并不能真正体察他者、亲近他者、感觉他者"③。"亲身在场使人们更容易察觉他人的信号和身体表现；进入相同的节奏，捕捉他人的姿态和情感；能够发出信号，确认共同的关注焦点"④，从而围绕它进行焦点互动。事实上，这个焦点互动的过程是亲近他者、体察他者、感受他者的过程。更为关键的是，近距离的身体相遇与接触还是一种团结性仪式，体现了参与对话的相关各方对于彼此平等身

---

① 〔美〕兰德尔·柯林斯.互动仪式链［M］.林聚任，王鹏，宋丽君，译.北京：商务印书馆，2009：93.
② 〔美〕珍妮特·V.登哈特，罗伯特·B.登哈特.新公共服务：服务，而不是掌舵（第三版）［M］.丁煌，译.北京：中国人民大学出版社，2016：73.
③ 王嘉军.列维纳斯的身体思想及其身体美学意义［J］.山东社会科学，2018，（4）：92-98.
④ 〔美〕兰德尔·柯林斯.互动仪式链［M］.林聚任，王鹏，宋丽君，译.北京：商务印书馆，2009：106.

份及诉求的尊重和体认，这是对话关系建立和对话得以顺利进行的基础性条件。从这个意义上讲，亲身在场和身体的相遇能够促进参与者之间的相互亲近、相互感知，进而催化平等对话关系的建立。

第二，身体的相遇激发了参与者的对话热情，避免自说自话。电视商议从表现形式上看是多元主体相遇后的沟通与对话，其实质是公共说理。但是，"自说自话不是公共说理"①，"我们说的每句话，都是对其他人的话语的回应、重复、引用"②。电视商议中，各方参与者基于公共问题进行具身性交流，从经验上讲，这种方式能够形成高频次、强同步、高效率的问答互动，这就保障和提高了对话的密度，同场共时和高密度的互动体验能激发各方对公共问题的探讨热情——在向他者表达自己的意见和诉求的同时，接受他者无时空距离和间隙的回应，或肯定，或赞赏，或质疑，或共情，从而让对话的焦点互动更加紧密、频繁、充实和富有建设性。相反，如果没有他者实时的具身在场，那么对话的真实性、即时性和交互性便会被削弱，对话会因此失去一些激情和动力，其意义和价值也会大打折扣。

第三，身体的相遇让对话富有整合性，促进"我们"的形成。马丁·布伯在其著作《我与你》中认为，人是一种关系性的存在者，其要么处于"我—你"关系中，要么处于"我—他"关系中；同时，他将"我—你"关系视为人与人之间具有直接性、在场性的相遇关系，以及具有互动性的对话关系。简单地讲，"'我—你'关系是一种共生的、融合的、相关的、不可分的关系，他们彼此应答、相互依赖，进行平等的对话和交流，成为真正的交流者"③。需要指出的是，马丁·布伯所讲的"你"既指上帝，又指具体的客观世界和他人，人与上帝的对话存在或体现于客观世界里人与人之间的对话和交往中。所以，相遇关系的本质是对话关系。"我"与他者相遇，并通过互嵌式的对话与交往实践建构了沟通仪式，在此仪式中回应彼此的呼唤，承担自己的责任，由此实现"我们"的形成。实际上，电

---

① 徐贲. 明亮的对话：公共说理十八讲 [M]. 北京：中信出版社，2014：17.
② [美] 刘康. 对话的喧声——巴赫金的文化转型理论 [M]. 北京：北京大学出版社，2011：18.
③ 魏少华. 对话理论视域下的中国社交媒体"话题"功能研究 [D]. 华东师范大学，博士学位论文，2017：45.

视商议中，多元主体置身于一个共同的场域（如电视演播厅），这使他们实现了"身体在场"及彼此的"相遇"，客观上建立了一种"我—你"关系，得以开展平等的、面对面的对话，这种互嵌式的对话关系，促进了对话者之间的真正理解和回答。更为关键的是，电视商议是多元主体围绕公共问题群策群力、集思广益，谋求问题解决的过程。在此过程中，"我—你"逐渐被整合为"我们"，这个"我们"既是共同面对问题的"我们"，又是共同解决问题的"我们"，还是共享利益的"我们"。

二 "我—你"之间：相遇的间距与张力

质言之，"我们"并不意味着多元主体的同一性，事实上，"我们"还存在另外一层意涵，即"我—你"。需要说明的是，此处的"我—你"所反映的重点并不是多元主体之间的对话关系，而是相对于同一性，重点强调多元主体之间的"间距"。作为电视商议的呈现形式，相遇的对话不只意味着沟通与整合，还指向了对话过程中各方意见和诉求的间距性，只有这样，相遇的对话才是辩证的、完整的和科学的。

首先，相遇的"我—你"需要拉开距离，产生间距，推动主体的相互注视和尊重。亚伯拉罕·马斯洛认为，"对于另一个人的尊重意味着承认他（她）是一个独立的存在，是一个独立自主的个体"[1]。确切地说，放大差异是排斥平等对话的，而强调间距才能为对话创造条件。因为放大的差异往往发生在"我"与不在场的"他"之间，容易制造出二元对立；而间距则表现为"我"与"你"以面对面的方式相互观看和交谈，从而超越了对立的范畴。[2] 因此，在电视商议中，不同利益主体彼此注视，从自身角度出发，并兼顾对方的利益诉求，在相互有别的基础上，审视和修正自己的观点和诉求，这就从客观上实现了彼此观照和尊重，进而保障了良好的对话关系。

其次，相遇的"我—你"通过间距带来的张力，让对话具备更高的活

---

[1] 〔美〕亚伯拉罕·马斯洛. 动机与人格（第3版）[M]. 许金声等，译. 北京：中国人民大学出版社，2012：193.
[2] 林升栋，刘霞，吕娇燕. 传播的艺术：中美比喻说服的逻辑间距[J]. 现代传播（中国传媒大学学报），2017，(8)：74-80.

跃度，从而推动观点的碰撞。弗朗索瓦·朱利安认为，"间距产生之间。间距透过它所造成的张力，不仅使它所拉开的并且形成强烈极端的双方面对面而保持活跃，间距还在两者之间打开、解放、制造'之间'。必须有他者，也就是同时要有间距和之间，才能提升共同（共有）"①。在电视商议中，对话要保证同场共时，让对话主体在位置和话语分配上平等，但这并不意味着要"无距离""无差别"地对话，而是应保证各主体带着鲜明的身份标识和立场标准，为其代表的群体表达诉求、争取利益。各对话主体之间必须存在间距，失去了间距，就等于失去了立场，也失去了博弈的必要。

三　互动呈现：相遇的展现与展演

呈现形态是电视商议拟剧性特征的具体体现，也是电视商议媒介逻辑的重要方面，具体包括节目片头展示、物理场景布置、互动环节设置等方面。

首先，节目片头展示是电视商议节目"前台"形象的集中呈现，蕴含丰富的创作理念及媒体逻辑。杭州电视台《我们圆桌会》节目片头共15秒，从繁华的杭州城夜景入场，在人头攒动、车水马龙的画面外，不绝于耳的杭州城市播报音频重叠切入，画面上依次出现"平等""对话""协商"字幕；接着，制片人兼主持人张平在近景画面中出现，同时配有同期声"让沟通跨越距离"和字幕"圆桌的理想""你的意见很重要"；最后，"第二十九届'中国新闻奖'新闻名专栏 我们圆桌会"定格画面出现，节目进入正片阶段。当期话题背景短片播放完毕后，画面会切入演播室，接着主持人亮相，而每期主持人的开场白都是相同的一句话——"沟通改变生活，对话推动进步"。

北京卫视《向前一步》的片头则相对比较简单：动态视频背景上，节目的标志伴随着飞光特效，从粒子状态逐渐整合为一个完整形象；接着，一个2~3分钟的短片介绍本期话题的新闻事件背景；最后，画面回到演播室对话现场，主持人马丁出场。每期节目主持人的开场白都是固定的，即

---

① ［法］弗朗索瓦·朱利安. 间距与之间：论中国与欧洲思想之间的哲学策略［M］. 卓立，林志明，译. 台北：五南图书出版股份有限公司，2013：59，91.

"各位好！欢迎来到北京卫视《向前一步》，全国首档市民和公共领域对话的栏目"。

从上文的分析可以看出，不论是《我们圆桌会》，还是《向前一步》，它们的片头都集中展现了各自节目的"前台"特征及创作理念。正如制片人兼主持人张平所言，《我们圆桌会》秉持的理念是"仰望理性价值，尊重每一个人的观点；我们圆桌会，不能没有你；让沟通跨越距离，让探讨充满生机"。而《向前一步》的创作理念则是通过市民与公共领域的对话，化解分歧，达成共识，促成公共问题的解决。

其次，物理场景不仅是电视商议节目中多元主体互动实践的物理空间，而且还蕴含着节目制作主体对商议参与者的角色认知和设计。不同于以媒体监督为主要特征的电视问政节目，电视商议节目中，多元对话主体并非分别处于不同的舞台区域，区分为不同的"阵营"，而是围坐在一起形成一个圆形（或半包围的圆形），针对公共问题进行理性对话和平等协商。比如，《我们圆桌会》将舞台布置为一个客厅的样子，舞台中央设置大幅印有"我们"字样的地毯，所有嘉宾坐在沙发上，面前放置了一张圆形茶几，以主持人为中心向两侧放射出去，形成一个半包围结构的圆形空间，这种舞台空间的布置契合了制片人张平所说的"两点之间有距离，变成圆，才能更近。我们圆桌会，圆桌的智慧"；在电视节目播出时常常给"我们"以特写镜头，这其实就是为了契合节目中"我—你"的对话关系，让多元主体作为"我们"共同体来进行互嵌式对话。《向前一步》没有专门设置嘉宾席和观众席，而是让"城市沟通团"的嘉宾与现场观众共同围坐在舞台上，平等地、近距离地、面对面地对话协商。

最后，互动环节设置是电视商议节目"前台"呈现的"脚本"，是对主体互动的"后台"安排。不同的电视商议节目有着不同的互动环节设置，比如，北京卫视《向前一步》的互动环节由沟通、抉择（跨线）两大模块构成；而南京电视台《民声》的互动环节由"一问到底"和"换位思考"两大模块构成，其中，"一问到底"是民声代表与政府官员进行提问和讨论，"换位思考"是民声代表与官员互换身份进行提问与讨论；杭州电视台《我们圆桌会》的对话过程则由问题展示、原因分析、对策探讨等几个模块构成。互动环节设置涉及节目的"脚本"问题，需要注意的是，这里的"脚本"并非规定嘉宾和观众何时发问、何时回答、怎么回答、是否发生冲突，而是对对话流程和环节的一种设计，这种设计往往能够起到结构化对话过程的重要作用，从而让对话更加有序和谐，内容更加聚焦有料，节目更加真实好看。相较于问责型电视问政的"火药味十足""流汗又流泪"的戏剧化呈现，由于"脚本"的设计与确认，电视商议中的对话往往多了几分平和、理性，而少了一些逼问、冲突。

第二节 语言杂多：观点诉求的复调表达

语言杂多是巴赫金对话理论中的一个核心概念，指的是"各种利益集团、价值体系的话语所形成的离心力量"，它"对语言单一的中心神话、中心意识形态的向心力量提出强有力的挑战"。[①] 本质上讲，语言杂多意味着中心话语与非中心话语、向心力量与离心力量的共存与共生。从社会实践理论的角度来看，语言杂多局面的形成，是各利益主体进行权力角逐和资本斗争的必然结果。布尔迪厄认为，语言是行动者文化资本和象征资本的结合体，也是他们争取利益、权力和资本的工具与媒介。语言交流是包含利益和权力关系的实践活动。"语言交流并不是行动者之间单纯的对话关系，也不仅仅是某种沟通和交换意见的活动，而是交流者之间权力关系的相互比较、调整和竞争。"[②] 不难看出，社会场域中处于不同位置、具备不同资本的行动者以语言为媒介，以语言交流为手段，争取各自的利益、资本与权力，在此竞争过程中形成语言杂多的局面，而这正是电视商议中多元主体互动实践的本质特征。

一 众声回响：语言杂多的复调表达

语言杂多会引发众声回响的复调表达。巴赫金认为，"有着众多的各自独立而不相融合的声音和意识，由具有充分价值的不同声音组成真正的

---

① 〔美〕刘康. 对话的喧声——巴赫金的文化转型理论 [M]. 北京：北京大学出版社，2011：6.
② 宫留记. 资本：社会实践工具——布尔迪厄的资本理论 [M]. 开封：河南大学出版社，2010：219-220.

复调"①。而复调表达可以促进公共理性的产生。其实践逻辑表现在两个方面。首先，复调表达保障多样化观点的同时在场。复调表达中包含着多元利益主体基于不同的观察角度、学科知识、相关经验和价值取向而形成的多样而丰富的意见与诉求，为了能够获取更多的利益、资本和权力，意见和诉求的表达往往呈现出畅所欲言、众声回响的场面，这便为多样化观点的同时在场提供了保障。其次，复调表达激发对话者之间的回应和碰撞。对话是一种边际现象，"与对话密不可分的话语，就其本性来说，希望被人听到，得到人的回应。话语总处在持续不断的对话中，在那里被人听到，得到回答，被反复理解"②，进而产生意义。在此过程中，对话者能够更加深刻地意识到自我的价值和他者的价值，在相互的对话与交流中进行诉求的表达与观点的碰撞，从而交换信息、弥合分歧、化解矛盾、调适诉求、创新观点，进而形成公共理性，推进共识的达成。

事实上，在社会治理过程中，多元主体有着多样的价值偏好和情感诉求，这让公共决策面临着极大的挑战，公共利益要达至"帕累托最优"（最优化、最均衡的资源配置状态）就必须通过多元主体的公共协商，最终形成重叠共识，而"协商过程是一个信息传播的过程，由于两方面的原因，新的信息会在协商过程中得以传播：一是没有任何单一的个体能够提前预知到所有的观点并以此来认知道德和政治的相关事务；二是没有任何单一的个体能占有与某一特定决策相关的所有信息"③。在电视商议实践中，多元主体在同一场域中，基于自我立场或对公共利益的理解进行观点表达，形成了"无数视点和方面的同时在场"④，从而让政务信息、决策信息、诉求信息、意见信息流动起来，由此促进了信息的分享、交换及对称化，为对话提供了源源不断的"原料"和动力。

---

① 〔苏联〕M. 巴赫金. 陀思妥耶夫斯基诗学问题 [M]. 白春仁，顾亚铃，译. 北京：生活·读书·新知三联书店，1988：29.
② 巴赫金全集（第5卷）[M]. 白春仁，顾亚铃，译. 石家庄：河北教育出版社，1998：396-397.
③ Seyla Benhabib. Democracy and Difference: Contesting the Boundaries of the Political [M]. Princeton University Press, 1996: 71.
④ 〔美〕汉娜·阿伦特. 公共领域和私人领域 [M]//汪晖，陈燕谷. 文化与公共性. 北京：生活·读书·新知三联书店，2005：88.

"对话由向心话语与离心话语在辩证的、相互矛盾的交互过程中构成，意义来源于这一过程。"① 对话的向心力可以产生相同话语框架下对公共议题的讨论，而讨论引发的问答往往还会产生对话的离心力，表现为多元主体观点各异、语言杂多的复调现象，而复调表达使得对话的内容产生新的意义，激发出创新的思路。在实践中，通过听取官员、专家、律师以及其他利益相关者的论点和论据陈述，参与者会了解更多的信息，同时他人的观点可能会启发自己的思考，让自己的视野更为开阔，这就有可能让对话者基于议题实现"从不了解到了解，从局部眼光到全局眼光"的跨越。比如在对小区治理的讨论中，对话的向心力可以让多元主体围绕小区治理这一主题，在现有的法律框架内，探讨、细化落地方案，而对话的离心力能够产生复调，这些复调形成的创新力表现为对社区治理的新手段、新方法的大胆探寻。

二　畅言与碰撞：复调表达的操作方式

电视商议实践中，电视媒体应当创设轻松自然的对话氛围、点燃多元利益主体的对话热情，使他们能够畅所欲言，尽情表达意见诉求并进行充分的观点碰撞，促进语言杂多局面的形成，进而激发多元主体的复调表达。

首先，营造轻松自然的对话氛围，助力意见和诉求的完整表达。电视媒介既是声画记录式媒介，也是声画呈现式媒介，可以通过电视摄像机、话筒等摄录设备忠实地记录与呈现电视商议现场的对话过程以及各个主体的对话内容。对话过程和内容的记录与呈现固然会使电视商议的空间更加真实、表达更为客观理性，但同时也可能会引发一些问题。

在前期的调研中，我们发现，电视摄像机、话筒、影视灯光、音箱等设备的存在，使得电视商议有别于日常生活中的对话场景，这可能会让对话者产生心理和行为上的不适，导致其参与对话时出现神情紧张、眼神飘忽、举止僵硬，以及忘词、卡壳、结巴等问题，从而影响其观点、诉求甚至情感的充分表达，由此进一步阻滞复调表达和语言杂多局面的形成。因此，电视媒体在组织电视商议时应着力营造轻松自然的对话氛围，助力主

---

① 徐开彬.争议性媒体事件中对话的可能或不可能：从对话理论探讨汪辉与朱学勤事件[J].新闻大学，2013，(5)：72-83.

体意见诉求的充分和完整表达。具体来说，要做到以下几点。

第一，在对话过程中，电视媒体应将摄像机机位安排在电视演播室光位的暗部区域中，并保证机位与谈话者之间的距离够远，主要使用中长焦镜头取景，这样可以尽可能让对话者忽视摄像机的存在，从而避免摄像机镜头对其造成心理干扰。

第二，在对话中要尽可能地避免类似答记者问中的"递话筒"现象。由于对着话筒讲话同样可能会让对话者产生紧张情绪，所以对话现场应该尽可能使用性能稳定、指向性好、信号较强的无线耳挂式话筒或者领夹式话筒，从而让对话者尽可能地忽略拾音设备的存在，这一方面可以帮助其更为自然地进行话语的表达，另一方面还能使音频信号被摄录设备拾取并被现场扩音设备放大，让其他对话主体和现场观众能够清晰地听到其话语内容，从而助力观点的交互和碰撞。

第三，尝试在某些对话环节设置第二现场。第二现场是电视商议主现场的辅助空间，往往用于调整对话节奏、引导真实诉求表达，它在主现场理性对话氛围和秩序暂时被打破，或者某些主体由于各种原因不表达真实诉求的情况下，发挥着重要作用。严格意义上讲，第二现场是一个情绪疏解场，它不设置舞台和观众席，也没有专业的灯光系统和音响系统，而只保留 1~2 台电视摄像机。这样的空间环境让各方利益主体暂时脱离了"众目睽睽"的环境，缓解了他们被凝视的压力，最大限度地还原了日常生活中的对话情景，使得各当事方能够在更为轻松的环境下敞开心扉、真诚对话，这让电视商议有张有弛、富有节奏，助力了意见诉求的充分输出。

公务员 LCL 在访谈中道出了普通市民面对摄像机镜头时普遍"遭遇"的尴尬场面：

> 对于我们这些普通市民来说，面对摄像机镜头、拿着话筒说话还是比较紧张的，有可能会忘词，还会语无伦次的。反正我是这样……最好是把摄像机"藏"起来，别让我看见，那样的话还好一点。（LCL，受访时间：2022 年 12 月 28 日）

其次，建构通俗化的对话场域，促进观点的充分交往和碰撞。巴赫金认为，思想不可能仅由个人独自依靠主观心理产生，只有通过人们之间意识平等的交流碰撞才能擦出思想的火花。① 不同观点交流碰撞的前提是对话者能够准确、完整地表达其思想，其采用的话语既要真实准确，又要通俗易懂，即要实现哈贝马斯所讲的"言说者必须选择一个可领会的表达以便说者和听者能够相互理解；言说者必须有提供一个真实陈述的意向，以便听者能分享说者的知识"②。鉴于此，电视商议中的政府官员、专家学者、公众等对话主体都必须通过"内容降维"的方式进行交流，即避免专业语言的晦涩难懂和诉求信息的含糊不清，把政策信息、科学原理、专业术语、观点诉求等内容在通用化处理后，用高度口语化的方式予以表达，使得相关信息能够更加通俗地表达和呈现出来，让相关话语能被听得懂、听得进。

除此之外，为了让对话更加准确和清晰，电视媒体可以充分利用电视媒介的声画呈现优势来辅助观点的表达和交互。在实践中，对于公共问题的形成原因、现状、趋势变化、专业解释、解决方案以及公共政策的系统构成、实施流程等信息，由于其过于抽象和复杂，对话主体往往难以通过口头语言进行准确的描述和表达，有时即使表达了，其他主体也难以听懂。

以下是杭州电视台《我们圆桌会》2019 年 4 月 27 日播出的《文一路隧道东口堵点 怎么破？》中出现的场面。

……

（指点 LED 大屏幕的交通图）

电建集团华东勘测设计研究院工程师刘某某： 就是我们把它这个东西拿掉以后，还跟这个地方有关联，跟我这个双向四车道的车道数不满足也有关联。什么意思呢？就是刚才我讲的，就是粉红色的这个地方，它一定是一个瓶颈，这个是个先天不足，是分期建设造成的，没办法了，只能这样。那么以后我把这个（德胜高架入口）去掉以后，我实际上就是把这个四车道和这个隧道里面的四车道相匹配了，

---

① 赵彦红. 巴赫金理论视阈下的对话传播初探 [D]. 四川外国语大学，硕士学位论文，2018：12.
② [德] 哈贝马斯. 交往与社会进化 [M]. 张博树，译. 重庆：重庆出版社，1989：3.

那么我要到上面去，挤进去马上就导致这个地方（匝道口）是瓶颈了，我要把它引到这儿来，引到这儿来以后，我要再强调一下交警，这个地方上去以后，不能直接插到主线上去，让它利用原来老的（立交）从这里往前走，再走到这个地方再上高架。这个地方上去了以后有什么好处呢？这个地方上去了，在这个地方大家都知道，就是上塘河的部位，上去绍兴路这个地方，这个地方主线是变成六车道了，这个匝道的旁边，这个主线是四车道。因此我讲是什么概念呢？我们把这个，本来这个地方（文一路东口堵点）挤到主线四车道的交通流，我让它通过地面，然后它再通过这个地方，再通过立交的两个辅路，原来最老的立交的通道，再上到六车道的部位的主线，对我这一个地方的缓解是有好处的，而且你这个地方一定要取消的，（因为是）交织的，这两个东西是配套来做的。

……

在此案例中，中国电建集团华东勘测设计研究院工程师刘某某在表述缓解杭州市文一路隧道东口交通压力的方案时，只是在现场液晶大屏幕上显示的地图上面做指点，致使其侃侃而谈五六分钟，观众大多还是看不清、听不懂，这样的观点表达无疑是效率低下甚至失败的。

在此情况下，除了依靠现场的口头讲解外，电视媒体还可以利用 Flash 动画、3D 动画或 MG[①] 技术直观地、准确地显示治堵的具体方案，这样便能使现场对话主体和场外"围观"的公众对堵点的成因、解决方案等信息有更加全面和准确的把握，在此基础上或质疑，或提出更好的解决方案，从而促进不同观点和诉求之间的交流与碰撞。

第三节　理性对话与平等协商：电视商议的核心规范

富有成效的电视商议离不开科学操作规范的引领和指导。具体地讲，理性对话与平等协商是电视商议的核心规范，也是保障对话内容品质和对

[①] 全称为 Motion Graphics，即动态图形，简单说，就是随时间流动而改变形态的图形。

话效果的重要机制。

一 理性对话：审慎表达与理性取舍

理性对话主要是指"经过缜密思考的非情绪化表达，是本着协商目标而展开的探讨式对话"①，其具体规范是"在讨论如何解决某个问题时，人们对分歧的回应，应该以他们共有的、中立的信念为基础，从而通过从这个共同基础出发的论证（对话）解决分歧；或者绕过分歧，只在共同认可的基础上寻找解决办法"②。在电视商议中，这个"共有的、中立的""共同认可的"信念便是公共意识和公共利益，理性对话以此为基础和依据而展开。

从机制上讲，理性对话"有效敦促参与者的公共意识，（使其）以公共性角度来审视问题，结合更为宽阔的思想格局和眼界来看待公众利益，尊重他人的利益诉求和表达立场，修正自身偏误"③。这具体表现在以下两个方面。

首先，理性对话助力科学认知。理性涉及认知，而认知"以真实地认识世界与认识人自身为目标"④。具体而言，对公共问题的科学认知包括问题的属性归纳、成因分析和对策探讨等几个重要方面，即厘清公共问题"是什么"、"为什么"和"怎么办"等。只有完成对公共问题的科学认知，才能依据问题的属性和成因精准施策，进而推动问题的解决。这一过程包括两个方面。其一，有限理性呼唤多元主体的理性对话。随着社会、经济的高速发展，社会治理领域呈现出日益复杂化的特点，新情况、新问题层出不穷，特别是一些涉及专业领域的问题对公共决策的科学理性要求越来越高。而任何人、任何组织都具备"有限理性"的基本属性，即无法完全理性地去思考问题和解决问题。这就决定了公共问题的识别、确认和分析需要发挥政府、公众、专家学者、市场等主体的作用，通过各主体围

---

① 何志武. 电视问政的协商理念及其实现保障 [J]. 中州学刊, 2017, (7): 162-168.
② 陈晓旭. 政治自由主义的界限 [J]. 世界哲学, 2012, (1): 110-118.
③ 李兵, 郭天一. 话语共识与社会多元性整合——哈贝马斯审议民主理论探析 [J]. 思想战线, 2019, (1): 78-84.
④ 杨国荣. 中国哲学中的理性观念 [J]. 文史哲, 2014, (2): 31-37, 164.

绕公共问题和公共利益的理性对话，完成对公共问题"是什么"和"为什么"的科学认知。其二，理性对话推动公共问题的解决。公共问题是电视商议的对象，问题的解决和公共利益的实现是电视商议的目标。扎实的调研、细致的分析、深入的思考、审慎的意见，是对话主体理性的观点表达和理由阐释的重要支撑，而意见的交互、观点的碰撞，是公共问题解决方案出现并不断创新的不竭源泉。对商议民主论者而言，理由在某种程度上承载着规范的力量，而且，这种规范性往往源于理由与理性能力之间的关联，而理性能力常常又被认为正是规范性的根源所在。[①] 电视商议中，问题解决既是目标也是动力，它驱动着参与主体在对话中审慎提出自己的意见和诉求，并用科学而充分的理由阐释来支撑自己的观点。同时，参与主体认真倾听、审议他人的观点和方案，并进行理性的交流甚至论辩，以及时修正双方的偏误，最终使优势意见得以显现，从而形成科学的、各方一致认同的解决方案，完成对公共问题"怎么办"的科学审视。

其次，理性对话助推利益取舍。"理性既涉及认知，也关乎评价。评价意味着基于利与害、善与恶的判定，以确认、选择广义的价值形态。"[②] 除了科学合理的观点表达和理由阐述外，理性对话还可以帮助对话主体做出价值判断，从而助推其对利益的理性取舍和平衡。面对公共问题，对话主体的立足点和视角不同，利益诉求和情感偏好也各有差异，只有基于公共利益理性对话、求同存异，才有可能形成共识，从而在实现公共利益的同时获得个人利益。如果各持己见、互不妥协，进行零和博弈，那么公共问题可能会长期得不到解决，最终造成"双输"的局面，个人利益也会受到损失。在电视商议中，"人们与他者进行广泛、审慎和理性的对话，（这个过程）让其利益诉求及情感偏好更具反思性和深刻性，使其认识到共同体中其他成员的利益关切所在"[③]，从而增强公共意识、尊重他人诉求，调适自身利益，通过利益取舍达成各方利益的平衡，以此实现公共利益。需

[①] 〔美〕莎伦·R. 克劳斯. 公民的激情：道德情感与民主商议 [M]. 谭安奎，译. 南京：译林出版社，2015：166.
[②] 杨国荣. 中国哲学中的理性观念 [J]. 文史哲，2014，(2)：31-37，164.
[③] Noëlle McAfee. Three Models of Democratic Deliberation [J]. The Journal of Speculative Philosophy, 2004, 18 (1): 44-59.

要指出的是，电视商议在本质上是公共说理实践，推崇有理有据、以理服人，利益的取舍基于理性的自我调适，是行为主体的主动和自愿行为，因而是排斥欺骗、诱导、煽动的，更反对任何形式的道德绑架。比如，北京卫视《向前一步》在 2018 年 7 月 13 日播出的《八米阳光》中，石景山区双锦园社区的干部、规划局干部、居民代表、"霸路者"代表张先生、城市规划专家就 7 号楼 13 户业主的违建拆除问题进行商议。对话过程中，规划局和社区干部解释相关法规和政策，居民代表表达诉求和理由，规划专家解释建筑红线和规划红线的含义及相关法律规定，"霸路者"代表张先生则据理力争、维护自我权益。经过多轮交锋，张先生清楚了解了法律规定和政策要求，修正了自己在认知上的偏差，主动地调适了个人利益，同意带头拆除违建，还道于民，从而保障了公共利益。

以下是《八米阳光》中的片段：

【VCR 内容】8 米公共空间建起私人别墅，侵占公用道路，行人无路可走。小区居民描述中如此霸道的住户究竟是个怎样的人？他果真如居民所说有着什么特权吗？沟通团成员胖姐特地在录制前，探访了这 13 户未拆违居民的代表张先生……

主持人：好，接下来我们就把这位张大哥请上场，有请！

（鼓掌）

主持人：咱们一目了然。这是张大哥所住的地方，差不多吧，这个位置是吧？这一块我们上面写了违建啊，您在这有房子吗？

7 号楼居民张先生：是接出来一个房。

主持人：大概多宽？

7 号楼居民张先生：大概有 2 米多吧。

主持人：这个栅栏，就是阿姨口中的那个铁栅栏？

7 号楼居民张先生：对对对。

主持人：栅栏，挨着栅栏就是单行车，机动车道。

7 号楼居民张先生：对。

主持人：中间没有人行道？

7 号楼居民张先生：没有。

主持人：是这意思吧？

7号楼居民张先生：对对对。

主持人：好，我们一开场，我就跟大家说了，这是一个八米的距离产生的纠纷，（指着示意图）这8米是不是就从这？

7号楼居民张先生：对。

主持人：到这，这是8米？

7号楼居民张先生：对对对。

主持人：纠纷就由此而来。

7号楼居民张先生：对对对。

主持人：我们看看旁边，是不是格局是一样的？

7号楼居民张先生：对，这个楼是一样的，5号楼不一样。

主持人：所以，在这个同等位置上。

7号楼居民张先生：对。

主持人：是没有违建的，对吗？

7号楼居民张先生：当时我们买的时候，这个地方可以盖房，原因是什么呢？是因为我们并排的都已经建了，那么并排的建房的原因我调查过，原因是物业给建的，作为业主来说何乐而不为呢？

主持人：是。

7号楼居民张先生：那既然你帮我建，那我也高兴啊。

【VCR内容】 张先生表示，7号楼外侧扩建的房屋是物业统一盖的，这到底是怎么回事呢？原来，2012年，7号楼的物业因为不想承担楼前打扫卫生的责任，就统一牵头给一层住户扩建出两米五宽的房屋，因此张先生也是多花了一些钱买下的房子。至今，由于物业已经经过几番更换，当年的物业早已找不到人，扩建房屋的事也就成了历史遗留问题。张先生想不通，为什么当初物业统一建的房，现在却成了违建呢？

律师：就是您买的时候就有，是吗？

7号楼居民张先生：我买的时候被承诺可以建。

律师：谁承诺你？

7号楼居民张先生：他承诺说可以建，那么在这个基础上我们才买。

律师：他是代表政府一机构，还是代表他个人？还是他为了卖个好价钱，还是为了尽快脱手？他有什么权力承诺？

7号楼居民张先生：都有可能。

律师：那他这种承诺你认为在法律上有效无效？

主持人：如果没这块，这房子您买吗？

7号楼居民张先生：那恐怕就不买了，我们有些人呢，就有些业主在买的时候，人家房子已经是接好的，在原基础上的话，还多掏了钱。

律师：那么现在我就一直在问您，从源头上，您这个权力的取得依据是什么？有没有合法性？您是没有回答我，我来回答：没有。那么您使用了这么多年，咱说句老百姓的俗话，可能已经占了一些便宜了，有了一些便利了。

（打断）

7号楼居民张先生：我不认同！

律师：所以您这……

（打断、插话）

心理专家：稍等，稍等，我问一问题，您说原来这个地方统一由物业公司给盖过违建？

7号楼居民张先生：对！

心理专家：什么样的违建？什么形式的违建？

7号楼居民张先生：统一建的，那么目前定为违建嘛。

心理专家：您买那房子，就这个多出来这地方在您房本上吗？它不在您那房本上，您就不能多给钱呀。

调解员：大家都建着，当时都有这房子。

心理专家：对呀。

调解员：所以我才买的，对吧？我没有意识到，就是那时候也没违建这一说。

（打断、插话）

律师：你（调解员）说得不对！

（打断、插话）

心理专家："违建"这个词从来就有！

律师：当初就存在。

心理专家：而且2016年就已经开始拆违建了。

社区居民代表：对对对，所以你（调解员）说得不对，他搭那个棚子，你甭管怎么着，那我们亲自看见他搭起来的，他搬过来以后他亲自搭的那个棚子。

（打断、插话）

调解员：那大姐我就问您，当时搭的时候为什么没人拦？

心理专家：您说当时建的时候没人拦，为什么没人拦？我想知道，您问这问题的意思是什么呀？

调解员：我不是说为什么，因为当时……

（打断）

心理专家：您为什么要问这问题？

调解员：我问的就是说，当时……

（打断、插话）

心理专家：没有人拦，没有人看着，就可以做坏事吗？

调解员：也不是这个道理。

（现场观众举手）

主持人：来，这位，绿衣服的这位，应该叫姐姐吧。

现场观众（张先生爱人）：我是当事人的爱人。我觉得我们家先生坐这成被告了，成一个弱势群体了。他没有机会来表达他所有的那种诉求，你知道吗？一说话那么多张嘴，全哇啦哇啦冲他一个人，我们有机会说出来我们的诉求吗？没有！就是我们说得不对，你也（应该）听听我们不对在哪？对吧。

律师：您觉得人家没说清楚吗？

现场观众（张先生爱人）：我觉得没有说清楚。

律师：好，那您有什么要补充的？

（打断、插话）

主持人：律师，您等会，人家最不满意的就是你。

律师：没关系，不怕辩论。

主持人：是不是？意见最大的就是这个？（指向律师）

现场观众（张先生爱人）：（竖起拇指）表示赞同。因为这个房子是我们 2016 年 3 月份买的，我们当时跟他讲价格的时候，人家丝毫不降，人家说这能够接出来都是物业给盖的，价格人家根本就不会谈下来的。人家说你们可以增加面积，所以价格咱没的说，就这价格，我们不知道是什么情况，你知道吗？

主持人： 确实挺宽的。

现场观众（张先生爱人）： 的确我们也花了钱了。

律师： 现在不管谁牵头，建筑物，或者说所有的临建附属设施，都没有法律依据的。

主持人： 是，但是，我得说但是，但是反过来，如果咱们是这十几户的业主，特别是刚买不久房子的业主。

（打断、插话）

评论员： 我觉得主持人这个提议特别有价值。我们今天闭上眼睛，别想我们是大妈，我们想我们是大哥，我们会不会觉悟高到为了公共利益，去让渡自己的权益，而得不到丝毫的补偿、安慰、同情。

（现场观众举出 666 的手势）

评论员： 因为当我们每个人的切身利益不受到损害的时候，当一个旁观者是非常轻松的。如果我们是 13 户呢？我们是少数派呢？我们（北京）是一个伟大的城市，我们不仅要尊重多数人利益，我们更要学会保障少数人的权益，至少会倾听他们的声音。

律师： 石老师我给你提个反对意见……

评论员： 好，ok。

律师： 这个权益有正当权益，还有非正当权益。

评论员： 这个正当和非正当，也不是这儿所有的人能够决定了的。

律师： 可以啊，法律是底线。

评论员： 如果觉悟都像你们几位这么高，就不会有张先生这样的问题。

（打断、插话）

心理专家： 哎呀，我觉悟不高，我很自私的，假如不在我房本面积上的那钱，你让我掏，一分我也不给。

律师：我是专业人士，我是学法律的，所以我在这个场合我不说话，那大家可能就不知道法律怎么回事。你无论买一手房还是买二手房，因为我们大家知道，买一手房的时候，我们听到很多的售楼小姐说，我送你花园，我送你阳台，我这里有学校，我这里有幼儿园……合同上写没写？如果没写在合同里，我要提醒大家，这个不算数。还有您刚才说您买的时候，人家跟你承诺说，您在这两米五的范围内，可以盖建筑物。他说话有什么依据？他有什么权力？有没有落在合同上？否则我就不能信。

……

7号楼居民张先生：道路让出来，人行道让出来，树坑让出来，绿化带让出来。

主持人：对。

7号楼居民张先生：有没有体现物权？有没有老百姓的权益体现？我们这个节目如果说没有老百姓的群众的权益体现的话，对不对，我说的还不够完全，不够人性吗？

（现场观众打出666的手势）

主持人：城市规划师，你趁此机会给我们都解释一下吧，哪些是可以我们合法维护的权益？哪些是应该让出来？哪些应该拆掉？有没有规定？

城市规划师：如果您这楼是比如说坐落在这边的，这就是您的建筑边界，但是很碰巧，就是您这个小区的用地红线，和您建筑的建筑红线、道路红线三线重合了。

主持人：就在这是吗？

城市规划师：对，就在这条线，所以这个外侧，这全都不是咱们小区的空间，不能搭任何的东西。

主持人：我真的想说，这个栅栏凭什么拆完了还要安回去？我不认为它应该安回去，它当初本来就不应该建在那。

社区居民代表：对。

主持人：你占了老百姓多少年便宜？

（打断、插话）

7号楼居民张先生：错！

主持人：怎么错了呢？

7号楼居民张先生：因为这个铁栅栏是响应北京市号召，北京市当年有一个，为了社区的安全下过一通知，这通知我可以找出来。

主持人：那我问问您。

7号楼居民张先生：完了以后……

（打断、插话）

主持人：我问问您，张大哥，我问问您，为什么这个楼栅栏就建在这，那个楼怎么就不建这一栅栏呢？也许有历史原因。

7号楼居民张先生：对对对。

主持人：对，这我都认，有多种考虑，但是当它已经与它的现状和历史进步、城市的发展不相符的时候，它该不该拆？这不就是拆违建的本意所在吗？它拆了以后为什么还要重建呢？

7号楼居民张先生：退一步讲，那它（栅栏）属不属于违建，我们先把这个事情来确定，如果说它是建筑，好，拆掉没问题，刚才我态度已经很明确，就是拿房本看，超过房本，违建，拆掉，是吧？我们态度非常明确。

主持人：对。

7号楼居民张先生：但是它属于建构物，建构物是历史形成的，是给大家一个心理的安慰。

（打断、插话）

律师：这个概念要弄清楚，他老说建构物，没有这建构物概念。

主持人：听我说，张大哥。

律师：建筑构造物，哪来的建构物啊？

（打断、插话）

社区居民代表：既然承认违建，就应该拆。

主持人：我们已经接近最重要的一件事了，这个栅栏是不是建构物？它是不是违建？我们弄清楚，您认为是什么？

7号楼居民张先生：我认为它是一个建构物，是为了满足住宿人的安全。

主持人：明白。

7号楼居民张先生：另外它是历史形成的。

主持人：明白。

7号楼居民张先生：你就应该恢复栅栏。

（现场观众举出666的手势）

城市规划师：栅栏这个事，您刚才有一个词叫，应该是构筑物，不是建构物。构筑物也需要审批的，所以这个栅栏不属于一个合法构筑物，是应该被拆除的，这个我要跟您澄清一下，然后您的权益主张在这上面。但是您听我讲，咱们去年9月北京市出台了《北京城市总体规划（2016—2035）》，原来确实咱们（规划）有些过于简单，哪有八米都是人行道的？所以才会停车，所以咱们才会建这个嘛。所以我给您念一下咱们《总规》里这句话，"要坚持以人为本，要一切从实际出发，从扩张性规划转向优化空间结构，要健全市域的绿色空间系统，构建多类型、多层次、多功能、多网络的高质量的绿色空间"。您总是在讲绿水青山这样一个生态环境，所以新《总规》里要求要增加绿色公共空间。根据现有的法规，您这（违建）必须全拆掉，然后全做成人行道，但是因为之前这个八米全是硬铺装，这个不太合理。城市需要绿化，咱们需要保护，这个临街的建筑，咱们需要安全感，所以石景山区也在编制控制性详细规划，在编制过程中，咱们可以建议规划部门，根据实际的是2米还是3米的人行步道，加上盲道之后，咱们剩下的空间，能不能按照新《总规》的要求，增加老百姓生态安全服务的功能，重塑这个城市跟自然的关系，让我们更接近老百姓的意愿。要建的其实是可以做一片灌木绿化还是什么，我们来商量，合理地来设计它，就有法可依，有规可依，同时您的诉求也就实现了。

（现场观众举出666的手势）

主持人：这个说得很清楚，您听明白了？

7号楼居民张先生：说得很清楚，也有根有据，但是具体情况具体分析，就我们小区的广大业主的意愿，在留出相应的绿化的条件以后，（应该）恢复铁栅。

主持人：您的想法当然也是有道理，谁都希望自己的家园更安全。

7号楼居民张先生：对，更安全。

主持人：但是这个栅栏是不是能恢复，需要协商着来解决，而不是您认为一定要恢复的。

调解员：张大哥我觉得，咱们也能考虑考虑，因为它是用绿化带来给您设计，形成这一个绿色的屏障。

7号楼居民张先生：是这样，我跟广大业主沟通一下，毕竟我是代表他们。

主持人：当然。

7号楼居民张先生：我现在在这不能够说是与否。

主持人：当然。

7号楼居民张先生：是这样的。

……

有一种观点认为，在电视商议中，理性对话和审慎表达基本上是一种表演行为，因为这类节目的参与者事先都已经拿到栏目组所提供的"台本"——说什么内容、什么时候说、按照什么次序说等都是事先安排好的。事实上，这是一种没有经过调查的、有些想当然的看法。在前期的调研中，我们发现，《向前一步》《我们圆桌会》并没有提前提供所谓的"发言台本"，在实际操作中，栏目组往往会在节目正式录制前几天为政府部门、专家学者、律师、市民代表等参与者提供一份有关议题的背景材料，这个材料涵盖了新闻事件的原委、当事方核心诉求、可能会涉及的法律法规等基本信息，这些资料是栏目组记者通过前期的调查采访得来的，为的是帮助参与者提前查阅相关资料，准备和"沉淀"观点，以便更有效率地进行对话协商，栏目组并没有"导演"对话现场，规定各方的发言次序和内容。因此，从本质上讲，理性对话既是电视商议的基本理念，也是对话协商的核心规范。

二 平等协商：承认差异与文明对话

哈贝马斯认为，主体间的交往行为就是在平等的主体之间以语言为媒介、以共识达成为目的的理性交往。而"真理是在多种平等的意识之对话性交流过程中被揭示的"①。对于电视商议而言,平等性是对话协商的基本要求,理想的平等协商中,每个人都有同等的发言机会,对决策具有同等的影响力。而平等协商要求的是"主体之间的平等性,没有人拥有比他人更大的权力"②。其运行机制主要体现在以下几个方面。

第一,相互承认是平等协商的前置条件。所谓"相互承认",指的是虽然各对话主体来自不同的社会阶层和利益群体,但其认可他人的身份地位,尊重彼此的立场观点。哈贝马斯认为"任何对话都是在主体相互承认的基础上展开的"③,而"只有在个体间把对方看作'自己人'、能够彼此承认的情况下,才能达成有效的共识"④。具体而言,一方面,承认是平等协商的基础。"他人话语是建立在'承认'的基础上的,只有出现了对他人的承认,才会使他人的话语得以成立。人与人之间如果没有承认关系的话,也就无所谓他人话语的问题了。"⑤ 因此,只有相互承认,才能彼此倾听,而在倾听的基础上,他者才会去倾诉,这便为平等协商提供了动力循环机制。另一方面,承认是平等协商的重要指向。在实践中,政府官员、公众代表、专家学者等都是以治理主体的角色及平等身份进入电视商议平台而进行公共协商的,他们表达观点、相互倾听、相互理解、互动交流,成为公共问题的分析者和解决者。多轮密集的对话沟通,可以使多元主体相互理解对方的关切和诉求,促进其对于彼此身份地位、立场观点的认可,从而促使多元主体相互承认,而这又进一步推动了平等协商。

第二,包容差异是平等协商的核心内容。平等协商要求电视商议的参与者互为主体、相互平等,但这并不意味着主体之间没有差异。哈贝马斯

---

① 王加兴. 对话中的巴赫金:访谈与笔谈 [M]. 董晓等,译. 南京:南京大学出版社,2014:7.
② 朱玲琳,欧阳康. 一元与多元之间的共识问题——引入"共识度"概念的考察 [J]. 学习与实践,2013,(11):123-129.
③ 〔德〕尤尔根·哈贝马斯. 认识与兴趣 [M]. 郭官义,李黎,译. 上海:学林出版社,1999:134.
④ 李义天. 共同体与政治团结 [M]. 北京:社会科学文献出版社,2011:21-22.
⑤ 张康之,张乾友. 共同体的进化 [M]. 北京:中国社会科学出版社,2012:101.

认为,"对差异十分敏感的普遍主义要求每个人相互之间都平等尊重,这种尊重就是对他者的包容,而且是对他者的他性的包容,在包容过程中既不同化他者,也不利用他者"①。因此,包容差异指的是各方参与者意识到主体差异存在的客观性和普遍性,从而尊重和认可差异的一种行为理念和方式,这是平等协商的核心内容。

具体到电视商议,包容差异表现为尊重彼此的身份及观点诉求,接受他者选择的合理性,认可其对于决策的影响力。包容差异的电视对话促进主体在差异中寻找共性,不将自我意识强加于他者,最终形成基于差异的共识,即在差异中发现共识,在共识中包容差异,而不是陷入"形式统一性"的窠臼中,即在形式上达成共识,用同一性、共识去排斥和压制差异。事实上,这种排除差异的"形式上的共识"是将同一性意愿强加到相关个体身上,这本身就是一种不平等。比如,在某期电视商议节目中,城市沟通团成员驳斥居民代表"所持观点不对,应该有公共精神、公共意识,为大家着想",等等。实际上,居民代表从个人利益出发所提出的意见和诉求,只要没有涉及违法行为、没有冲击道德规范和公序良俗,就应受到尊重。观点和诉求本身并没有绝对的对与错,每个诉求和观点都有其存在的合理性,都应被纳入对话范围并得到平等审议。

第三,文明对话是平等协商的重要保障。文明对话指的是对话者以诚恳、平和的方式参与交流。其中,诚恳是一种参与对话的态度,要求参与者本着沟通协商的目的,进行真实的自我表达、坦率的彼此交流,这是平等协商的题中之义。基于这种目标,每一位对话者都要直面问题、直面他者,将自己的意见、诉求真实而准确地表达出来,而不应遮遮掩掩、逃避面对,更不应答非所问、含糊其词,使得各方主体难以在相互理解中达成共识。

以下是北京卫视《向前一步》2019 年 7 月 21 日的节目《社区服务站的阳光之争》中出现的场面:

---

① 〔德〕尤尔根·哈贝马斯. 包容他者 [M]. 上海:上海人民出版社,2002:43.

……

（未签约居民郭先生戴着墨镜上台交流）

主持人：（面对律师）要不您劝郭叔叔把墨镜摘了……

（打断）

未签约居民郭先生：（情绪激动）这不行，这是我的自由。我觉得今天上这里有点上当受骗的感觉……

……

主持人：这样，您听我说，郭大爷，郭叔叔，咱能把墨镜摘了吗？

未签约居民郭先生：不摘！

主持人：您的问题都解决了，还不能摘吗？

未签约居民郭先生：解决也不摘，因为你这个节目已经弄完了。

媒体评论员：不是，老郭，您现在要是把墨镜摘了，是今天节目最大的亮点。

未签约居民郭先生：我适当的时候我会摘。

主持人：您之所以到这来，一开始很气愤，是因为您觉得您的视线被挡住了，但我们录电视呢，您戴着墨镜却遮挡了观众的视线。您的视线问题现在解决了，能不能把电视观众的视线问题解决下？

……

业主代表郭先生认为社区服务站改建影响了自家的采光，损害了自身利益，因此怀着防御和不满心理，戴着墨镜走上沟通平台，拒绝以真实面容直面他者，而这无疑为主体间的对话增添了一层"屏障"，消解了对话的诚恳态度。又如，2019年11月24日的节目《畅通人心的管道》中，老旧小区上下水管道改造工程未签约业主吴女士以面部皮肤问题为由始终戴着口罩进行对话，且在对话过程中频频出现答非所问、让其他对话者揣度其真实想法的情况。显然，这些做法都是不诚恳的表现，都无疑给平等协商规范开展设置了障碍，是极不可取的。

此外，平和的说话方式也是文明对话的重要内容，它包括使用恰当的音调、语气、句式等。对话之中，双方的音调标志着讲者和听者各自的身份、位置、关系与相互之间的态度。① 巴赫金认为，音调作为一种戏剧化手段，能够表现言谈的千姿百态、生动活泼。② 音调会传达语言之外的信息，它代表了情感、态度和价值判断。在对话过程中，音调过于强硬会营造出一种紧张的对话关系，将对话双方置于对立的情境之中。而使用调侃、讽刺等情绪化的表达方式也会激化对话者之间的矛盾，甚至引发争吵、威胁、谩骂和人身攻击，恶化对话关系，将对话变为对峙，致使对话中止或终结。

下面是《我们圆桌会》在 2017 年 8 月 5 日播出的《小区自治，路在何方》中出现的场面：

……

业委会协会副秘书长：你为什么会引起业主这么多的反感呢？你把自己的位置给颠倒了，你没有权力去执行业主没有让你执行的东西，你首先这个是错掉了。第二个，你把自己放在运动员和裁判员之间了……

……

媒体评论员：其实还有一个问题，你比如说，你刚才讲你们的公示就是五个大门里头的一张 A4 纸，你 1688 户居民有多少的单元，你在单元门口能亮灯的地方让每一个进出的人都能够看得到，这不就很好吗？你连这一点你都没有反省到！而且你说你不知道是要由他（物业）报的，没有规定，你说我是理解有误，你总是在指责别人有误，那你怎么会在报给维修资金（管理中心）的时候是以物业公司名义出面的呢？……

（打断）

业委会副主任：这个工作流程是由物业去报，他代替你去做这个工作……

（打断）

媒体评论员：不是他代替你做这个工作……

（打断）

---

① 〔美〕刘康. 对话的喧声——巴赫金的文化转型理论 [M]. 北京：北京大学出版社，2011：92.

② 〔美〕刘康. 一种转型期的文化理论：论巴赫金对话主义在当代文论中的命运 [J]. 中国社会科学，1994，(2)：161-176.

业委会协会副秘书长：你又把刚才说的（东西）本末倒置了。（打断）

媒体评论员：（语气强硬）所以说……你缺乏一点反省精神。出了那么大的事情，那么多人要罢免你的时候，如果是我的话，我真的要好好反省，我到底哪些地方做得是对的，哪些地方做得是不对的，哪些地方是经验缺乏造成的，哪些是我性格使然的，你这个真的是要好好反省！但是我真的今天没有看到你有很诚恳的反省的态度！

业委会副主任：（鞠躬）对不起，对不起。

媒体评论员：如果我小区业主委员会的成员是你这个态度的话，我自然也会启动罢免程序！

业委会副主任：（脸红、低头不语）

……

在这个案例中，媒体评论员屡次使用强硬甚至激烈的语气对星洲小区业委会副主任进行连珠炮式的质问，将平等的对话与沟通变为了不平等的"批斗会"，致使业委会副主任要么致歉鞠躬，要么沉默不语，这样做无疑破坏了对话关系，阻滞了观点和意见的充分交流。

第四节 对话效率与话语平衡：电视商议的程序规则

除了核心规范外，多元主体的有序和高效互动还需要规范的程序和规则。没有规则，程序会陷入乌托邦；没有程序，规则也无法发挥效能。科学的对话程序和规则是保障电视商议品质和效率的重要因素。其中，对话程序规定了主题展开的层次与步骤，而对话规则主要对发言的申请、顺序、内容、时长以及决策的方式提出了具体的要求。

一 对话程序：话题层次与对话效率

作为公共传播的重要载体，电视商议的核心环节是对话主题的展开，电视商议的程序设计聚焦于对话主题的集中性和话题展开的层次性。从逻辑上讲，只有紧扣主题，并根据认知规律精心设计话题层次，才能使对话主体抓住主要矛盾，同时让对话线索清晰明了，从而深化主题，提高对话效率，并提升观众对商议过程及其内容的接受度。

根据前期的案例分析，我们发现，我国现有的某些电视商议节目存在对话主题不集中、偏离主题的意见表达和讨论较多，从而导致对话效率低下的问题。比如，《我们圆桌会》2018年4月播出的《小区自治之路 如何前行》，按照规范程序的话，这期节目应对"小区自治是什么""谁是小区自治的主体""影响小区自治的因素有哪些""矛盾症结何在""应该采取哪些措施来推动小区自治"等几个问题进行分层讨论。但实际的情况是，讨论过程并未体现出清晰的话题层次，而是时时被"业主与业委会的矛盾"话题所"拦截"并延伸多时，导致对话主题不集中、层次不清晰、效果不明显。

我们认为，在电视商议中，不论是在"是什么"阶段，还是在"为什么"阶段，抑或是"怎么办"阶段，其对话程序都应该由陈述、提议（动议）、附议、合议、决议等要件构成。动议即参与主体在对话现场提出的、交由多元主体审议的建议，附议是多元主体对某项动议的支持与赞同，合议是多元主体围绕动议进行的阐释、询问、讨论和辩论，决议是经过多元主体协商而达成的共识结论。要实现对话的目标，就必须通过建立规范的对话程序，确保这些要件或环节的有序展开。

具体来说，每一期电视商议都有一个对话主题，对话过程应紧密围绕这一主题进行，力求通过充分、理性讨论实现有效沟通和协商。然而，任何主题都包含丰富的内容和层次，加之对话主体的多元性，导致在对话过程中容易出现"跑题"的情况。一旦发生"跑题"或延伸出过多"支线"，不仅会使对话主题分散游离，影响问题聚焦和沟通深入，而且会使在有限时间内的对话效率受限。避免这一情况有赖于栏目组及主持人对对话程序的充分关注，即对对话主题、层次和对话过程的有效监控。事实上，电视商议的主题一般是社会治理中的公共事务或公共问题，一次对话应集中围绕一个主题展开，深入挖掘同一主题所涉问题、关系、矛盾等，实现充分的同题交流。而且，对于某一主题包含的主要层次应提前设计，按照"是什么""为什么""怎么办"的逻辑设计对话交流的层次，让对话过程依次展开，同时使陈述、提议、附议、合议、决议等要件理性、全面地渐次呈现。

在操作层面，电视媒体应明确主持人的职责，重点发挥其在话题引导和程序监控方面的重要作用。具体来讲，主持人应根据"是什么""为什么""怎么办"的逻辑层次来引导并提出具体的讨论话题，并将此话题完善成一个动议，继而组织多元主体进行充分讨论，针对一个动议形成决议后方能进入下一个层面的讨论。需要注意的是，主持人不能以"答记者问"的形式分别采访对话主体，在让各个主体阐释完自己的观点后，便结束对话。因为这种"对话"是单向的，并未建立起真正的对话关系，更无法形成共识和决议；只有建立了双向或者多向的对话关系，即各方就共同关心的问题表达观点诉求，并互相提问、交流看法，通过协商求同存异，才能完成针对不同主题层次的对话过程，从而推动对话进程，实现对问题"是什么"、"为什么"和"怎么办"等核心实质的顺利抵达。另外，需要说明的是，主持人是中立的，应该执行程序、引导话题走向、分配发言权、提请表决、提炼共识，而不是以公众代表和仲裁者的角色参与对话和辩论。

二 对话规则：话语平衡与品质保障

电视商议不是戏剧表演，不能利用悬念和冲突来博人眼球、提高收视率；电视商议也不是政治真人秀，不能纯粹成为政府官员宣传政绩、树立个人形象的展演场。电视商议要成为一个理性商讨和解决问题的平台，这样才能形成公信力和吸引力。从逻辑上讲，既然是理性商议，就必须订立规则，因为有序的商议能让各方主体都感受到彼此平等的人格身份和发言资格，产生对话的欲望，在有效沟通中体会对话的价值，从而确保对话的有效推进和问题的高效解决。

在前期调研中，我们发现，现有的电视商议节目存在着对话规则缺失或者规则执行不力的现象，具体表现在三个方面。

一是话语权分配不均。有的对话主体经常发言，且发言时长没有规定与限制，而有的对话主体全程沉默，沦为了纯粹的听众和看客。

二是对话主题不集中。发言中"跑题"问题严重，某些参与主体虽滔滔不绝,但其观点模糊甚至离题万里,导致对话效率低下。以下是《我们圆桌会》2018年4月15日播出的《小区自治之路 如何前行》中出现的场面:

……

主持人:那我现在想要问一下咱们市房管局的物管科,现在像小区这样的一种矛盾和纷争是不是很普遍?

杭州市物业服务管理中心科长:也不能说是很普遍,但是这个确实是时有发生,包括(业委会)印章的使用,还有选聘物业企业的时候发生的一些纠纷,还包括我们这个平时的一些业主大会的计票,也会有一些纠纷,等等。那么这些纠纷就导致了很多的业主和业委会之间的不信任、业委会之间的一些猜测等等,这些确实还是存在的。

主持人:对,对。

浙江工商大学副教授:我这十多年就一直关注这个小区自治,通过我的观察,我发现业委会的状态其实是很糟糕的,(大致分为)六种情况:第一个就是"难产";第二个就是经常存在冲突;第三种状态就是"夭折";还有一种情况就是"憋屈"……所以今天我们有已经有过做业委会主任的和即将做业委会(成员)的人,业主对业委会的抱怨将来你也可能接收到,你也有可能是被责难、被怀疑甚至被反对的对象。比如说你一心一意为业主,但是由于信息不对称嘛,他就无端地怀疑你,是吧……

主持人:刚才我看到你说到这个业主委员会的委屈和憋屈的时候,我们这个前业委会主任为你点赞(举笑脸牌),是不是有一腔苦水啊?

梦琴湾小区原业委会主任:我所在小区也是这个情况,我在这个小区做了七年的业委会(主任),我们的宗旨是认认真真,兢兢业业,但是等到人家质疑了,什么都不相信了,我们是主动集体辞职的。

主持人:你们这个委屈是不是可以跟我们说一下?

梦琴湾小区原业委会主任:所有我们业委会成员,包括家属,都给谩骂进去,像我们中国人说的最恶毒的话,都会骂进去……

萧山区业委会协会副会长：这个太辛酸、太苦了！我曾经被他们（业主）攻击过，有个别业主为了个人的私人利益，要想侵占我们的集体利益，他竟然诬陷，写举报信，写到我们萧山区纪委，那么萧山区纪委跟我说"你是党员，要对群众负责"，对我核实，其实是无中生有，像这样子就不了了之，我也没办法去弄他，所以这种冤屈太多了！

（其他业委会主任举笑脸牌）

市人大代表：这就跟我们在学校讲"霸凌"一样，小区里面就会有这样一些人，他们具有那种霸凌的性格。人不多，但是他们在骂你的时候呢，其他业主又缺乏那种仗义执言的呵护，我们小区也有这种情况，也遇到过。

区住建局物业科干部：这点我在日常的工作中也碰到不少，业委会这个工作确实难做，他付出的心血所收获的可能不是鲜花。

……

在上述案例中，房管局干部、业委会代表、业主代表、律师、学者等多方主体正就"业主与业委会矛盾和冲突类型"问题展开讨论时，主持人发现某小区原业委会主任听到某学者说"业委会工作不容易"时举了支持牌，便问他在业委会工作"是不是有一腔苦水"，此话迅即引起当事人及现场一些业委会代表的共鸣，他们纷纷历数自己在业委会工作时遭遇的误解和受到的委屈，比如不被理解、自己和家人被谩骂，甚至被人写举报信诬陷等。于是，讨论话题便从"业主与业委会之间的矛盾类型"滑入"业主'霸凌'业委会的表现"，并且对此的讨论持续了将近三分钟，降低了对话的效率。

三是对话者相互随意打断甚至争吵的现象普遍存在，使得表达的完整性和对话的有序性都受到了挑战。下面是《向前一步》2019年12月22日播出的《业委会的初心》中出现的场面：

……

业委会副主任钟某：这个消防的问题是重中之重，必须解决。专家（指业委会副主任王某）在那儿，不让他上，不让你知道这些内幕，具体发生了什么问题不清楚。

主持人：你的意思是业委会里的专家型委员，被排除在决策之外了？

（打断、插话）

业委会副主任王某：10月30日他们开的这次会议，它不合规。

（打断、插话）

业委会委员苑某：我给您归纳一下他的意见，他认为这个10月30日的会议没有（提前）七天通知，所以认为无效。对不对？是这意思吧？

业委会副主任王某：不光是这个事。

（打断、插话）

媒体评论员程某：你参加没参加吧？

业委会副主任王某：没有。

（打断、插话）

业委会委员苑某：在群里我就问您通知没通知吧？

业委会副主任王某：提前一天通知的。

（打断、插话）

业委会委员苑某：提前一天，业主都参加，十四位业主都到了……

（打断、插话）

业委会副主任王某：提前一天通知的，你不合规。

（打断、插话）

业委会委员苑某：不合规，我去了，其他业委会委员也到了，十四个业主也到了，这是把你排除在外吗？提前一天，业主都参加，十四位业主都到了……

（打断、插话）

业委会副主任王某：但是你没有按照规定。

（打断、插话）

律师陈某：按规定需要提前多久通知？

业委会副主任王某：七天。

……

业委会副主任钟某：我知道相互尊重很重要。

主持人：从哪天开始不相互尊重的？

业委会副主任钟某：四个月了吧。（面对业委会委员苑某）你有异议吗？体育老师教的。

业委会委员苑某：刚才他说"你有异议吗？体育老师教的"，他这句话就是不尊重我。你自己的言行不规范，还要说别人不尊重……

（打断、插话）

业委会副主任钟某：（面对业委会委员苑某）你现在的眼神尊重别人吗？

……

在这个对话片段中，业委会中的"多数派"与"少数派"因为小区消防设施改造问题展开讨论，其间就"双方是否相互尊重"展开辩论，一方认为尽到了告知义务，另一方认为开会没有提前七天通知所以不符合议事规则，甚至说对方的素质是"体育老师教的"，从而引发另一方激烈的言语对抗，对话关系被破坏，沟通也随之停滞。事实上，不能相互倾听、随意打断别人，甚至相互责骂和攻击，会导致"人们的声音不再对他人发出，也不再有来往，没有一个人能够说完他开始说的话；相反，人们互相插话、随意、心不在焉，语词遭到夭折的命运"①，对话因此失去了理性商议的色彩。因此，对话规则与秩序的缺失阻碍了良好对话关系的建立，无法保证每位主体观点的充分阐释和不同观点之间的交流互动，导致各主体通过协商达不成共识，问题得不到解决，从而让对话的效果大打折扣。

"议事规则是'元规则'，是用程序正义保证结果正义的那个'程序'。"② 鉴于此，电视商议秩序的维护需要发挥议事规则的作用，其内容

---

① 〔美〕彼得斯. 交流的无奈：传播思想史 [M]. 何道宽，译. 北京：华夏出版社，2003：248.

② 寇延丁，袁天鹏. 可操作的民主：罗伯特议事规则下乡全纪录 [M]. 杭州：浙江大学出版社，2012：34.

涉及以下几方面。

第一，话语权分布的平衡性。这方面的规则主要是对对话主体发言机会和发言时间的规定。电视商议中，话语权的平衡是对话主体身份地位和对话资格平等的重要体现，也是保障多样化观点诉求交互和碰撞的重要机制。如前文所述，既然参与电视商议的对话主体（包括现场的对话者和场外通过网络进入商议场域的对话者）均为电视媒体邀请或甄选的，都具备一定的代表性，他们的观点、意见和建议都体现着其所在群体的利益选择和情感诉求，那么就应该给予他们相同的话语权，即发言机会和时间不能受权力、地位及其他因素的影响，要保证各主体发言次数和时间均等。只有这样，多样的、异质的观点才能充分汇流与交互，从而形成"优势意见"和共识。在实践中，话语权的分配依赖于主持人的安排和掌控。具体而言，主持人应该安排发言次序（如通过抽签的方式确定次序），并规定每个人的发言时间（如每次发言不超过三分钟，每场发言不超过三次），即使语言表达能力强的人也不能超时。对于一些不善于表达的主体，主持人一方面应鼓励他们尽量多发言，另一方面应通过凝练的转述，将其想要表达的信息及时、准确地"提取"出来，并通过复述的方式予以确认，从而引导他们言简意赅地表达观点和看法，以这样的方式保证发言机会的平等。

第二，发言内容与主题的契合性。这方面的规则主要是发言内容必须切题，即表达的观点应是紧密围绕议题而提出的具体动议，而不能顾左右而言他，更不能出现"跑题"的现象。它要求"所有发言必须与当前待决议题相关。（因为）不围绕明确议题而进行的辩论，是空泛的、缺乏建设性的、有损效率的"[①]。动议是电视商议的基本单元，它必须是具体而明确的行动建议。因此，意见和诉求必须紧扣主题，得到具体而明确的表达。这就要求对话主体要直面问题，聚焦议题的实质与核心，在限定的时间中，有理有据地表达自己的观点和意见，而不能把话说得似是而非、云山雾罩，让人不知所云。

在具体实践中，对于政府官员而言，应针对议题，明确表达自己的立

[①] 〔美〕亨利·罗伯特. 罗伯特议事规则（第11版）[M]. 袁天鹏,孙涤,译. 上海：格致出版社,上海人民出版社,2015：26.

场、意见和看法，回应公众的关切，同时避免说官话、套话和空话，"公共说理的一个关键是用语言来进行独立的思考，而不是让现成的官话、套话和陈词滥调来代替我们的思考"①。如果采取模棱两可的回避策略，而不直接回应问题，公众便会对政府参加电视商议和解决问题的诚意产生怀疑，对其责任担当产生疑问，而且这些怀疑和疑问会通过电视媒介的大众传播和网络传播广泛弥散甚至发生异化，从而损害政府的公共形象。对于专家学者和公众代表而言，则应不卑不亢，基于自己对问题的思考，表达具体的理性意见和主张。如果他们面对政府官员或者电视摄像机有紧张的情绪和一些"怕自己说错话"的顾虑，一味地在商议过程中"敲边鼓"，不将自己真实的观点主张表达出来，甚至让其他参与主体去琢磨、读心，那么将无助于对话关系的建立及有效沟通，从而影响各方参与对话的积极性，降低电视商议的效率和行动力。对于主持人而言，应把控整个对话过程，当发现对话主体"绕圈子"或者"跑题"时，应及时予以干预，保障话语的针对性和有效性，并引导话题的回归。

第三，对话过程的有序性。这主要指向的是电视媒体就对话秩序作出规定与限制，避免随意打断他人发言、争吵甚至攻击等无序现象的出现。从本质上讲，打断别人和争吵源于对话主体倾听能力或素养的缺失。倾听是构建良好对话关系的关键，每个人都有被人倾听、理解的需求，倾听能在讲者和听者之间创造出理性和平静的氛围，从而让参与者专注于对方的诉说，准确、全面地理解他人的观点与诉求，并在此基础上进行言语的交流和观点的碰撞。在一定意义上，只有倾听才能有效对话。这就要求对话主体集中注意力，关注对方的话语及讲话时的手势、面部表情，在倾听中了解对方的意见诉求，并与其进行情感连接，通过感知对方的想法进行观点交换，进而形成良好的对话关系，推动对话的高效进行。应当注意的是，即使发言者观点和理由出现了明显偏差，也不应该随意打断，而应待其表达完毕后，再予以纠偏。除了倾听以外，在话语互动环节，还应当重视提问的艺术。从经验上讲，相较于"质问"和"逼问"，"询问"能够让对话主体之间的对话更为平等、平和与理性，可以有效降低争吵或者人

---

① 徐贲. 明亮的对话：公共说理十八讲 [M]. 北京：中信出版社，2014：127.

身攻击现象出现的概率。

在电视商议实践中,主持人是对话规则的主导者和对话秩序的监督者,应鼓励各方对话主体充分倾听,在辩论环节使用"询问"的提问方式,并强调必须通过举手示意的方式向主持人申请发言权,不得无故打断别人发言,除非发言跑题或者超时。当发生"抢麦"、争吵和人身攻击的情况时,主持人应及时而巧妙地干预,既要保障对话的秩序和规则,又要防止因方式过于生硬而损伤对话主体的发言积极性。

第六章 电视商议的目标及其实现

目标及其实现是电视商议的第五个生产实践要素,它是商议活动得以开展的效能基础。既然电视商议是政府、公众、市场和传媒等多元利益主体共同参与的公共传播实践,那么电视商议的本质指向和直接目的是什么?它能否推动参与或观看节目的多元主体的自主化认同,其实践逻辑是怎样的?自主化认同又能否及如何促进共同体的构筑,进而推动合作行动及问题解决?这一系列问题的答案关乎电视商议的行动目标及其能否实现,从而影响电视商议的效能。本章结合社会实践理论和互动仪式链理论,重点阐释电视商议的本质指向和直接目的,并考察电视商议在共识凝聚、认同生产、共同体构筑及合作行动等方面的实践逻辑及路径问题。

第一节 公共利益:电视商议的本质指向

在电视商议中,主体参与、公共讨论、共识意见等都指向公共利益,并紧密围绕其进行或形成。因此,公共利益成为电视商议的本质指向和根本遵循。

首先,主体参与以公共利益为动能。在现实实践中,公共利益并不是虚幻的、形而上的,而是一种真实的、具体的利益,与社会的个体和群体都密切相关。"利益,不论是个人的或集体的,最后都必须像饥饿或发痒那样,落实到个人,为个人所感觉到。"① 所以,公共利益从不排斥个人利益。换言之,公共利益最终会落实到个人利益的实现中。对于电视商议而

---

① 〔美〕约翰·罗尔斯. 正义论 [M]. 何怀宏等,译. 北京:中国社会科学出版社,1998:257.

言，其平台本身具备公共领域属性，多元主体在其中讨论的是公共议题、处理的是公共事务、解决的是公共问题，这就决定了电视商议以公共性为出发点和归宿，追求的是公共利益的最大化。因此，从本质上看，主体参与电视商议是受利益驱动的，其目标是通过积极的诉求表达、意见交互与话语交往，最终完成公共利益的确认，同时保障其个人利益的实现。

有种观点认为，一些市民代表或者专家学者参与公共讨论缘于其公共精神的驱动，而与个人利益无涉。然而，不可否认的是，公共精神虽然主要面向公共利益，但是其并不排斥和拒绝个人利益，"受理性支配的个人出于个人利益和幸福的考虑，会主动而自觉地去关心和维护他人的幸福和公共的利益"①。质言之，这类主体参与电视商议仍然与个人利益的驱动有关。比如，《我们圆桌会》2019年6月8日播出了一期电视商议节目《"车挡道人不到"这道难题应该怎么解》，在这期节目中，交管部门官员、市民代表、专家学者对机动车乱停挡道问题进行了探讨。面对文明停车这个公共议题，交管部门需要倾听民声、汲取民智，以获得更加富有效率和效能的解决方案；市民需要表达诉求、提供意见，以获得更好的生活环境和更高的出行效率；专家学者则展示调研成果、呈现并交流专业方案，在此过程中获得了更多的关注和更强的影响力，并通过现场与同行及其他主体的交流提升了专业水平，同时完善了专业方案。节目中共识的达成一方面促进了公共利益相关内容的确认，另一方面则保障和满足了各方自身的利益，这无疑为其参与该场节目讨论与录制提供了动力。

其次，公共讨论以公共利益为话语框架。在电视商议中，公共利益的话语框架中包含了公共性、合法性、共识等要素。"公共性在来源上是多元主体在对话中达成认同、共识和承认的产物"②，在电视商议中体现为政府、市场、公众和传媒基于公共议题展开对话与协商，最终达成共识的过程。表面上看，每期的电视商议节目探讨的是个人或者群体所面对的具体问题，但其对话与协商的核心和灵魂都指向公共利益的实现。这是因为纯

---

① 杨通进. 爱尔维修与霍尔巴赫论个人利益与社会利益 [J]. 中国青年政治学院学报，1998，(4)：65-69.
② 胡百精，杨奕. 公共传播研究的基本问题与传播学范式创新 [J]. 国际新闻界，2016，(3)：61-80.

粹的、基于个人及群体利益的诉求表达与观点陈述，一般会被认为是自利而无助于共识达成和问题解决的，因而不被支持和主张。只有以公共利益为话语框架，才能使得公共讨论有的放矢，从而形成具有正当性与合法性的共识方案。

"合法性指对特定正式制度的尊重和服从"[1]，在电视商议中，这个"正式制度"便是多元主体达成的共识。共识是政府、市场和公众经过充分对话与协商而形成的，指向具体的合作行动，其涵括的责任内容及行动安排经过了各方主体的讨论与确认，形成了一种契约，要求各方主体对其尊重且服从，并按照共识中约定的内容展开行动，促成问题的解决和共同利益的实现。

比如，《向前一步》在2018年7月27日播出的《永不消失的味道》中，西城区房管中心、街道办、工商所、食药所有关部门工作人员、徐记烧饼铺老板、市民代表、专家学者就安平巷"修旧如旧"综合整治问题进行公共讨论，多方主体围绕老北京城的文化保护展开对话，其间杂糅着关于故地情感、个人利益与公共利益的纠葛和纠结；对话的出发点和落脚点均为"北京记忆"和"文化修复"等公共议题，突出了对话的公共性特点。经过多个部门政府官员的政策解释（对公房承租规定及退租机制的解释）、城市规划师的专业分析和价值沟通（讲解"修旧如旧"的规划理念及意义）、街道干部的精准帮扶（为徐记烧饼铺找到了新的铺位）、市民代表的情感表达（对老北京胡同的记忆、情感和对景观修复的期盼），多方主体达成了共识，即"北京的味道，既需要酥脆可口的美味烧饼，也需要槐花开后的满城芬芳；北京的味道，既需要叫卖吆喝的市井烟火，也需要鸟鸣蝉叫的散淡悠扬；北京的味道，既需要与时俱进的规划发展，也需要修旧如旧的古色古香。徐记烧饼铺将依法进行封堵，迁址延续手艺的传承。而安平巷也将在不久的将来恢复它原有的风华与神采"。这个共识既具备公共性，又具有合法性，它需要被各方尊重与服从，徐记烧饼铺也按照共识中的约定，迁址到新街口西四百姓生活服务中心。概言之，整个对

---

[1] 肖瑛. 从"国家与社会"到"制度与生活"：中国社会变迁研究的视角转换[J]. 中国社会科学, 2014, (9): 88-104.

话过程遵循了基于公共性、合法性和共识的公共利益话语框架，在各方利益最大化的同时实现了共同利益和公共利益。

最后，共识意见以公共利益为"参照物"和"调和剂"。电视商议中，多方利益主体面对公共事务和公共问题开展公共讨论，其中既包含对事实的认知和价值判断，又包含对解决方案的设计，通过多轮对话与协商，最终形成一致或较为一致的共识意见。在此过程中，公共利益起到了"参照物"的重要作用：在价值观的维度上，公共利益为行为主体提供了行为是否正当、合理的判断标准；在认识论的维度上，公共利益为行为主体提供了关于认知是否正确的基本参照。

概言之，在电视商议中，符合公共利益的认知和行为往往是被绝大多数个体所接受和支持的，因此也是正确的、合理的、正当的，反之则是错误的、失当的。公共利益由此成为主体认知与行为的判断标准，具备了一定的规范意义。一方面，共识意见的达成需要不同主体对公共事务及其解决方案形成相对一致的理解和认知，在电视商议的话语交往中，符合公共利益的价值判断和利益诉求更具说服力和竞争力，更易获得其他主体的认同与支持，于是，公共利益成为话语交往与共识形成的"参照物"；另一方面，电视商议中，不同主体有不同的价值判断和利益诉求，如欲达成共识，不同主体就要以公共利益为旨归，通过对话协商进行综合判断和思考，尽力去寻找不同利益间的平衡点，进而通过理性取舍或妥协，完成对不同利益的调和与平衡，以此形成一致或较为一致的意见并基于此制订方案，在此过程中，公共利益起到了"调和剂"的重要作用。由此可见，电视商议中，公共利益是个人利益调适的"参照物"，还是共识意见达成的"调和剂"。那么，电视商议的直接目的是什么呢？

第二节 共识达成：电视商议的直接目的

共识"也称社会合意，是人们对社会事物及其相互关系的大体一致或接近的看法"[①]，是"行动者之间在相互承认彼此意向的基础上经过反复的

---

① 赵建国. 论共识传播 [J]. 现代传播（中国传媒大学学报），2019，(5)：36-41.

沟通与理性的取舍而形成一种共同的意向"①。共识不排斥差异，而是差异和共性的统一。"共识的形成不是一个抵消或者说消除差异的过程，而是一个在差异之间寻找共性的过程。"② 共识并不是所有人针对某项公共事务或某个公共问题所形成的同一性看法，而是多元主体围绕公共事务或公共问题，在事实认知、价值认知和行动方案等方面所达成的共性意向与认识。"共识表面看是一个认识问题，但深层处是利益和行动问题。"③ 从本质上讲，共识是不同主体的利益调和的产物，可以推动其合作行动，共识达成是电视商议的直接目的。

一 共识度与认知层次的介入：共识的类别

共识具备连续统特征，即主体间能达成共识的程度各不相同。为了表述方便，有的学者提出了共识度的概念，"共识度，是指共识主体之间达成共识的程度，共识度越高，越接近主体的一致同意；共识度越低，越接近多元"④。可见，人们不仅可以达成共识，而且可以提高共识达成的程度。

按照共识度的不同，共识可以分为三类：一是认同（identity），指的是不同主体对某一事务的一致同意，即"完全同意"；二是狭义的共识（consensus），指的是多元主体经过协商、妥协而确定的各方公约数，即"求大同而存小异"；三是承认（recognition），指的是在既无法达成完全一致，也难以求得公约数的情况下，主体之间接纳多样性和差异性，承认法权地位上相互平等，给予伦理基础上的爱和宽容，推动社会交往层面的对话、协商，即"和而不同"。⑤ 但无论是哪种共识度的共识，都体现出对差异性的尊重、对共性的追求和对对抗关系的摒弃。

按照共识的认知层次，可以将共识分为三类：一是事实共识，指的是主体在事实层面对特定问题的本质属性、形成原因等方面的共性认识；二

---

① 张康之，张乾友. 共同体的进化 [M]. 北京：中国社会科学出版社，2012：374.
② 张康之，张乾友. 共同体的进化 [M]. 北京：中国社会科学出版社，2012：391.
③ 赵建国. 论共识传播 [J]. 现代传播（中国传媒大学学报），2019，(5)：36-41.
④ 朱玲琳，欧阳康. 一元与多元之间的共识问题——引入"共识度"概念的考察 [J]. 学习与实践，2013，(11)：123-129.
⑤ 胡百精，杨奕. 社会转型中的公共传播、媒体角色与多元共识——美国进步主义运动的经验与启示 [J]. 中国行政管理，2019，(2)：128-134.

是价值共识，指的是主体围绕问题，在价值层面所形成的共性看法与态度；三是行动共识，指的是主体基于对特定问题事实的认知和价值的判断，所形成的针对协同行动的共性意向和方案（见图6-1）。

```
行动共识
价值共识
事实共识
```

图6-1 不同认知层次的共识

在电视商议中，三类共识有其各自的含义与内容。

事实共识是电视商议共识体系中第一层次的共识，它指的是政府、市场、公众（包括专家学者等）对公共事务或公共问题的实质、成因等问题所形成的共性判断和意见。只有厘清问题的实质和成因，才能够为问题的解决奠定基础。有了对公共问题实质和成因的一致意见后，多元主体才能进一步基于公共问题进行公共利益的确认和解决（行动）方案的制订。如前所述，电视商议的行动者基于不同类别的文化资本，即利用不同学科的科学理论和专业知识对公共问题"是什么""为什么"的问题进行理性分析和探讨，不断将对话向问题的实质核心推进，并最终推动优势意见的浮现和事实共识的形成。而事实上，电视商议不只是多元主体围坐在一起，面对面地就公共事务进行对话协商，它还可以通过电视媒介的广播和定向推送，让更广范围内更多的利益相关者参与进来。在电视商议的现场，多元主体对公共问题的本质、原因进行探讨，进而形成事实共识，这个过程通过电视媒介及其新媒体（合作）平台得到传播，使场外的观众和网民亦能够对公共问题进行事实层面的探讨与认知，从而引起更广范围内的公共传播实践。

价值共识是电视商议共识体系中第二层次的共识，它指的是政府、市场、公众（包括专家学者等）围绕公共事务或公共问题的解决，针对公共利益和个人利益等方面的价值问题所形成的共性判断和意见。在电视商议中，各个主体基于切身利益进行利益表达和诉求陈述，并通过主体之间充分、有效的对话和利益调适，共同确认公共利益的具体内容，而公共利益确认的过程便是电视商议价值共识形成的过程。因为只有确认了公共利益的具体内容，才能确认公共利益的实现会为整个社会或者各个群体带来何种价值，会对个人利益产生哪些"贡献"，电视商议的价值共识才会因此"浮现"。价值共识为各主体的共同行动提供了一致性的基础，同时还为共同行动提供了推力。比如，杭州电视台《我们圆桌会》在2019年10月20日播出的节目《共享电单车 围城之困是否会重演》中，市民代表、运管局领导、电单车公司代表、城管局相关部门负责人、公安局相关部门负责人、律师、媒体观察员、大学教授围坐在一起进行电视对话，通过对杭州市电单车泛滥无序现象的分析和各方的利益表达、观点交锋，最终确认了电单车围城问题中公共利益的内容，即"既要考虑城市交通秩序的问题，也要考虑招商问题，更要考虑市民出行方便的问题，兼顾社会、市场和市民等多方利益"，这个公共利益的内容同时也是价值共识的内容，为政府、市场、社会共同治理电单车围城问题提供了意向一致的框架，也为他们的共同行动提供了动力。

行动共识是电视商议共识体系中第三层次的共识，也是最高层次的共识形态，它指的是政府、市场、公众（包括专家学者等）对于公共事务或公共问题的解决方案所形成的共性意见。行动共识为各方主体的共同行动提供了责任分工及具体方案，进而使得共同行动的意愿和具体方案"联袂"，由此推动共同行动的真正落地。比如，北京卫视《向前一步》在2019年9月15日播出的《声入人心》探讨了团结湖公园周边居民长期被噪声困扰的问题。经过街道办事处官员、律师、噪声测试专家、公园管理处人员就"晨练亮嗓、合唱团和器乐队排练是否产生噪声""噪声扰民问题如何解决"等问题的分析和沟通，最终形成周边居民、晨练群众、合唱团、器乐队、公园管理处一致认可的解决方案，形成行动共识（公约），即"亮嗓市民不再大声吼叫，改用其他方式锻炼身体；合唱团、器乐队不携带扩音设备，保证产生的声音不突破噪声阈值"。此行动共识规定了各方主体的行为边界，使得团结湖公园噪声扰民问题的解决具备了行动框架。但是，需要指出的是，行动共识为共同行动做好了安排和分工，可以推动合作行动，而并非行动本身，从行动共识到共同行动的转变还需要其他机制的参与，这个问题将在下文阐述。

二 资本斗争与利益平衡：共识生产的逻辑

共识生产的逻辑具体包含两个方面的问题：一是共识生产与再生产的机理问题，二是共识达成的实践逻辑问题。

(一) 共识生产与再生产的机理

"每次语言交流都包含权力行为的可能性"①，从社会实践理论的视角看，语言交流发生在一个充斥着资本斗争的场域中，对话的背后乃是不同利益主体对权力和资本的争夺，这也正是电视商议中矛盾和分歧存在的根本原因。对于多元利益主体而言，他们之间"首先是竞争关系，而后才是合作关系，合作中有竞争，竞争中有合作。分歧产生的张力推动各方延续对话，寻求各方共同的理解框架"②，并通过资本竞争在利益分配上形成较为稳定的张力结构，由此形成共识。可见，共识存在于多元利益主体的资本追逐之中、竞争合作之间。共识是动态的、流动的，当各方由资本斗争而形成的平衡张力或"竞争—合作"关系被打破时，共识便会进入再生产阶段，进而推动新的共识的形成。

场域是行动者围绕资本而进行斗争的一个空间。电视商议场域由电视媒体的媒介场、政府的权力场、市场的经济场、公众的社会场等四部分共同构成，四个场的行动者（电视媒体、政府、市场、公众）作为利益主体，通过电视对话进行资本的竞争（见图6-2）。

其中，电视媒体是电视商议空间的建构者，利用文化资本进行公共议题的收集、分析与策划，并使用社会资本（借助所占有的持续性社会关系网而把握的社会资源或财富）来召集参与主体、组织公共对话，借此争夺经济资本（政府拨款、公共基金资助等）、社会资本（更广的社会关系网及其中的资源）与象征资本（更好的声誉和更强的公信力、影响力）；政府是权力场的建构主体，权力场一方面利用政治资本（政治权力与政治资源）向经济场争夺经济资本（税收），另一方面向社会场争夺文化资本

---

① Rodney Benson. Shaping the Public Sphere: Habermas and Beyond [J]. The American Sociologist, 2009, 40 (3): 175-197.
② 胡百精，杨奕. 社会转型中的公共传播、媒体角色与多元共识——美国进步主义运动的经验与启示 [J]. 中国行政管理, 2019, (2): 128-134.

(民意与民智)和象征资本(更强或更高的权威性、影响力和可信度、支持度);市场是经济场的建构主体,经济场在向权力场争夺政治资本(政策支持、地位承认等)的同时,还向社会场争夺经济资本(商品利润和服务收益)和象征资本(公共形象与企业声誉);公众是社会场的建构主体,社会场一方面向权力场争夺政治资本(地位承认、行为授权、政策支持)和经济资本(公共事业资金支持与经费投入),另一方面向经济场争夺经济资本(更高性价比的商品与服务)。

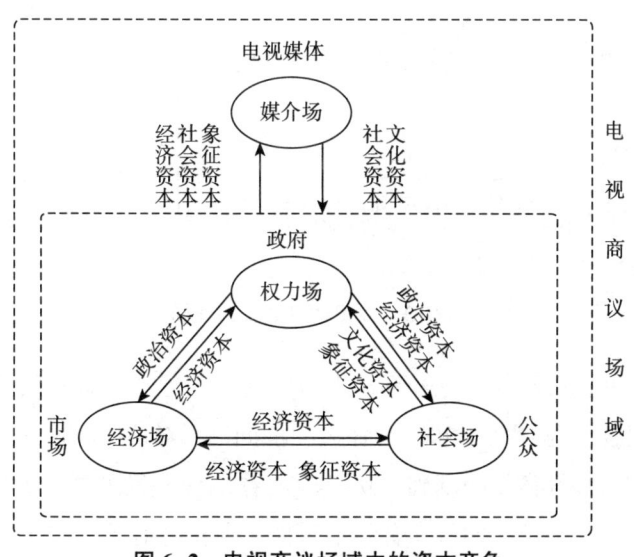

图 6-2 电视商议场域中的资本竞争

可见,在电视商议场域中,多元利益主体在对话与协商的"外壳"之下,进行着权力场、经济场、社会场、媒介场之间频繁的资本竞争与利益交换,在公共利益的话语框架及其策略下,当各方资本与利益形成一个稳定的张力结构时,竞争和合作就会达到一个平衡点,共识随之达成。反之,当平衡被打破时,共识便会重新进入生产环节,即开始进行再生产。不难看出,共识是电视商议的基本指向,而共识达成是电视商议的直接目的。

(二)共识达成的实践逻辑

公共议题涉及各个主体的切身利益,因此,在维护自身利益方面,电视商议中的行动者具备相似的惯习,表现为对各自利益的密切关注。在此惯习的驱动下,各利益主体以电视公共对话为机制,在电视商议场域中展开对资本的争夺。在对话与协商过程中，多方主体基于公共利益打造话语框架与策略，通过共同利益的实现来追求资本、积累资本，从而增加个人利益和群体利益，这是共识达成的逻辑起点。在实践中，共识达成的实践逻辑表现在以下两个方面（见图6-3）。

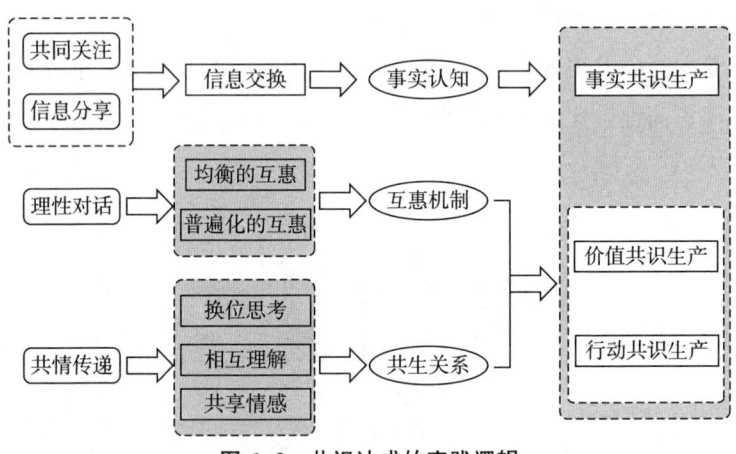

```
共同关注 ┐
        ├→ 信息交换 → 事实认知 →  事实共识生产
信息分享 ┘

           均衡的互惠 ┐
理性对话 →            ├→ 互惠机制 ┐
           普遍化的互惠┘           │
                                  ├→ 价值共识生产
           换位思考 ┐              │
共情传递 →  相互理解 ├→ 共生关系  ─┤
           共享情感 ┘              └→ 行动共识生产
```

图6-3 共识达成的实践逻辑

首先，共同关注与信息分享促进事实共识的生产。事实层面的认知牵涉到公共议题"是什么"和"为什么"的问题，对这些问题的回答是多元利益主体进行理性商议的基础。从经验上看，对于多样的、动态的、复杂的公共问题，任何单一的行动者都不可能具备全部有关的知识和信息。既然公共议题涉及公共问题，关乎参与主体的切身利益，那么它必然会得到相关主体的共同关注。电视商议中，不同主体从不同立场、不同视角、不同层面对特定公共议题相关信息的分享，促进了他们之间的话语交往，信息交换机制作用的发挥推动了其对事实的认知，进而推动了事实共识的生产。

比如，2019年8月，北京市丰台区长安新城小区4个被封闭10余年的人防工程小屋被打开启用，此举遭到居民们的接连举报，致使人防小屋被迫关闭。北京卫视《向前一步》在2019年11月3日播出了《唤醒"沉睡"的资源》节目，针对"小区人防工程空间使用"问题发起了电视商议。人防工程小屋作为小区的公共资源，其如何使用牵涉到居民的切身利益，从而引发了居民的共同关注。因此，节目首先围绕"人防工程是什么""人防工程面积是否属于公摊"等问题，鼓励各方主体各抒己见，进行信息分享。居民代表认为"人防工程是小区建筑的配套设施,其面积已计入公摊,所以是所有居民的共享资源,其使用的决策权应该属于全体居民,而不能随便打开使用",这个看法得到了大部分居民的认可;市人防办公室官员通过对《中华人民共和国人民防空法》等法律法规的解读,指出"人防工程设施并没有界定权属,它既不是居民的,也不是物业的,而且法律规定人防工程平时(非战时)可以为经济建设和人民生活服务,但是不得改造、破坏工程结构,降低防护功能,影响防空效果";城市规划专家从规划角度解释了人防工程口部房的作用与功能;物业专家依照《商品房销售面积计算及公用建筑面积分摊规则(试行)》和《房产测量规范》的相关规定,解释了作为人防工程的地下室不计入公摊面积和共有建筑面积;律师根据相关法律法规解释了"人防空间的车位,只能出租,不能出售"的规定。以上话语明确了人防工程的属性及公共功能,解释了其不计入公摊面积、不能出售的原因,为下一步就"如何合法合理使用人防工程"展开对话协商提供了依据、奠定了基础。

其次,理性对话与共情传递推动价值共识和行动共识的生产。阿克曼认为,达成共识的必要方式是对话,人们通过理性的对话和批判的交流来求同存异,形成共识。[①]"对话是(不同主体)相互了解并取得一致意见的过程。"[②] 具体而言,对话本身往往具有达成共识的愿望和要求,共识的达成为对话提供了意义、乐趣和动力。对话和协商"能使个人意识到所讨论事情的各个维度"[③],让参与个体能够超越自己思想体系的窠臼,以一种理性、中立的姿态分析问题,并通过理性对话或论辩,实现对彼此的真正理解,从而自觉地改变其想法和偏好,最终达成价值共识和行动共识,形成不同主体之间资本与利益的平衡结构。

实际上,在理性对话过程中,互惠机制发挥着重要作用。"互惠有两

[①] 顾肃.多元社会的政治对话与权力合法性[J].四川大学学报(哲学社会科学版), 2017,(6):82-89.
[②] 〔德〕汉斯-格奥尔格·加达默尔.真理与方法——哲学诠释学的基本特征(下卷)[M].洪汉鼎,译.上海:上海译文出版社,1999:491.
[③] 〔澳〕约翰·S.德雷泽克.协商民主及其超越:自由与批判的视角[M].丁开杰等,译.北京:中央编译出版社,2006:33.

种,即均衡的互惠和普遍化的互惠。其中,均衡的互惠指的是,人们同时交换价值相等的东西,如互换礼物。普遍化的互惠是说,交换在持续进行,这种互惠在特定的时间内是无报酬的和不均衡的,但是,它使人们产生共同的期望,现在己予人,将来人予己。普遍的互惠是一种具有高度生产性的社会资本,遵循了这一规范的共同体,可以更有效地约束投机,解决集体行动问题。"[1] 由此可见,理性对话促进共识生产的核心在于互惠机制作用的充分发挥,无论是均衡的互惠还是普遍化的互惠,都可以将不同主体联结在一起,并通过价值共识和行动共识的生产与达成,实现不同主体资本与利益的平衡。

举例来说,"直管公房申请式退租"是北京市出台的一项关于北京核心城区历史文化保护的公共政策,该政策的执行涉及全市16.6万处直管公房。2019年11月8日,北京市第二个"申请式退租"项目砖塔胡同老城保护更新试点正式启动,涉及居民169户,他们的居住环境普遍堪忧——空间拥挤,房屋老旧,生活条件亟待改善,但是政策并没有得到居民理解,导致政策推进效率不高。《向前一步》栏目组在签约期内邀请政府工作人员、居民代表、专家学者等主体进行电视对话,策划播出了《家的新生》这期节目(2020年1月12日播出),借此解读政策、消除误解、弥合分歧、争取理解。在电视商议现场,针对居民代表的疑问,政府工作人员从公共管理角度解释了"申请式退租"与文物腾退和棚改征收政策的不同,并介绍了"申请式退租"的三种补偿方式(申请共有产权房、申请公租房、申请货币补偿款),专家学者则从城市规划角度解读了"申请式退租"对于北京核心城区历史文化保护的意义和价值。经过多轮的对话和解释,居民代表对于该项政策的意义和价值表示认同,进而与政府达成了价值共识。而针对居民代表提出的"补偿款太少、签约期太短、补偿面积过小"的顾虑和不满,政府工作人员、专家学者与居民代表以互惠机制为核心展开了对话协商,分别就补偿款及补偿面积的核算标准、直管公房与共有产权房的产权差异、补偿房源的舒适度与配套设施、申请式改善(不搬

---

[1] 〔美〕罗伯特·D.帕特南.使民主运转起来[M].王列,赖海榕,译.北京:中国人民大学出版社,2015:222.

走,由住户付费进行房屋的修缮和完善,与政府一起建设共生大院)的具体规定等进行了理性沟通,最终在"补偿款如何发放?时间节点怎么控制?""共有产权房或公租房何时入住?""居民退租最晚何时签约?"等方面达成了行动共识,使政府能够更高效地执行公共政策、居民的居住条件和生活品质能够得到提升、市场主体能够顺利地进行共生大院的策划与建设,从而尽快还原和全面保护砖塔胡同的肌理。由此,多方利益都得到了均衡和满足,达到了互惠的效果。

从经验上看,除了理性对话外,共情传递在共识生产中同样也发挥着重要作用。共情(empathy)是一个人理解另一个人的独特经历,并据此作出反应的能力。它能够让一个人对另一个人产生同情心理,并做出利他主义的行为。① 可见,"共情是有意识地进行换位思考,来理解别人的思想和感受的过程。共情与理性之间不但没有根本的冲突,甚至是互补的:共情本身就有理性的成分,而理性的判断也需要共情的关照"②。事实上,无论是个人慎思,还是政治商议,理性都无法独立地让主体作出决策,也无法单独使群体达成共识,因为"实践推理的过程是一个整体性的过程,认知与情感在其中深深地交织在一起"③。如果没有情感的参与,理性认知很难达成共性一致,更难以转化为行动。

具体来说,通过对话协商,不同主体将其相关的经历或处境呈现出来,比如政府官员高强度的工作及其中的辛酸、居民代表所面临的生活困境、企业主承受的重重压力等,真情实感的讲述中渗入了情感的关切,能够激发共情,使得不同主体之间进行换位思考,相互理解,共享情感,从而让不同主体确认和强化了彼此的共生关系,进一步增强了生产共识的意愿和解决公共问题的决心。比如,在《向前一步》2019年1月27日播出的《里子和面子》节目中,针对市场周边住户与菜市场摊贩之间的矛盾,栏目组在对话现场播放了一段视频,呈现了密云区大城子镇墙子路村某村

---

① 〔美〕亚瑟·乔拉米卡利.共情力[M].耿沫,译.北京:北京联合出版公司,2017:3.
② 吴飞.共情传播的理论基础与实践路径探索[J].新闻与传播研究,2019,(5):59-76,127.
③ 〔美〕莎伦·R.克劳斯.公民的激情:道德情感与民主商议[M].谭安奎,译.南京:译林出版社,2015:118.

民在凌晨四点,将自产水果一筐筐地搬上农用三轮车,冒着零下十几度的严寒,去往离家50多公里的密云城区法制公园早市上摆摊贩卖的场景。面对摄像机镜头,该村民表示这么辛苦"就是为了这个家,为了老婆孩子,(而且)还上有父母,就靠自产的这点水果(的收入来生活)"。该村民朴实的话语和辛苦、繁重的工作感染了市场周边住户及政府职能部门代表,从而让他们对公园市场摊贩少了一份抱怨、多了一些理解,换位思考和相互理解促进了共情的产生,进而推动了在场政府官员和住户的态度转变,让"暂不取缔市场,加强市场规范管理,让城市的面子和商户温饱的里子都能得到兼顾"迅速成为行动共识。

再举一个例子,以下是《向前一步》2018年7月13日播出的《八米阳光》中的片段:

社区建设科科长:刚才主持人说的我特别有感触,因为从拆违6月份开始,我们的居委会干部都是五加二、白加黑的工作。因为违建居民好多都是下班以后(才有时间),我们(等他们)下班以后去(协商),(或者)周六、日人家休息,我们去。我们主任那会,我记得是8月份的时候,那脸肿得没法说了,都不敢休息,最后我要没记错的话,11月份好像12月份这工作基本上就停拆了,主任才住院去检查身体。主任在另一个小区拆违的时候,一个违建户拿着菜刀(威胁),我们主任后来自己一个人下班了,又去做工作。为什么主任最后还要去?因为还是不想通过其他的途径(强拆)拆违。我们一共拆了1700多处,没有一个强拆的,都是通过做思想工作,没有一个居民因为拆违去区里上访的。因为我们主任,还有我们书记,还有区里的领导一直要求的就是,做居民工作一定要从情出发,不能硬性地拆。我跟张哥也说,他跟主任可能接触过一次,不太了解,张哥跟我们主任有点误会,(因为)接触的时间短,接触时间长了,互相就更加了解了,以后可能可以更好地合作。

(现场观众举出666的手势)

主持人:谢谢您。科长在说的时候,居委会主任的眼圈也红了是吧,你怎么了?

某社区居委会主任：刚才科长在说拆违故事的时候，我们确实心有感触。我们的员工吕某，在打电话跟人家（居民）沟通（被辱骂威胁），结果吓得我们的同志一个礼拜不敢单独下班，那男的（违建户）也提出来了，说我要拿着菜刀去居委会找你，所以那一个礼拜都是我们的家属陪伴我们的同事一块上下班，我就不再说了。（哽咽）

主持人：我觉得片子比较能说明问题，我们看一看背后发生了什么，请看。

【电话录音】

（违建户）有什么事你说！（工作人员）我说就是您外边不围了一个铁的跟栅栏似的那个，那个您还是得拆啊！（违建户）我没有，你胡说八道！（工作人员）那个不是您的吗？（违建户）你让居委会出来跟我说话，你干嘛吃的你！你听明白了吗？（工作人员）我就问问您，那外边是不是您的？

……

主持人：打电话的那个女孩子，她今天有来现场吗？

7号楼居民张先生：没来啊。

主持人：没来吗？小吕，我希望你听到我接下来的几句话。第一句话，我相信你遭遇这样的待遇不止一次，我也知道你还坚守在自己的工作岗位上，这一点非常不容易，你辛苦了。

（现场观众举出666的手势）

主持人：第二，这可能就是这个岗位必须面对的一些事情，这可能就是这个岗位上的工作人员应有的"打不还手，骂不还口"的素质和担当。我知道做这行不容易，但你既然选择了这行，我希望你能够坚持下去，因为随着时间的推移，我相信你面对这种粗暴的沟通和侮辱人的情况会越来越少，请你坚持。

（现场观众举出666的手势）

主持人：第三句话，我有个女儿，她才五岁多，其实我还挺希望她能够有一天穿上制服，成为一个政府工作人员，但是作为一个父亲，我肯定很难忍受自己的女儿遭受那样的侮辱，所以我想说谢谢。

（现场观众举出666的手势）

社区行政事务管理中心副主任高某：我替小吕，谢谢主持人，谢谢咱们观众的理解，谢谢。

（掌声）

7号楼居民张先生：是这样，街道工作不容易，居委会更难，这个其实我也做了很多年工作，是吧，那么我非常能理解，在此我向我们居委会，向我们的街道办事处致以敬意。

（现场观众举出666的手势）

……

在上面的对话过程中，通过多元主体的经历讲述、换位思考、共情表达，居民代表更为深刻地理解到街道和社区工作的不易，也更为深切地体会到了彼此的共生关系，这为推动对话协商、解决违建问题提供了情感动力。

可能有人会问：电视商议一定会达成共识吗？如果达不成共识，那么电视商议的价值是否会因此而消解呢？需要说明的是，电视商议的内容和对象是公共议题，各方利益主体在对话和协商的过程中进行共识生产，并推动公共问题的解决。但是，商议过程中各方出现意见冲突、议而不决或达不成共识的现象非常普遍，亦非常正常。然而要注意的是，电视商议承载着公共传播的意涵，作为一种载体，它并不只是解决公共问题的工具，更为重要的是，它具有拓展利益表达渠道、推动多元主体对话和交往的重要功能。即使暂时达不成共识，也能退而求其次，通过意见表达和交流推动相互理解，或者形成某种共情，这对于缩小分歧、增进联结、促进信任，都起着很大的作用。"只要协商一直得以维系，即便历史并未赐予答案，审慎的公共意见亦未得以形成，持续协商本身也是避免分裂或极端对抗的重要选择"①，通过对话可以避免对立、对抗甚至冲突。此外，多方主体在反复对话过程中，只要能在问题的某一个方面达成共识，就可以促进行动，继而在行动中进一步尝试达成更多方面的共识。所以，从这个意义上来看，电视商议在共识达成方面仍然具备优势，共识达成依然是电视商

---

① 胡百精，杨奕. 社会转型中的公共传播、媒体角色与多元共识——美国进步主义运动的经验与启示 [J]. 中国行政管理，2019，(2)：128-134.

议的目标指向与直接目的。

(三) 信息分享、理性对话与共情传递：共识达成的路径

在电视商议的具体实践中，事实共识、价值共识和行动共识达成并不是自然而然便可实现的，而是需要掌握一定的方法，采取一定的路径。

首先，通过加强信息分享与交流来推动事实共识的达成。事实共识主要涉及公共议题"是什么""为什么"的问题，而来自不同主体及其视角的事实信息对于呈现问题全貌、明确问题属性、分析问题原因有着重要的作用。因此，在实践操作中，电视媒体应重点通过加大信息分享力度的方式来推进各方事实信息的流动与交互，助力事实共识的达成。比如，栏目组在议题确定后，应安排多路记者围绕议题进行全方位的调查采访与记录，收集关键事实信息和意见信息并予以整理和剪辑，制作成视频短片来呈现事情原委、廓清事实全貌、研判问题症结、展现部分代表性意见，并在电视商议现场播放，由此提出真问题、原问题，点燃政府官员、市场主体、市民代表和专家学者的发言热情；继而由主持人依次进行话语分配，鼓励不同主体各抒己见，分享有关的事实信息，并发表关于问题成因的意见和看法。除此之外，电视媒体可利用融媒体技术手段将场外观众和网民的代表性的事实信息及观点及时引入商议现场，使得多方和多元信息充分交汇与分享，推动各方主体围绕公共问题本质属性、形成原因、核心症结开展话语交往，进而在主持人的多轮复述与总结下，完成对事实共识具体内容的"填充"及确认。

其次，激发理性对话和共情传递，推动价值共识与行动共识的达成。价值共识和行动共识关乎议题所涉的"公共利益内容确认"及"具体行动方案"方面的问题。在实践中，电视媒体要重点发挥理性对话和共情传递的作用，用"合理""合情"的合力助推价值共识与行动共识的达成。在具体操作中，应注重以下几方面。

第一，明确主持人角色定位及职责功能。主持人是中立的，不倾向于任何一方；他们应承担话语的分配者、理性氛围的营造者、程序和规则的监督者、观点意见的复述者等多重角色的职责，应通过主持人职能的发挥，保障理性对话持续有序进行。

第二，重视媒体评论员、专家学者等第三方嘉宾的作用。媒体评论员

在对话现场利用其身份的影响力和话语的感染力,可以唤起公众对公共利益的维护和对公共精神的追求,突出"我们"的共生共存本质,从而引导公众对公共问题的价值判断,助力价值共识的确认;而专家学者可以运用其科学理论及专业知识,通过理性分析和探讨,推进解决方案的设计和行动共识的确认。

第三,调动各方主体共识达成的自觉意识。"主体之间达成共识的自觉意识是达成共识的重要因素。达成共识的意愿越高,一般情况下实现的共识度就越高。反之,如果主体以逆反、对抗的心态进行交往,则共识度就会比较低。"① 因此,电视媒体应在电视商议前期对各方主体的利益诉求进行充分了解,通过信息传达及理性分析给予各方达成共识和解决问题的意愿和信心,并以此为基础,在对话现场掌控话题走向、引导理性讨论;当分歧和争议出现时,要严格执行对话规则,维护理性、有序的对话氛围,使得对话各方相互倾听、相互理解,坚定各方通过对话协商达成共识的信心,进而尽可能提高共识度。

第四,充分利用"合理""合情"的合力来推动共识的达成。"就主体间的交往而言,除了通过(理性)对话、讨论、相互批评等语言活动而达到的彼此理解之外,还涉及主体之间基于情感的沟通。言说者不仅应当通过逻辑的力量而使聆听者接受其所说的内容,而且需要通过'情'的感化,使之心悦诚服。"② 因此,共识达成应该同时发挥"合理"与"合情"的双重作用,用"晓之以理,动之以情"来助力共识的达成。在实践中,一方面,要重视理性在共识达成过程中的重要作用,因为通过对公共问题的理性梳理和分析,既可以厘清"是什么""为什么"的问题,又可以解决"怎么办"的问题,以此凝聚共识;另一方面,情感是共识的重要内容,同时也是达成共识的重要手段,在共识生产过程中应重视共情传递的作用。从经验上看,电视媒体通过播放视听资料或现场讲述的方式往往可以调动其他利益主体的共情,并通过将心比心、换位思考促进相互理解和

---

① 朱玲琳,欧阳康. 一元与多元之间的共识问题——引入"共识度"概念的考察 [J]. 学习与实践, 2013, (11): 123-129.
② 杨国荣. 中国哲学中的理性观念 [J]. 文史哲, 2014, (2): 31-37, 164.

情感共鸣，从而推动价值共识和行动共识的达成。

第五，通过仪式建构确认共识的内容，即利用灯光舞美和音响效果，为价值共识和行动共识的达成创设仪式。戈夫曼认为："每一个社会，如果它们要成为一个社会的话，就必须动员其成员在社会际遇中作为自我约束的参与者。一种动员方法就是仪式。"① 事实上，仪式是共识达成的"催化剂"，电视商议虽然本身就是一种媒介仪式，但是在具体的环节设计中，还需通过设置灯光舞美效果、播放音乐来增强仪式感和神圣感，让对话主体通过"用脚投票"的形式来确认对共识内容的认可，同时让达成的共识更具严肃性、约束力和行动力。比如，北京卫视《向前一步》在每期的节目最后有个"跨线"环节——现场舞台地面上有一条号称"分歧线"的红线，主持人宣读共识的具体内容，如果对话主体认同共识的内容，便会跨线。当对话主体伴随着电脑摇头灯的光束和仪式感十足的音乐跨线后，现场会响起热烈的掌声，这样富有仪式感的跨线也就意味着主体接受共识内容，愿意为了公共利益去适当调适个人利益，甚至为了公共利益而展开行动，这个共识也因此而得到了行动上的保障，落地的可能性和可行性大大提高。

需要特别指出的是，在共识达成中应避免"异化的妥协"。电视商议过程中，妥协一般分为两种情况：一种是经过反复沟通，相关主体通过对自我诉求与他方诉求进行理性的比较和取舍而形成的妥协，主要表现为换位思考，各退一步；二是主体受制于他方的语言攻势，如群起攻之、道德绑架，从而在处于颓势的情形下，被迫放弃自己的立场而进行的妥协。下面是《向前一步》2018年6月29日播出的《天坛的心愿》中出现的场面：

......

天坛老居民：……我们干吗来了啊？是你姥爷的房子，给你舅舅了，你没有付出任何劳动啊，是不是啊？我们应该靠劳动致富啊，现

---

① Erving Goffman. Interaction Ritual: Essays on Face-to-Face Behavior [M]. New York: Doubleday and Company, Inc., 1967: 44.

在想从这里头找巧,我认为这不对,是不是?

现场观众:(呼应)对,对……

天坛老居民:这么年轻就在这上头扯皮呀!这么好的政策,还扯皮,扯到什么时候去啊?……

现场观众:(呼应、鼓掌)对,对……

"钉子户"李某:劳动致富是光荣,你现在给我一个月5000块钱、1000块钱,不够我支付生活的,你告诉我怎么办?

(打断、插话)

现场观众:首先我认为,北京二环以外不是农村,解放军战士守卫边疆,他们也跟孩子见不到,他们才是我们最可爱的人……

媒体评论员:我说两句吧,作为北京人,你应该虚怀若谷,包容四海……

主持人:各位,此时此刻到了表决的时候。如果你是天坛周围的居民,为了还天坛一个完整,显示出它原来的样子,你是否愿意在"一把尺子量到底"的原则下进行搬迁?如果愿意,请向前一步;如果不愿意,请留在原地。请选择!

(现场观众纷纷跨线,"钉子户"李某和舅舅没有跨线)

主持人:(面向舅舅)刚才的选择是所有参与这场讨论的朋友作出的,跟李某和舅舅无关。在你们作出选择之前,我想问一下,他如果选择搬出来,他的生活也确实有一定的困难,您此时此刻有什么样的感想和态度呢?

舅舅:我会帮助他的。

主持人:能具体一点吗?

舅舅:如果拆迁款下来,我会给他一部分。

主持人:我能问具体一点,这一部分大概是多少?

舅舅:(思考)可以给他20万(元)。

(掌声)

主持人:很大地缓解了(租房、住房)问题。

……

主持人:接下来,最后一个问题留给二位:是否愿意为了还天坛原来的样子,接受这把"尺子"的衡量标准(补偿标准),接受搬迁?如果你愿意,就请向前一步;如果不愿意,我们也尊重你,留在原地,好吗?两位,请选择!

("钉子户"李某和舅舅跨线)

……

"共识的达成至少需要经过相互承认、反复沟通、理性取舍三个环节"①,缺少任何一个环节而形成的共识都可能是伪共识。在上面的案例中,面对文物腾退改造的"钉子户",其他阵营的代表、现场观众和媒体评论员站在道德制高点,相互传递话筒,竞相对"钉子户"进行指责甚至批判,用一种高压的态势对其进行言语"轰炸"。在现场观众第一次跨线后,"钉子户"和舅舅便成了孤立的"少数派",此时主持人打起了亲情牌,引导舅舅面对摄像机镜头表态说将帮助自己的外甥(给外甥20万元的拆迁款),以此促成"问题解决",而后再次引导二人跨线,承诺接受搬迁并将房门钥匙交给了工作人员。这个过程看似达成了共识,同时保障了效率,实则是人为地"制造"了同意,形成了"异化的妥协",还损害了部分人(舅舅)的个人利益,这无疑消解了电视商议的公平性、正义性及公信力,是不大可取的做法。

第三节 认同生产与共同体构筑:电视商议的共识扩散

"凝结成共识的过程是某种共同观念转化为个体自身的观念的过程,也是对立的我与他者成为'我们'的过程。"② 共识达成是电视商议的直接目的,事实上,通过共识的达成及扩散,电视商议还产生了"衍生物"和"副产品",即多元主体的关系构建,具体表现为基于社会及区域融入的认同生产和基于共在现实的共同体构筑。具体来说,一方面,共识达成的过

---

① 张康之,张乾友. 共同体的进化 [M]. 北京:中国社会科学出版社,2012:375-376.
② 吴翠丽. 社会主义核心价值观嵌入日常生活的内在机理与实现路径 [J]. 南京社会科学,2015,(2):40-45.

程中，通过对话与协商，各利益主体的身份与角色得到了进一步确认，而且他们对于区域空间的归属感得到了增强，从而推动了群体认同、角色认同、个人认同与区域认同；另一方面，共识的达成弥合了分歧、化解了矛盾，这个过程让共生共在共荣的理念得到确认和强化，加之电视媒介互动仪式的助力，促进了主体之间的相互承认与理解，推动了共同体的构筑。

一 心理归依：认同及认同生产

认同指的是"人们在社会生活中产生的一种感情和意识上的归属感"[①]，是个人与社会环境进行长期互动和交往的产物，它"意味着一个人对自己的理解和设想"[②]。认同具备主观性特征，需通过"个体自身的自我内在化才能确定"[③]。通俗地讲，认同主要解决的是"我是谁"及"我和他人及其群体有何关系"的问题。从功能主义的角度来看，认同能够促进一个人与社会进行有效整合并产生一种对社会、群体、区域的忠诚感和对自己的信心和尊严。可见，此处的"认同"与上节所探讨的作为共识类型之一的"认同"并非一个概念。

(一) 认同的内涵

多年来，社会学、心理学等学科的学者对认同问题进行了多视角的研究，提出了不同的认同概念及相关理论，其中比较有代表性的是群体认同、角色认同和个人认同。具体地讲，群体认同也被称为社会认同，指的是个体对于自己从属的社会类别和群体的认知与确认，即"个体认识到自己所在群体成员所具备的资格，以及这种资格在价值上和情感上的重要性"[④]；角色认同是个体在社会生活中，根据他者对其行为的评价而作出的身份与角色判断，"强调社会成员找寻他们在社会处于何种层面，获得何种身份、地位、角色，是被动的带有强烈顺从意识的归属性心理接受

[①] 周光辉，刘向东. 全球化时代发展中国家的国家认同危机及治理 [J]. 中国社会科学，2013，(9)：40-54.
[②] 李义天. 共同体与政治团结 [M]. 北京：社会科学文献出版社，2011：20.
[③] [美] 曼纽尔·卡斯特. 认同的力量（第二版）[M]. 曹荣湘，译. 北京：社会科学文献出版社，2006：5.
[④] H. Tajfel, M. G. Billig, R. P. Bundy, C. Flament. Social Categorization and Intergroup Behaviour [J]. European Journal of Social Psychology, 1970, 2 (1)：149-178.

过程"①；个人认同是主体对"自我"的阐释，它是"一种熟悉自身的感觉，一种知道个人未来目标的感觉，一种从他信赖的人们中获得所期待的认可的内在自信"②。除此之外，新区域主义研究者还提出了"区域认同"的概念，指的是"经过人们的认知过程，并逐渐形成对某一区域所产生的归属和认同感，（它是）人们经由认知和想象所得到的结果"③。由此我们可以得到两个结论：其一，认同本质上是个体的社会及空间融入过程，是主体对其在群体（或共同体）中的身份、角色、地位等的主观感受和心理认知，以及对所在区域空间的感情依附；其二，认同属于个体主观意识的范畴，影响主体对事实的认知、对价值的判断等，进而促发其惯习的生成与更新，引导个体及其所在群体的社会实践。

（二）认同生产的实践逻辑

电视商议中，认同生产涉及角色认同、群体认同、个人认同和区域认同的生产，在具体实践中，遵循以下实践逻辑。

第一，社会报酬推进角色认同。社会报酬是个体获取角色认同的重要路径。所谓社会报酬，是一种潜在报酬，它存在于社会公共生活的交往之中，体现为被人承认、受人尊重等，是个体人生存在价值的表征形式之一。④ 泰勒认为"我们的认同部分地是由他人的承认构成的"⑤。可见，对于个体而言，社会报酬意味着思想和精神上的利益。具体到电视商议中，个体通过对话和协商，"参与公共事务且与他人互动，个人获得了更大的自尊，开阔了自己的思维，变得更加开朗"⑥，特别是当其意见被采纳而成为共识和决策的一部分，或者自己被吸纳为决策团队成员时，个体的主体身份和价值便得到了他者的承认与尊重，此时，个体对外界给予的身份意

---

① 宋辰婷. 网络时代的感性意识形态传播和社会认同建构 [J]. 安徽大学学报（哲学社会科学版），2015，（1）：149-156.
② Erik H. Erikson. Identity and the Life Cycle [M]. New York：Norton，1959：118.
③ 耿云. 新区域主义视角下的京津冀都市圈治理结构研究 [J]. 城市发展研究，2015，（8）：15-20.
④ 颜玉凡，叶南客. 认同与参与——城市居民的社区公共文化生活逻辑研究 [J]. 社会学研究，2019，（2）：147-170，245.
⑤ 周平. 族际政治：中国该如何选择？[J]. 政治学研究，2018，（2）：32-43，125.
⑥ 〔美〕詹姆斯·T. 施莱费尔. 托克维尔之钥 [M]. 盛仁杰，译. 上海：上海人民出版社，2020：90.

义进行感知、判断、调整和确认,从而推动其形成角色认同(见图 6-4),使其为自己打上"城市建设者"、"民间行业专家"、"公民代表"或"有真知灼见者"等身份标签。

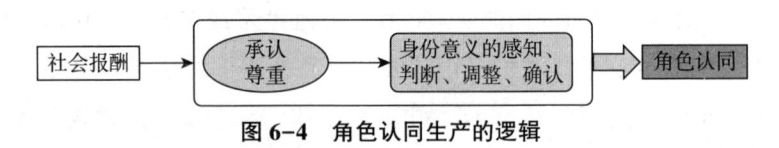

社会报酬 → 承认尊重 → 身份意义的感知、判断、调整、确认 → 角色认同

图 6-4 角色认同生产的逻辑

比如,北京卫视《向前一步》于 2019 年 2 月 3 日播出的《回天有术》中,热心市民基于专业知识和实地调研,针对回天地区的交通拥堵问题提出了自己的解决方案,得到了现场的政府官员、专家学者和市民代表的充分认可。鉴于该位热心市民的专业能力和公共精神,参与对话的常务副区长和城管委主任聘请其为市民规划师参与回天地区的城市规划。当聘书颁发时,节目现场响起了热烈的掌声,这个场面通过电视媒体扩散出去,让更多人见证了这个过程,使热心市民收获了承认、尊重和"面子",即社会报酬,从而加深了其角色认同,使其将"城市的主人""美丽社区的建设者""共治共享者"内化为自我身份,并在此过程中建构出"公共利益守护者"的角色意义。

曾经参加电视商议节目的浙江工商大学教授 WWQ 及生活在北京的某业务经理 LW 在接受访谈时这样说道:

> 我们这种本来是在高校里搞教学的人,如果说我们在一个公开媒体上讲的一些东西,或者我们做的一些事情得到我们市民的认同的话,那个的确是很开心的。我们为了帮这个城市解决实际问题搞的这些研究,改变了城市里的某些东西,产生了实际效果。(WWQ,《我们圆桌会》栏目组 2019 年 1 月 13 日采访)

> 在节目中,如果我的一些看法和建议能够被重视或者采纳,那么我觉得自己受到了承认和尊重。特别是自己作为某个群体的代表上节目时,最后大家的诉求得到了回应、问题得到了解决,那是一件很有成就感、很有面子的事情,这种成就感既能激励我继续通过参加电视

商议节目探讨公共事务,也会推动我继续积极参与线下的基层治理。我感觉自己应该算得上是一个真正意义上的"公民",一个具有公共精神、追求公共利益的人。(LW,受访时间:2020年5月15日)

第二,公共话语交往催化群体认同。"语言的社会运用,并不是简单的沟通关系和相互了解,并不是温文尔雅的信息交换,而是一场真正的社会关系网络的建构过程。"[①] 具体到电视商议中,多元主体共同面对公共问题,通过对话与协商进行利益的理性取舍与平衡,达到互惠互利的目的,最终达成共识。在多轮反复对话的过程中,公共利益的话语模式为群体认同提供了解释框架,以此催化参与主体的自我范畴化(self-categorization)。所谓自我范畴化,指的是"行为主体处于群体环境中,会将自我归属于特定的概念、框架中"[②]。具体来说,通过自我范畴化,行为主体逐渐将主流价值观内化于心,将自己划分到了特定的范畴之中,即完成了社会分类、社会比较和积极区分,从而将个人与群体联结起来并嵌入其中,实现个体的社会化,使得原子化的、追求私人利益的"市民"逐渐融入具有公共精神、追求公共利益的"公民"之中,由此获得身份上的归属感;而且通过电视媒体的传播与扩散,"培育公共精神、追求公共利益"逐渐成为一种集体意识和解释框架,让更多的参与者、观众和网民被公民群体同化并融入其中,从而塑造群体认同(见图6-5)。

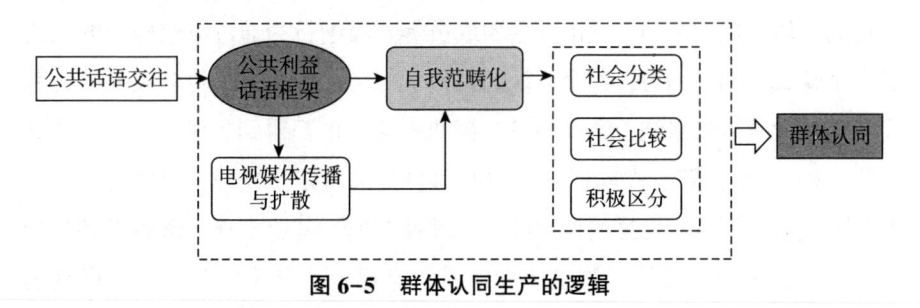

图6-5 群体认同生产的逻辑

---

① 高宣扬. 当代法国思想五十年(第2版)[M]. 北京:中国人民大学出版社,2016:534.
② 张涛甫. 传播格局转型与新宣传[J]. 现代传播(中国传媒大学学报),2017,(7):1-6.

长期生活在北京的某私企业务经理 LW 通过观看和参与节目，深深感受到电视商议对于群体认同的作用：

> 这类电视节目中，政府、专家、市民面对的是公共政策和公共问题，公共利益是贯穿对话过程中的一条红线。不论是直接参与对话，还是坐在台下或者电视机前做观众，公共利益都是人们最关心的东西，并且这个东西会逐渐渗透进人们的身体。看了几十期这样的节目，我感觉自己不再是一个"精致的利己主义者"，而成了一个重视公共利益、追求和维护公共利益的合格市民了。（LW，受访时间：2020年5月15日）

第三，对话参与和意见表达激发个人认同。"只有当不同族群的成员有机会参与公共事务的时候，他们才会将个人利益与公共利益联系起来，将个人的命运与国家的前途联系起来，他们当家作主的愿望才会获得极大的满足。"[①] 电视商议中，个体参与对话协商并表达意见诉求，这个过程往往会产生"吸纳效应"，这里的"吸纳"包括两个方面：一是意见吸纳，指的是个体的专业意见和情感诉求被其他主体重视和认可；二是身份吸纳，指的是认可个体的文化资本（科学理论与专业知识等）和象征资本（学历、职称和社会头衔等），并给予社会资本方面的支持，比如在对话现场将个体聘为城市规划顾问、城市沟通团成员等。吸纳行为通过电视媒介的传播具备了仪式感和公信力，使个人认同得到了加强。即便诉求暂时没有得到满足、意见没有得到采纳，个体的参与权和表达权也都得到了保障，从而使其产生一种"获得感"，由此促进其内心对自我的肯定。此外，个体为了公共利益而建言，不论其意见的科学性与合理性如何，其出发点与落脚点都是受人尊重的，其行为往往会被支持和点赞，自己也会从中收获价值、得到满足。曾参加某档电视商议节目录制的业委会主任 H 女士在接受电视采访时讲道，"个体的存在要赋予社会一些东西，才会有一些价值。承担了（大家的）

---

① 周光辉，刘向东. 全球化时代发展中国家的国家认同危机及治理 [J]. 中国社会科学，2013，(9)：40-54.

一些事情，为大家服务，（会）觉得这件事对自己很有价值"。在实践中，有的个体因为公共利益而让渡了部分个人利益，这种行为会被现场及场外观众、网民给予认可和掌声，这会使得个体获得更强的成就感和自信心，从而产生获得感和存在感，由此促进了个人认同（见图6-6）。

```
┌─────────┐   ┌─────┐        ┌──────┐   ┌─────┐
│ 对话参与 │──▶│参与权│        │意见吸纳│   │获得感│
├─────────┤   ├─────┤──▶ 公共利益 ──▶│身份吸纳│──▶├─────┤──▶ 个人认同
│ 意见表达 │──▶│表达权│        │支持点赞│   │存在感│
└─────────┘   └─────┘        └──────┘   └─────┘
```

图 6-6　个人认同生产的逻辑

个体经营者 ZYQ 在受访时表示，能够上电视表达自己的诉求和观点，并且为公共事务贡献力量，这本身就能够让自己产生一种获得感、存在感和成就感：

> 能走上电视演播室的舞台，为公共事务的解决去呼吁、去努力本来就是一件有价值的事情，如果意见能够被吸纳，肯定会有存在感和满足感的，个人的价值得到了体现嘛！即使自己的意见没有被采纳，能够通过对话让我知道自己的意见有不妥当的地方，让自己的意见更加周全、更加科学，这样的话我觉得也是很愉悦的。总之，能够在公开的场合表达自己的诉求和意见，而没有被人随意代言，这本身就已经实现了个人权利，是能收获自信心和获得感的。(ZYQ，受访时间：2022 年 12 月 14 日)

第四，智慧供给促进区域认同。对于一个公民而言，对其所在的区域空间产生归属感，必要条件便是让其切实感受到这个区域为他的生产和生活提供了便利的条件、安全方面的庇护和发展的平台，而自己同时又为这个区域空间的"颜值"提升、特质及品质优化贡献了智慧。"感情的养料是行动……让一个人对他的国家无事可做，他就将对国家毫不关心。"[1] 相

---

[1] 〔美〕悉尼·胡克. 理性、社会神话和民主[M]. 金克, 徐崇温, 译. 上海：上海人民出版社, 1965：287.

应地，如果一个人对其所在的城市或社区"无事可做"，那么他对这个空间便不会产生情感。具体来说，电视商议面对的公共问题往往涉及主体所在区域的空间改造、景观美化、特质塑造、文化建设等，比如棚户区改造、背街小巷治理、老胡同文化修复、共生大院建设、公共绿地规划等。在此过程中，每个人都为区域发展建言献策，大家集思广益，每个人都是"区域设计师"，从而为区域空间的品质提升付出自己的智慧和情感。同时，个体的智慧供给让区域空间的品质提升更趋科学、合理及实用——公共设施更为完善、区域文化更加凸显、发展前景愈发广阔，使得个体获得更加安全、舒适、富有生机的生活，从而对区域空间产生发自内心的归属感和认同感，形成区域认同（见图6-7）。

图 6-7 区域认同生产的逻辑

高校教师 HGL 在采访中表示，她很热爱自己所在的城市，因为自己为这个城市的发展贡献了智慧、倾注了心血：

> 城市或者小区的发展需要一个过程，其间肯定会出现这样或那样的问题。我、政府、专家学者和其他市民代表通过电视商议节目被召集到一起，为城市、小区更加宜居、更加美好来建言献计，贡献自己的智慧。通过节目达成的共识，一些公共问题得到解决后，城市或小区就像一件作品，经过各方智慧的滋养和雕琢更加亮丽，大家就都会热爱她、守护她。（HGL，受访时间：2021年5月12日）

综上，在电视商议中，群体认同、角色认同、个人认同和区域认同通过多元主体的对话与协商而被生产出来，它们共同生成了个体的归属感和融入感，助推了群体"共同的性情意识和集体行动"①，从而为共同体的构筑注入了灵魂、提供了动力。

二 价值整体：共同体及共同体构筑

所谓"共同体"，除了"共同的生活地域"，还需要一些更加深刻而持久的共同性，以使人们不但相互认识（cognize），而且相互承认（recognize）。这种态度和观念上的共同性，被当代共同体主义称为"共同的价值取向和善观念"②。因此，共同体指"一个拥有某种共同的价值观、规范和目标的实体，它不仅仅是指一群人，而是指一个整体，其中每个成员都把共同的目标当作自己的目标"③。从共同体形成的动力机制来看，"人的共生共在是所有行动者共有的目的，也是所有行动共同指向的目标，还是意义的判断标准"④。而共生共在意味着主体之间必然是相互联系、相互依存的，呈现出你中有我、我中有你的关系格局；只有彼此合作、同舟共济，才能共同发展、获取利益。可见，共生共在是共同体形成的逻辑起点，同时也是构筑共同体的原初动力。

（一）共同体的类别与作用

对于共同体的类别问题，不同学者有着不同的视角及判断，其中比较有代表性和影响力的是将共同体分为家元共同体、族阈共同体和合作共同体等三类。其中，家元共同体指的是因血缘、地缘等自然同质性因素而连为一体的共同体，具有同质性、封闭性、排外性等特点；族阈共同体指的是由自我认同、相互承认、普遍斗争这三种关系编织起来的共同体，它具有工具性、异质性和竞争性等特点；合作共同体指的是基于合作理念而形成的共同体，在合作共同体中，主体之间能够包容差异，每一个人都将通过合作行动去成就他人和实现自我，它具有去中心化、包容性等特点。⑤

---

① 郭台辉. 公民身份认同：一个新研究领域的形成理路 [J]. 社会，2013，（5）：1-28.
② 李义天. 共同体与政治团结 [M]. 北京：社会科学文献出版社，2011：8.
③ 俞可平. 从权利政治学到公益政治学 [M]//刘军宁等. 自由与社群. 北京：生活·读书·新知三联书店，1998：75.
④ 张康之. 论从竞争政治向合作政治的转变 [J]. 浙江社会科学，2019，（3）：22-30.
⑤ 张康之，张乾友. 共同体的进化 [M]. 北京：中国社会科学出版社，2012：112-122.

本书所讨论的共同体主要是合作共同体（或治理共同体）。

从共同体的作用上看，第一，共同体为个体提供了一个公共语境。这有助于个体的自我确认和群体认同，从而增强个体自我实现的责任感，激发其行动欲望与合作热情。第二，共同体为个体提供共同认可的价值规范与行动指引，从而形成以公共利益为核心的共同体意识，借此引导、规范共同体成员的行为，指导其实践。第三，共同体能够建构并强化个体之间的关系。通过公共问题的合作实践，加深个体之间的理解和信任，从而构筑起相互交织、互惠互利的关系网络。第四，共同体可以提高社会治理效能。共同体中包含着多元主体，他们各自具备不同的资本类型及数量，面对涉及共同利益的公共问题，相互合作可形成治理合力，在推动问题的妥善、高效解决的同时，进一步促进合作，从而提高治理效能。

（二）共同体构筑的实践逻辑

法国政治学家托克维尔认为，"民主时代的最大危险是社会各部分对整体的破坏或过度削弱"[①]。质言之，共同体的构筑对于社会秩序的建构、公共问题的解决、治理效能的提升都有着重要的意义。而认同是共同体存在的生命基因，"没有广泛的认同，共同体会变得有名无实，失去内在的凝聚力"[②]。需要说明的是，这里的"共同体"主要指的是社会治理共同体，即由政府、市场、公众、传媒等多元行动主体组成的，以共生共在为理念、以共同的善为旨归、以公共利益为行动目标，通过对话、协商、合作等集体行动形成的相互信赖、互惠合作、风险共担、人人有责、人人尽责、人人享有的组织群体。具体来说，电视商议推动共同体构筑的实践逻辑表现在以下三个方面（见图6-8）。

首先，群体认同与区域认同为共同体的构筑提供了理念支撑。共同体的构筑是多元主体理性选择的结果。爱德华·希尔斯（Edward Shils）认为，社会不是也不可能是仅仅通过物质和工具性关系而受到约束的。人们的相互联系在根本上仅仅建立在一种形而上学的观念基础上；他们在相互

---

① 〔美〕詹姆斯·T. 施莱费尔. 托克维尔之钥 [M]. 盛仁杰, 译. 上海：上海人民出版社，2020：80.
② 冯建华. 后真相、公共传播与共同体构建 [J]. 宁夏社会科学，2019，(2)：204-208.

```
┌─────────┐    ┌──────────────┐
│ 群体认同 │───▶│ 共生共在理念 │───▶ 理念支撑 ┐
│ 区域认同 │    │ 风险共担思维 │                │
└─────────┘    └──────────────┘                │
                                                │
┌─────────┐    ┌──────────────┐                │
│ 角色认同 │───▶│ 他者的认可   │───▶ 内生动力 ─┼──▶ 共同体的构筑
│ 个人认同 │    │ 个人价值的实现│               │
└─────────┘    └──────────────┘                │
                                                │
┌─────────┐    ┌──────────────┐                │
│         │    │ 群体团结     │                │
│ 电视媒介 │───▶│ 个体情感能量 │───▶ 情感能量 ─┘
│ 互动仪式 │    │ 群体符号     │
│         │    │ 道德感       │
└─────────┘    └──────────────┘
```

图 6-8　共同体构筑的实践逻辑

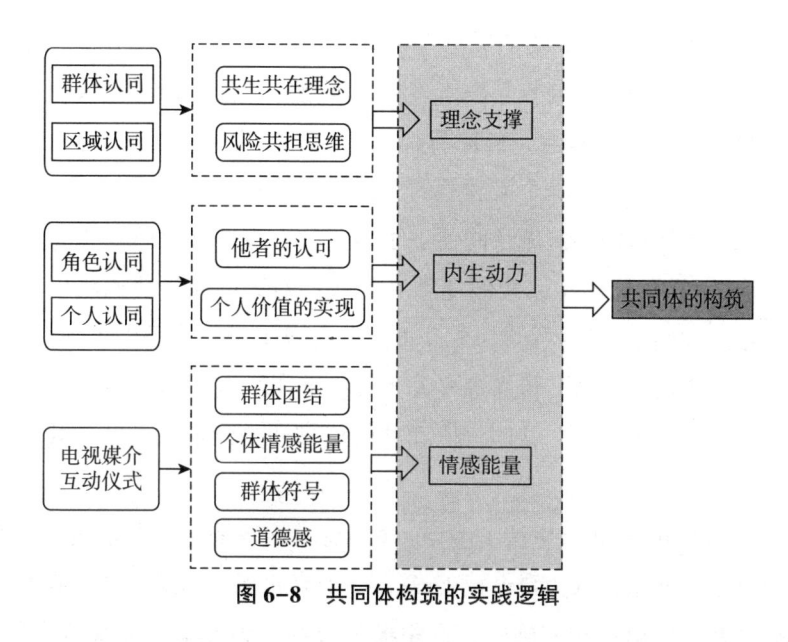

关系中追求和创造强有力的共同理念和意义，形成一种强大的关系，将他们黏合在一起。[①] 群体认同厘清了个体与群体之间的关系，使得原子化的、以个人利益为指向的市民向以公共利益为指向的公民转化；区域认同则促进了主体对所在地域和空间的融入，增强了其对区域空间建设的责任感。实际上，在电视商议中，通过围绕区域空间公共问题的对话和思考，多元主体认识到这么一个事实：主体与他者共同生存在这个区域空间中，面对着共同的、复杂的公共问题，甚至高度不确定的风险，他们是共生共在、共荣共损的。尽管不同个体和群体之间可能存在这样或那样的分歧甚至冲突，但是所有个体生活在同一区域空间的事实无法改变。问题的关键还在于，主体之间的利益是彼此纠缠、相互影响的：只有把公共利益维护好，才能保障多元主体各自的利益；相反，如果公共利益受损，那么各主体的个人利益也将随之消减，这就从客观上将多元主体"捆绑"在一起，使其认识到相互拥抱才能抱团取暖，相互斗争只能多方受损。这便促进了对共生共在理念的充分确认，同时也进一步使风险共担思维得到加强。"共生

---

① 转引自〔美〕乔尔·S. 米格代尔. 社会中的国家：国家与社会如何相互改变与相互构成[M]. 李杨，郭一聪，译. 南京：江苏人民出版社，2013：6.

共在是人在风险社会中的存在形态"①，只有相互依赖、互惠合作，才能在风险社会中共同面对、高效解决诸多公共问题，从而让所在区域空间更加宜居；只有追求共同的善（共同目标、共同价值规范、共同利益），才能实现共同发展，从而保障个人利益的实现。

可见，群体认同和区域认同促进了共生共在理念和风险共担思维的确认与强化，"在共同体中，我们能够互相依靠对方。如果我们跌倒了，其他人会帮助我们重新站立起来"②，这就为共同体的构筑提供了理念支撑，使得政府、市场、公众、传媒等多元主体彼此承认与理解有了更大的可能性，进而促进共同利益、共同价值和共同伦理纽带的形成，助力共同体的构筑。

工程师 CHG 在北京生活了多年，对北京十分熟悉，也非常热爱，他已经将自己融入北京，认为自己已经成为一个真正的"北京人"。他关心着当地公共政策的出台和实施，并且积极为公共政策方案的完善建言献策。他认为，北京是大家的北京，自己与其他北京市民是共生共在的关系——北京建设好了，大家都能受益；北京发展差了，谁都不能独善其身。

> 我在北京生活了十几年了，也有北京户口，可以说是一个法定意义上真正的北京人。北京卫视的《向前一步》是我每周必看的节目，也是我非常喜欢和愿意参与的节目。这个栏目的每期节目都聚焦了北京市各个行政区域（如海淀、朝阳、东城、西城、丰台、顺义、延庆等）中存在的不同的公共问题，比如城市规划、交通整治、老旧小区改造、文物腾退、共有产权房申请等，而且很可贵的是，这些问题往往非常具体。通过节目，我能看到基层政府官员工作的烦琐、复杂和不易，也看到了他们对工作的坚守；我还看到专家学者、广大市民为公共问题的解决和城市的发展积极参与、出谋划策；同时看到了一些市场主体，比如某物业公司、钢铁厂的"委屈"及其社会责任。城市规划好了、建设好了、功能丰富了，所有市民都会受益，同时大家

---

① 张康之. 论从竞争政治向合作政治的转变 [J]. 浙江社会科学, 2019, (3): 22-30.
② [英] 齐格蒙特·鲍曼. 共同体 [M]. 欧阳景根, 译. 南京: 江苏人民出版社, 2007: 3.

也会更加热爱我们的城市。我觉得我和其他市民一样，大家都在北京工作、生活，我们共同呼吸着北京的空气、喝着北京的水，我们之间其实是命运相连的共生关系，所以应该跟政府、专家一起，为我们共同的家——北京的发展做出自己的一份贡献，共建美丽北京，共享发展红利。（CHG，受访时间：2021年4月23日）

其次，角色认同与个人认同为共同体的构筑提供了内生动力。"每个人的幸福都依赖于一种合作体系，没有这种合作，所有人都不会有一种满意的生活。"① 共同体是一个不同主体共生共存、合作共荣的组织体系。因此，对安全和幸福的追求必然会促发主体对共同体构筑的追求，而角色认同和个人认同为其提供了动力。具体来说，在电视商议中，他者对主体的认可以及主体个人价值的实现，点燃了主体的参与热情，为主体参与社会治理、进入治理共同体提供了心理期待和动力。这主要表现在两个方面：其一，主体作为某个群体的代表，具身参与到电视对话节目中表达诉求、发表观点、阐释理由，这本身便是其社会资本和文化资本的一种公开呈现，可以增强其社会存在感，促进其个人价值实现，从而激发其参与对话与社会治理的欲望；其二，在理性对话与协商过程中，参与主体对公共利益的维护、对个人利益的调适展现了其"魅力"、"能力"和"魄力"，对话现场的掌声和场外观众、网友的点赞使其收获了认可和尊重，获得了诸如"城市的主人""优秀的北京人""合格的杭州人"等象征性符号。而从本质上讲，这些象征性符号是一种社会工资，是共同体关系的一种象征，也可以被理解为"纪念物"，是神圣的、引人注目和受人羡慕的，它们增强了参与主体的荣誉感、成就感和自豪感，无疑为个体力量的发挥提供了推力，从而增强了其参与社会治理的激情以及加入治理共同体的驱动力，提升了"人人参与"的实践效果。

在读研究生CH曾经参与过某档电视对话节目，他认为能够参与到此类电视节目中，为解决城市发展中的公共问题建言献策，本身就是一种幸

---

① 〔美〕约翰·罗尔斯. 正义论[M]. 何怀宏等, 译. 北京：中国社会科学出版社，1988：13.

运和荣誉,这个过程让自己感觉受到了重视和尊重,并产生了存在感、幸福感,从而推动了自己对公共利益的追求,甚至有时会因此让渡部分个人利益。他认为,政府、市场和公众应该成为一个共同体,协力为城市的发展贡献力量:

> 作为小区居民的代表,能够参与到电视商议中主张个人权利、追求公共利益,我觉得很有价值,说明自己是小区的主人嘛。而且职能部门和一些专家学者总动员,都参与进来一起协商解决公共问题,我觉得这本身就是电视商议的魅力所在,因为它把我们联结在了一起,成为一个团队,促进问题的解决。对话是为了解决公共问题、维护公共利益、提升生活品质,有时个人利益可能会受一点损失,但是只要能说服我,我也是愿意"牺牲"的,这样大家会更加和谐,自己也会更加受到尊重,存在感、幸福感自然就更强了。(CH,受访时间:2021年4月26日)

最后,电视媒介互动仪式为共同体的构筑提供了情感能量。电视商议本身是一种公共传播实践,同时还是一种互动仪式。"它不是一种传递信息或影响的行为,而是共同信仰的创造、表征与庆典,是将人们以团体或共同体的形式聚集在一起的神圣典礼。"[①] 柯林斯认为,互动仪式有四种主要结果:一是群体团结,即一种拥有成员身份的感觉;二是个体的情感能量,即一种采取行动时自信、兴高采烈、有力量、满腔热忱与主动进取的感觉;三是群体符号,即标志或者其他的代表物,其使成员感到自己与集体相关,从而尊重符号,并会捍卫符号以免其受到局外人的轻视甚至内部成员的背弃;四是道德感,即维护群体中的正义感。[②] 具体而言,电视商议中,互动仪式通过政府、市场、公众、传媒等多元主体的身体在场、相互关注和对话协商而被建构起来,其效果借助视频短片、

---

① 〔美〕詹姆斯·W. 凯瑞. 作为文化的传播 [M]. 丁未, 译. 北京: 华夏出版社, 2005: 28.
② 〔美〕兰德尔·柯林斯. 互动仪式链 [M]. 林聚任, 王鹏, 宋丽君, 译. 北京: 商务印书馆, 2009: 87.

摄像机、聚光灯、话筒、观众、音响等要素而得到放大和增强。城市故事的讲述、集体记忆的浮现、道德观念的感召、握手拥抱的接触、美好未来的期许……互动仪式通过这些要素发挥了"情感变压器"功能，进而让互动仪式链的团结机制发挥作用。一方面，"情感可以通过身体的互动而放大"①，通过身体站在一起、手握在一起等互动，加之基于公共利益的对话，多元主体的情感能量被激发、增强和释放，从而心也连在了一起，"治理的主体""城市的主人"等成员身份和群体符号得到确认，从而使主体建构了与其他主体的合作关系，同时增强了其对电视对话这种社会互动的激情、自信和热爱；另一方面，电视媒体借助声光电技术的仪式呈现，使得情感的相互连带机制发挥作用，将现场对话主体和场外观众、网友等更多的行动者拉入基于共同利益形成的圈子中，从而使得"人人有责、人人尽责、人人享有"的理念深入人心，进而转化为构筑共同体的情感能量和行动力，助推合作治理实践。

综上，共同体的构筑并非基于外力，而是更多依赖于内生的张力。这种张力是基于共同体内部成员之间相互承认、相互包容而又可沟通、可交往的关系而形成的，而这种关系在为共同体成员提供存在感和归属感的同时，还赋予其强大的凝聚力和行动力。

在此需要说明的有两点。其一，上文根据案例分析和深度访谈，发现群体认同和区域认同、角色认同和个人认同、电视媒介互动仪式分别在理念支撑、内生动力提供和情感能量供给方面对共同体构筑具有重要作用，但这并不意味着共同体构筑过程中，群体认同和区域认同是理念支撑的唯一来源，内生动力只能靠角色认同和个人认同来提供，情感能量也只能通过互动仪式来供给。其二，在共同体构筑的具体实践中，几种认同与互动仪式之间并没有严格的界限，它们彼此交融、相互纠缠，共同体的构筑是认同与仪式综合作用的结果。本质上讲，共同体跟共识一样，也是行动指向的。共同体的存在，能够促进共同体成员基于共识和认同进行合作行动；同时，合作行动又会反过来维护和强化共同体。

---

① 〔美〕兰德尔·柯林斯. 互动仪式链［M］. 林聚任，王鹏，宋丽君，译. 北京：商务印书馆，2009：99.

第四节　合作行动与问题解决：电视商议促发
　　　　共同体的治理实践

"善治的本质特征就是政府与社会的合作互动管理，是政治国家与公共社会的最佳关系。"① 合作行动即多元主体基于共同利益的集体行动。一方面，它是治理共同体的题中之义和内在要求，"人的共生共在必须通过行动去加以实现，而且这种行动必然是合作行动。合作行动本身既是为了人的共生共在的行动，也是人的共生共在的实现方式"②；另一方面，它还是解决公共问题的有力武器和必行路径。需要说明的是，这里的合作行动是处于政治和法律体系框架内的。无论从逻辑上看还是从实践中看，电视商议都能够促进多元主体构筑治理共同体，从而基于认同和共识进行合作行动，推动问题的解决，这是电视商议效能的具体体现。

一　共同体的确认：合作行动与问题解决的意义

在实践中，电视商议能够促进多元主体的合作行动与公共问题的妥善解决，这对于建构、确认和维系治理共同体，有着重要的现实意义。

首先，合作行动意味着多元治理主体平等关系的确认。社会治理共同体构筑的逻辑原点是主体的去中心化，即打破传统社会管理模式下的"中心—边缘"结构，建立社会治理模式下的多元主体结构，建构治理主体之间的相互尊重、平等合作关系，并通过对话与协商机制的引入，促进政府、公众、市场、传媒等主体的自主、平等、互惠的共同行动，从而推动公共问题的解决和公共利益的获取。在这个过程中，任何主体破坏平等关系，将其地位凌驾于其他主体之上，都将阻滞信息共享、对话协商、共识达成和认同生产，进而导致合作行动的失效或失败。因此，平等关系的建立是多元主体合作行动的基础，没有平等关系，便没有合作行动。

其次，合作行动是治理共同体的内在要求。社会治理共同体是在群体

---

① 徐倩. 包容性治理：社会治理的新思路［J］. 江苏社会科学，2015，(4)：17-25.
② 张康之. 论风险社会中人的生命价值的优先性［J］. 中州学刊，2020，(5)：1-9.

认同、角色认同、个人认同和区域认同的基础上构筑起来的，其动力和目标是实现公共利益，进而通过共享公利来改善私利。这就要求多元主体基于公共利益充分协商，而"协商与其说是一种对话或辩论形式，不如说是一种共同的合作性活动"①，使得他们在合作中践行共同体共建共治共享的理念，做到人人有责、人人尽责、互惠互利。从这个意义上来看，治理共同体是合作的社会网络，合作行动是治理共同体的题中应有之义。

再次，合作行动是解决公共问题的有力武器。在社会的高度复杂性和不确定性的条件下，诸如公共安全、城市规划、交通治堵、大数据采集、网络隐私保护等传统和非传统公共问题竞相出现，政府和市场均无法进行独立而有效的处理，这就需要相关主体能够整合力量共同应对公共问题，"通过协调各方利益解决问题，实现公共利益的最大化"②。共同体与共识一样，都是行动指向的。其中，共同体是问题解决的行为主体，而共识为共同体的集体行动提供了一致的意愿支撑和行动方案。质言之，社会治理共同体的建立，最为直接的目的就是汇集多方利益主体的智慧与力量，通过协同行动形成合力和有力武器，进而科学和高效地处理公共事务、解决公共问题。

最后，合作行动和问题解决是确认和强化共同体的有效方式。一方面，在合作行动中，多元主体可以充分了解彼此的能力及信用水平，进而以此为依据形成平等沟通、互信互惠的社会互动关系，从而增强共同体的凝聚力；另一方面，通过合作行动及公共问题的解决，多元主体共享利益成果，使共同体应对公共风险和挑战的效果得到验证、优势得以体现，从而让行动主体对共同体更加信任和依赖，由此证明共同体的力量和价值，从而进一步确认和强化共同体。

二 意向一致：合作行动与问题解决的实践逻辑

合作行动与问题解决是电视商议效能的具体体现，二者遵循一定的实

---

① 〔美〕詹姆斯·博曼.公共协商：多元主义、复杂性与民主[M].黄相怀，译.北京：中央编译出版社，2006：25.
② 张海东.风险应对视角中的社会治理精细化[J].社会发展研究，2020，(2)：29-36.

践逻辑。

首先，认同生产和共识达成为合作行动及问题解决提供必要条件。社会治理共同体的构筑，指向的是多元主体基于公共利益的合作行动，而在合作行动中，"行动者的意向一致是基础性的前提。意向一致通常有两种形式，一是认同，二是共识"①。其中，认同为合作行动提供主观上的行动意愿，共识为合作行动提供共性认知和行动方案。合作行动只有在同时具备了行动意愿和行动方案时才能发生。如果只有行动意愿而没有行动方案，那么行动者便无法确定责任和行为边界，进而不能各司其职、协同合作；而如果只有行动方案而没有行动意愿，行动者便会犹豫不决或消极应对，以至于无法产生行动力，更不会促成共同行动。

具体到电视商议中，其一，多元主体围绕共同面对的公共问题，通过理性对话与共情传递机制，促成事实共识、价值共识与行动共识的形成。共识达成的过程不但推动了主体对公共问题的属性、价值及解决方案形成共性认知，而且还基于问题的解决，厘清了不同主体的角色、约定了不同主体的责任、分配了不同主体的行动任务，合作行动因此具备了具体的行动方案。其二，电视商议中，理性对话、意见表达、智慧供给及社会工资的给予和获取，激发了主体的群体认同、个人认同、区域认同及角色认同，促使主体之间相互承认、相互尊重、平等相待，而"公正对待他人的取向可以从爱情、爱心、友谊、和睦、同胞感情、同情等等的良好习惯和联系中得到充分的支持。假如此类感情足够强烈，正义就会不知不觉地跟利己主义结合起来并且可能得到维护，即使个人的自私利益偶尔会遭受严重的挫折"②，从而使得公共利益成为一种被广泛认可的、流行的话语框架，人人参与指向公共问题解决的集体行动、共同提升所在区域空间的品质进而增加私利便成为一种普遍意愿及选择，合作行动因此具备了意愿基础。

不难看出，电视商议中的共识达成与认同生产可以直接推动共同体的合作行动与问题解决。此外，电视商议的过程呈现和仪式建构还在客观上

---

① 张康之，张乾友. 共同体的进化 [M]. 北京：中国社会科学出版社，2012：354.
② 〔美〕罗伯特·A. 达尔. 多元主义民主的困境——自治与控制 [M]. 周军华，译. 长春：吉林人民出版社，2006：129.

起到了媒介动员的作用——通过对话过程的录制、播放和精准推送，扩散社会共识、拓展社会关联，进而达到共意动员的效果，推进了积极互赖（人们觉察到他们和他人以某种方式关联在一起，无法脱离他人独自成功或者人们必须通过与他人的合作来完成一个任务①），由此促成更广范围、更大规模的合作行动，推动问题的解决（见图6-9）。

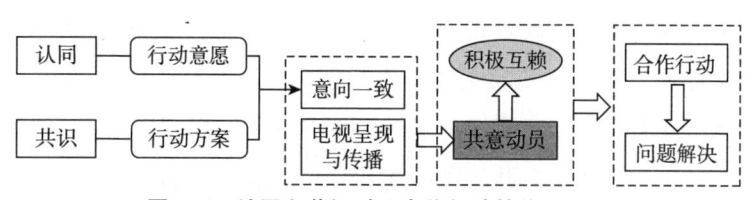

图 6-9　认同和共识对于合作行动的作用机理

其次，合作行动增强群体实体性，推动信任关系形成，进一步助力合作行动。所谓群体实体性，指的是"群体是一个统一和一致的整体，其中的每个成员都被联结在一起。互赖关系越强，群体实体性越强"②。信任表示"对别人的尊敬和对自己与他人关系的积极关心"③。多元主体基于公共利益的合作行动，既是相互尊重、公平正义、共担共赢的信任关系的体现，也是社会治理共同体的生动实践。合作既是一种行动，也是一种社会关系。合作行动及其促成的问题解决一方面将各个参与者紧密地联结在一起，增强了其群体实体性，另一方面还给参与者们传递了信心和力量，使合作共赢、共同发展的理念得到进一步巩固。此外，群体实体性的增强进一步促进了参与者之间的互信、理解和依赖，夯实和加固了共同体的基础和结构，从而为合作行动的常态化和社会化注入了能量。

具体来讲，合作行动促进合作关系的形成，而这集中体现在承认和信任关系的建构上。"如果不承认他人，如果仅仅把自我与他人区分开来，那么作为陌生人的他人就无法成为交往对象。"④承认是合作的前提，而承

---

① 〔美〕戴维·W. 约翰逊，弗兰克·P. 约翰逊. 合作的力量：群体工作原理与技巧［M］. 崔丽娟，王鹏等，译. 上海：上海人民出版社，2016：100.
② 〔美〕戴维·W. 约翰逊，弗兰克·P. 约翰逊. 合作的力量：群体工作原理与技巧［M］. 崔丽娟，王鹏等，译. 上海：上海人民出版社，2016：101.
③ 〔美〕马克·E. 沃伦. 民主与信任［M］. 吴辉，译. 北京：华夏出版社，2004：330.
④ 张康之，张乾友. 共同体的进化［M］. 北京：中国社会科学出版社，2012：149.

认又建立在合作的基础上,它们彼此纠缠、互为因果、相互促进,合作行动使得主体之间的相互承认成为必然。在合作行动中,"两个人之间互相展示的信任越多,他们的互相信任也就越大"①,从而使得"对他人的信任产生(了)跨越时空的团结:别人是可以信赖的,这种信赖变成了相互间的义务"②。可见,合作本身会带来信任。

比如,通过电视商议及由此达成的共识,政府、公众、市场、传媒共同承担责任并一起为公共问题的解决而行动。在行动方案的执行过程中,不同主体之间有了更多和更深的了解,也充分体验到基层治理工作的复杂和不易,使不同主体在公共问题面前站到了一起。更为重要的是,在此过程中,政府部门跳出了形式主义和官僚主义窠臼,公众脱离了"事不关己高高挂起"心态,专家学者迈出了象牙塔和书房,市场主体也从"精致的唯利是图者"身份中解放出来,各主体遵循共建共治共享的理念共同参与治理,并在行动中凸显品格和性格,在相互配合中积累信任资本,进而成为朋友或伙伴。通过合作行动及问题解决,主体的积极参与意愿被激发和强化,同时其间的信任和信赖网络亦逐步建立,信任资本愈加雄厚。从经验上看,信任的网络可以促进多元主体维护共同利益,不做背叛集体行动的事情,从而让共同体的结构也更加牢靠,而信任和信赖网络又会进一步催生合作,形成"合作—信任—再合作"的良性循环(见图6-10)。

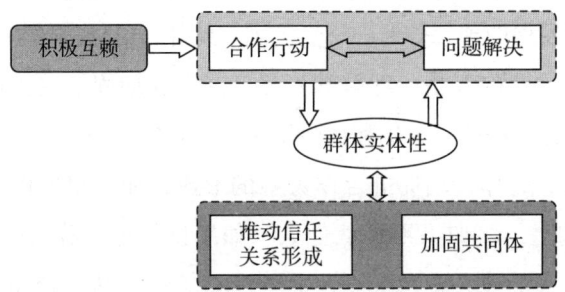

图6-10 "合作—信任—再合作"的实践逻辑

---

① 〔美〕罗伯特·D.帕特南.使民主运转起来[M].王列,赖海榕,译.北京:中国人民大学出版社,2015:219-220.
② 〔英〕安东尼·吉登斯.超越左与右——激进政治的未来[M].李惠斌,杨雪冬,译.北京:社会科学文献出版社,2000:131.

综上，电视商议通过认同生产和共识达成促进了合作行动及问题解决，同时编织了基于信任的人际网络，从而加固了共同体结构，为进一步的合作行动注入了动力。这是电视商议从对话层面转向行动层面的一次"华丽转身"，也是电视商议社会治理效能的具体体现。

三 过程监控：合作行动与问题解决的强化路径

合作行动需要强化过程监控，才能将通过对话协商而形成的行动共识予以落实，推动各行动主体责任分担与协同实践，促使公共问题高效、圆满地得到解决。这个过程能够验证合作行动对于问题解决的实际效果，同时增强多元主体对电视商议的信心，激励他们后续的积极参与及合作行动。实践上看，电视媒体应重点通过以下三个方面的措施来提升合作行动与问题解决的品质，保障电视商议的效能。

第一，电视媒体应极力促成公共问题解决方案的落实，以此提振多元主体对电视商议的信心，促进各方合作。后真相时代，公众对政府产生了一定的不信任。而且，新社会运动的发展，导致政治冷淡主义日盛，公众参与政策讨论的欲望和积极性不足，这无疑增加了多元主体之间理性对话和共识达成的难度。在此背景下，如果通过电视商议能够解决公共问题，高效率地实现公共利益和个人利益，让公众看得见实在的效果，那么电视商议就会更具效能和公信力，这样不仅可以获取多方主体的信任和信心，而且能激发多方主体的参与兴趣和活力，将公众当中那些"沉默的大多数"唤醒，使其成为参与基层社会治理的积极行动者，从而在提高收视率和影响力的同时促成多方的合作行动。有始无终、"只打雷不下雨"，就会让电视商议被视为一种政治真人秀和自拉自唱的舞台剧，既得不到关注，也得不到信任，必然会被公众抛弃。

第二，电视媒体应利用镜头聚焦效应，强化对主体履约情况的跟进和监督，以此推进合作行动的顺利进行及公共问题的高效解决。"问题的真正解决，不可能单靠任何一种力量（包括国家）单向的权力过程来实现，需要在这里全过程调动起多元力量的共同有效参与，而'有效'的关键联结就是责任。"[1]

---

[1] 董明.环境治理中的企业社会责任履行：现实逻辑与推进路径——一个新制度主义的解析［J］.浙江社会科学，2019，(3)：60-71.

电视商议中达成的共识便是对各方责任的约定及对他们行动任务的划分，体现了多元主体责任共担和分工明确的辩证统一。只有各方严格履约，才能保障合作行动的顺利开展，从而推动问题的解决。因此，对主体履约情况的监督是合作行动顺利推进的重要保障。电视传播造成的凝视效应，让参与者的面容、身份、姓名和承诺、责任联结在一起，使得现场做出的承诺和形成的共识方案获得更多观众和网友的见证，从而具备了更强的约束力和执行力；商议视听资料的全过程记录，也让节目现场所形成的公约、承诺得到存档，从而保障了共识方案在程序上的正当性和在内容上的有效性。因此，电视媒体应充分利用以上这些优势，强化对主体履约情况的跟进和监督，推进合作行动的有效进行。

第三，电视媒体与征信机构联动，建立行动者信用数据库，促进行动者履职履约，推动问题解决。信任可以推进合作，但是"合作所需要的信任并不是盲目的。信任意味着对独立行动者之行为有预测"①。可见，守信是合作的前提，亦是合作关系建构的基础条件。因此，为了保证共识能够落地、问题能够解决，电视媒体需要发挥监督各方的作用，保障共识的执行力，在此过程中的一个重要工作便是对各方主体的合作信誉进行记录和监督，为合作共治积累第一手的信用资料。因为，从个体的视角看，新的交往关系需要借助于交往主体的合作信誉来建立；从社会的整体视角看，所需要的则是对交往主体合作信誉做出记录，使这种信誉可以很方便地为进入特定交往过程中的人所获得，进而让主体可以以此轻易了解合作对象的信誉，这在促进合作关系方面，可能比规则所发挥的作用更大。②

因此，对于电视媒体而言，合作行动的高效推进，有赖于其对主体合作行为的客观记录，使不同主体的姓名与合作信誉一一匹配，具体来说就是与征信机构联动，将行动主体的守约（失信）行为、守约（失信）次数等纳入公共信用信息平台，利用信用指数实现对行动主体合作信誉的可视

---

① 〔美〕罗伯特·D. 帕特南. 使民主运转起来 [M]. 王列，赖海榕，译. 北京：中国人民大学出版社，2015：221.
② 张康之，张乾友. 共同体的进化 [M]. 北京：中国社会科学出版社，2012：90.

化呈现，为合作行动的实施提供指标化依据。这样做，一方面可以有效识别行动者信用水平，从而为信任关系的建构提供重要依据，提升合作行动的有效性；另一方面可以提高某些行动者的失约失信成本，因为失信行为会受到媒体曝光并计入个人信用数据库，从而影响其信用值，而较低的信用值有可能会引来相关部门的联合惩戒，所以这可以督促其履约履责，提高合作行动的效能，推进问题的解决。

第七章 结论与讨论

本书将电视商议置于公共传播的理论视野及逻辑框架中,对公共传播、电视商议、共识制造、认同编织和合作治理进行了逻辑勾连,重点对电视商议的必要性、价值、实践逻辑与路径等问题进行了探讨,试图拓展公共传播的作用范围,丰富公共传播实践经验,由此进一步提升电视商议的品质和参与社会治理的水平。同时,我们也看到,在我国,电视商议本身及其所体现的媒介化治理都是在严格的政治体制逻辑内生成和生产的,因此,稳定性、持续性和公共性对于保持电视商议的生命力和吸引力至关重要。本章主要归纳了电视商议的实践逻辑,建构了其实践模型,并从稳定性、持续性和公共性等三个维度对其发展进路进行了讨论,同时对本书的不足进行了反思。

第一节 结论

通过对电视商议的意涵与价值、空间建构、主体参与、内容确认、互动呈现、目标实现的实践逻辑及其路径问题的细致分析和考察,本书创新性地尝试构建了作为公共传播的电视商议的实践模型(见图7-1)。

通过这个模型,我们可以发现:创设和搭建多元治理主体的对话平台,是电视媒体履行其公共职能的重要内容,也是其参与社会治理的有效手段。电视商议作为公共传播的重要载体,承载和表征着电视媒体的公共性职能。具体来说,作为治理主体之一,电视媒体利用电视商议这种节目形式,搭建政府、公众、市场等多元主体的公共对话平台,以公共议题为对象,以公共利益为旨归,通过组织多元主体真实、开放、可见的理性对话和平等协商来推动共识的达成和认同的生产，以此推动共同体的构筑，并促成参与（或观看）节目的多元主体的合作行动及问题的解决。在这个过程中，进入电视商议场域中的多元主体进一步加深对彼此的理解、增强互信、积累依赖，进而夯实和加固社会治理共同体，最终推进善治与公共利益的实现。一言以蔽之，作为公共传播的电视商议能够在一定程度上①促进多元主体达成共识、认同和合作，推动社会治理共同体的构筑和公共问题的解决。

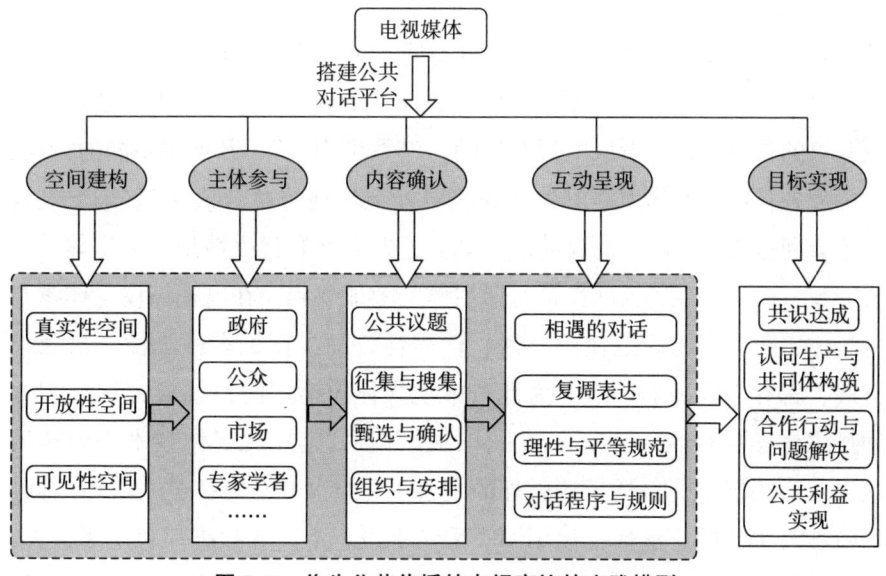

图 7-1　作为公共传播的电视商议的实践模型

第一，电视商议对话与协商的核心理念精准契合了公共传播的逻辑，可以作为公共传播的可行机制、有效载体和实践形式，推进社会治理中的政治沟通。作为公共传播的电视商议一方面在组织多元主体理性对话的同时营造社会化协商的良好氛围，另一方面在探寻解决社会治理公共问题良策的同时建构场域中多元主体间的合作及信任关系，培育其公共精神，最终促进善治的形成和公共利益的实现。

---

① 本书对于作为公共传播的电视商议在共识达成、认同生产、共同体构筑、合作治理方面的作用考察，限定于直接参加或观看电视商议节目的人群，而非整个社会领域。事实上，更广范围内的作用发挥有赖于电视商议节目传播力、影响力的不断提升。

第二，在空间建构方面，电视商议的空间具备真实性、开放性和可见性，由此可以推进主体的具身性交流、开放性交流和可视化交流，从而使得对话关系更易建立、对话议题更加广泛、意见观点更为多元、诉求表达更为审慎、对话效能更易提升。正是这些特点，使得电视媒体比社交媒体和即时通信工具更具公共性和沟通性，也更加适合建构公共对话平台。然而在实践中，电视媒体在搭建公共对话空间过程中还存在着一定的问题，鉴于此，需要其一方面组织动员相关主体来到物理空间进行面对面交流，另一方面通过融媒体技术的加持来推动贴近性交流，以此助力电视商议真实性空间、开放性空间和可见性空间的建构。

第三，在主体参与方面，政府、公众、市场、专家学者等行动者是电视商议的参与主体，形成电视商议的"结构性力量"，开展着不同的行动，发挥着各自不同的作用，成为推进基层社会治理的"合伙人"。个人利益及公共利益是参与电视商议的内生动力，差异性和代表性是对话主体的本质特征，而科学性和权威性是对话主体的效能要求。在电视商议主体参与的具体实践中，无论是在差异性、代表性方面，还是在科学性、权威性方面，都存在着薄弱环节。为此，电视媒体应运用随机抽样方法组织并动员主体参与对话，保障参与主体的差异性；运用融媒体技术手段拓展电视对话场域，让对话现场以外的利益主体及其观点能够进入对话空间，保障参与主体的广泛性；运用调查采访手段，主动寻找研判利益相关方，并动员其参与对话，保障参与主体的代表性。同时，围绕公共议题的属性，有针对性地遴选和邀请相关专家参与对话，缕析公共问题的所属领域，全面邀请相关政府职能部门的主要官员参与对话，以保障和提升参与主体的科学性和权威性。

第四，在内容确认方面，公共议题是电视商议的对象和内容，其面向公共领域、指向公共问题，表征着电视商议的公共性。所以，议题的搜集、甄选、确认及议程安排成为影响电视商议公共性的重要因素。在具体实践中，议题的搜集要满足多元化和差异性的要求，防止电视媒体闭门造车、自以为是地"创造"议题，以使电视商议的内容能够更好地契合社会热点和痛点问题，增强其公共性和吸引力。为此，电视媒体应通过主动"织网"，征集话题；通过调查咨询，发现议题；通过数据挖掘，搜集议题。同时，充分研判议题的公共性和复杂性，以此为依据进行议题的甄选和确认、对话的组织和议程的安排。

第五，在互动呈现方面，各主体之间相遇的对话及其展示是电视商议的外在表征形式。各方参与者在电视商议平台这个"公共领域"中相遇，在电视摄像机等摄录设备和观众、网民的围观下进行致力于公共问题解决的同场沟通，多元的观点、诉求与意见得到复调表达，形成语言杂多现象，促进观点的交流与审议、意见的修正与整合、诉求的调适与确认，从而助推共识的达成。在此过程中，理性对话与平等协商是电视商议的核心规范，也是多元主体应当遵循的基本准则。其中，理性对话助力对话主体对公共问题的科学认知，推动对话主体的利益取舍；平等协商则推动对话主体之间的相互承认、促进对差异的包容、保障文明的对话。鉴于此，电视商议应制定规范的程序与科学的规则，从而保障理性对话与平等协商理念的落地，进而提升对话的效率和品质。

第六，在目标实现方面，公共利益是电视商议的本质指向。电视商议中，多元主体对公共议题的共同关注、信息分享和交换促进事实认知及事实共识的生产，而理性对话与共情传递推动价值共识和行动共识的生产。因此，共识达成是电视商议的直接目的，更为重要的是，通过共识的达成及扩散，电视商议还促进了场域中的关系构建，产生了"衍生物"和"副产品"，具体表现为基于社会及区域融入的认同（群体认同、角色认同、个人认同、区域认同）生产和基于共在现实的共同体（社会治理共同体）构筑，认同生产为共同体的构筑注入了灵魂。共同体具备指向行动的基本属性，其治理实践具体体现为合作行动和问题解决。电视商议场域中，共同体的形成为合作行动提供了主体基础，推动了公共问题的解决；合作行动加固了主体间的信任关系，夯实了共同体基础，从而进一步助力合作行动，形成"合作—信任—再合作"的良性循环，助推公共利益的实现。

第二节　讨论

电视商议可以在社会治理过程中扮演重要角色，发挥重要作用，而

"公共话语的建构需要稳定性和持续性"①。因此，在组织电视商议的具体实践中，电视媒体应着重在保障稳定性、持续性和公共性等方面不断发力。唯有如此，才能保障电视商议的长久存续及其效能的充分发挥。

首先，电视商议的规范运行需要稳定性，即应定时化、规范化地进行，形成一种稳定的运作模式或制度。其中，定时化指的是电视媒体应科学地设置电视商议节目的播出频次和播出时间，而规范化指的是电视商议应有其固定的对话程序。事实上，定时化和规范化一方面塑造着电视商议的稳定性，另一方面还将稳定性上升为制度，这便使得节目播出的自然时间转化为具有规范性的制度时间，同时将商议的展开过程提升到了仪式层面，从而让电视商议具备了严肃性和规范性。从经验上看，严肃性和规范性能够在一定程度上提升公众对电视商议的信任度，进而激发其参与节目的热情。

在具体实践中，第一，电视商议节目的播出频次和播出时间的具体设置是一个专业问题，并不是随意确定的，而是要符合更广范围观众的收视习惯，还要能够契合其工作与生活时间，由此促进"鲜热"话题的更广传播和讨论。比如，北京卫视《向前一步》选择在每周日晚上的黄金时间（从21：05左右开始）播出，这个时间安排一方面让不同年龄阶段的观众都能方便地收看并参与节目，另一方面还有助于观众和网民在收视后第二天（周一）的上班之余第一时间对节目播出的"鲜热话题"进行二次讨论，从而通过人际传播达到增强影响力、扩散共识的效果。另外，节目结束时主持人"谢谢收看今天的节目，下一期我们同一时间再见"的话语和"下周日21：05《向前一步》继续播出"的字幕提醒，起到了与观众进行节目约定的作用，从而增强了节目播出频次和时间的稳定性。第二，电视商议话题展开的程序应得到确定并形成固定流程或仪式。比如，南京电视台《民声》的对话过程分为两个固定环节："一问到底"和"换位思考"。其中，"一问到底"是民声代表与政府相关领导进行提问和讨论，"换位思考"是民声代表与官员互换身份进行提问与

---

① 〔德〕韩炳哲. 在群中：数字媒体时代的大众心理学 [M]. 程巍，译. 北京：中信出版社，2019：11.

讨论。北京卫视《向前一步》则将对话过程分为"事实回放与讲述""原因分析""对策讨论""抉择"等固定环节，并通过"现场跨线"的仪式来确认共识。

其次，电视商议的效能发挥需要持续性。持续性关涉两个方面的问题。一是对话协商的充分性问题，这是共识达成的基础，也是电视商议效能发挥的关键。所谓充分性，指的是话题讨论是持续的、动态的，不但要有始有终，而且要善始善终、善作善成，不能虎头蛇尾、草草结尾。纵向上看，电视商议需要将问题讲透，并且通过对话协商达成共识，通过多元主体的合作行动使得问题得到解决，这样才能让电视商议具有实际效果；而当某一阶段的共识随着时间的推移和情势的变化而变得"不合时宜"或者效能低下时，应继续通过对话协商对共识进行调整，进而达成更进一步的、"升级版"的共识。横向上看，电视商议应基于问题意识持续组织进行，从而不断解决新的、不同的问题。因为问题总是客观存在且不断显现的，"如果所有问题都获解决，那么，人类也就不会有继续存在的动因"[1]。可见，对于电视商议所涉及的很多公共议题，都需要展开多回合的充分对话方能达成共识。电视媒体可根据共识达成的进度和程度，针对某一话题进行多轮、充分的对话，促进共识的达成和问题的解决。在必要的情况下，可以灵活安排节目的播出时长。二是风险规避问题，这是关乎议题送审通过和电视商议节目生命存续的重要问题。由于我国特殊的政治体制和电视媒介属性，电视商议"镶嵌于主流政治模式之内，深受政治管控的约制"[2]。因此，在现阶段，电视商议的议题应以民生类公共话题为主，而不宜涉及极度敏感的话题或高风险话题，以防将节目推向政策红线。在节目制作前，电视媒体应就节目的主题内容进行系统的风险评估和预测，在议题确认、嘉宾选择、规则控制、尺度把握等方面进行统筹考量。实践中需要注意的是，如节目播出采取的是直播方式，电视媒体应使用视频（音频）延时技术，为节目的安全播出提供"缓冲器"，一旦现场出现言语或

---

[1] 王加兴. 对话中的巴赫金：访谈与笔谈［M］. 董晓等, 译. 南京：南京大学出版社, 2014：7.
[2] 章平. 大众传媒上的公共商议——对医疗体制改革转型期报道的个案考察［J］. 新闻大学, 2010, (4): 99-111.

行为失控的局面，应迅速处置，及时将信号"拦截"，并进行必要的场面控制和调度；如是录播形式，电视媒体应对节目的成片进行内容审核，对一些言语失当、行为失范、场面失序的内容予以删减。需要说明的是，风险规避并不意味着电视商议已被或一定会被政治权力收编、驯化甚至与权力合谋，而是强调此类公共商议实践及相关节目在初始和发展阶段应重点关注诸如交通整治、教育发展、小区治理、公共安全、健康保障等民生领域话题，聚焦解决民生热点问题、化解基层社会矛盾，借此提升电视商议的公信力和吸引力，同时建构官民对话的平等关系和信任关系，推动其生命存续和持续发展，而不应因触碰政策红线、危及政治稳定和扰乱社会秩序而招致官方的强力管控，最终导致停播的后果。

最后，电视商议的魅力保持需要公共性。探讨和解决公共问题、实现公共利益是电视商议公共性的具体体现，也是其保持魅力和吸引力的关键。如果电视商议的议题失去了公共性，被资本收买或与资本合谋，从而设置大量商业化议题，如"如何正确使用视力矫正仪""中学生培优机构如何选择"等，那么电视商议便会逐渐失去公信力和吸引力，最终被公众抛弃。事实上，电视商议能否抵制商业资本的侵蚀，将影响其公共性的成色。在这个问题上，要特别防止其与资本合谋而异化，从而成为市场和资本的背书者与营销工具。鉴于此，为了防止资本以冠名、赞助等方式渗入电视商议而对其公共性产生干扰，电视商议的经费应从政府公共支出中列支。公共财政提供的充足的制作经费可以保障制作的精良、人员队伍的稳定、技术力量的强劲，更为重要的是，还可以有效阻挡资本与市场对电视商议的侵蚀，从而保障其纯粹的公共产品属性及公共传播成色。比如，中共杭州市委办公厅在 2012~2018 年对《我们圆桌会》进行了单一来源政府采购，每年为节目制作提供 100 万~200 万元的经费支持。① 而北京卫视《向前一步》则获得了北京宣传文化引导基金（基金来源主要是北京市市级财政拨款，同时依法接受国内外自然人、法人或者其

---

① 关于电视谈话栏目《我们圆桌会》的单一来源公示 [EB/OL]. [2020-12-12]. http://www.hangzhou.gov.cn/art/2018/5/23/art_811214_30062.html; 关于电视谈话栏目《我们圆桌会》项目的采购结果公告 [EB/OL]. [2020-12-12]. http://www.hz.gov.cn/art/2017/10/10/art_811215_15978.html.

他组织的捐赠①）的资助。

需要指出的是，本书探讨了电视商议的价值意义、实践逻辑和实现路径，并且建构了作为公共传播的电视商议的实践模型，但这并不是要强调电视商议是一个具备普适性特点的公共传播模式，因为对电视商议模式的探索本身也应该是一个不断商议的过程。事实上，电视商议也有其局限性。第一，很多情况下，电视商议中的多元主体并不一定能够就某一议题达成共识与合作，从而致使相关问题悬而不决，较长时间难以得到妥善处理。第二，电视商议并非适合于所有公共议题。在一个复杂多元的社会中，单单凭借电视商议的方式，无法回答和解决纷繁芜杂和纷至沓来的所有问题，比如，对于一些来势汹汹的紧急问题，如恐怖主义活动、重大突发公共卫生事件等，就必须以雷霆之势快速响应，用霹雳手段进行处理。毕竟，沟通权力无法也不能取代行政管理权。

还应该注意的是，虽然作为公共传播的电视商议能够凝聚共识、促进合作，但在我国特定的政治与社会语境下，电视商议不能"被窄化为社会治理制度构型中用以凝聚多元社会主体的工具或塑造形象的工具"②，而应坚持公共传播的价值底色和实践品格，通过强调公共领域、民主协商和合作治理的意义，为公共领域的言说与政治参与提供诸多可能，给予社会行动中的积极公民以更多的机遇、心智与勇气，从而增进公共利益，实现共同体之善。

当然，本书的研究也存在一定的不足。首先，本书考察的案例集中在北京卫视《向前一步》、杭州电视台《我们圆桌会》和南京电视台《民声》等几档节目，由此梳理出的问题及相关思考可能存在一定的局限性；其次，本书聚焦于直接参与（或观看）节目的多元主体的共识达成、认同生产、共同体构筑和合作治理的实践逻辑与路径考察，没能在整个社会层面对电视商议节目的传播效果进行实证分析；最后，本书将公共议题统合为一个集合，将其作为一个大类置于电视商议中进行实践逻辑研究，但实际上，公共议题本身具有不同的类型（如价值主导型、科学主导型、多元平衡型等），指向不

---

① 北京宣传文化引导基金章程（2022年修订版）[EB/OL]. [2025-01-13]. https://www.bjwmb.gov.cn/xcwhydjj/zcwj/10089093.html.

② 吕清远，高丽华. "公共传播"在中国语境下的知识生产与谱系考察——基于米歇尔·福柯权力-话语理论的演化视角[J]. 新闻与传播评论，2020，(4)：32-43.

同的内容和问题，电视商议在面向这些不同类型的公共议题时，其实践逻辑及其实践方式亦会有所不同。因此未来的研究应细化、区分公共议题的类型，综合个案研究、深度访谈、问卷调查等方法，剖析电视商议与不同类型公共议题的互动机制，进一步考察其制造共识、编织认同、塑造共同体和促进协同治理的逻辑和路径。同时，应尝试建构评价指标体系，对电视商议的实施效果进行评价，并通过分析其实施过程及不足，提出完善和提升的具体策略。以上是今后研究应努力的方向。

参考文献

一 外文著作

[1] Angus Campbell, Gerald Gurin, Warren E. Miller. The Voter Decides [M]. New York: Row, Peterson and Company, 1954.

[2] Benjamin Barber. Foundationalism and Democracy [M], Seyla Benhabib. Democracy and Difference, Princeton: Princeton University Press, 1996.

[3] Denis McQuail. Mass Communication Theory [M]. 4th edition. London: Sage Publications, 2000.

[4] Denis McQuail. Media Performance: Mass Communication and the Public Interest [M]. London: Sage, 1987.

[5] Emmanuel Levinas. Totality and Infinity [M]. Pittsburgh: Duquesne University Press, 1969.

[6] Erik H. Erikson. Identity and the Life Cycle [M]. New York: Norton, 1959.

[7] Erving Goffman. Encounters: Two Studies in the Socilolgy of Interaction [M]. Indianaplis: Bobbs-Merrill, 1961.

[8] Erving Goffman. Interaction Ritual: Essays on Face-To-Face Behavior [M]. New York: Doubleday and Company, Inc., 1967.

[9] Mansbridge Jane. Public Spirit in Political Systems [M]. Washigton, DC: Brookings Institution, 1994.

[10] Mihailo Markovic, Gajo Petrovic. Praxis: Yugoslav Essays in the Philosophy and Methodology of the Social Sciences [M]. Berlin: Springer Sci-

ence+Business Media, 1979.

[11] Seán Siochrú, B. Girard, A. Mahan. Global Media Governance [M]. Washington: Rowman and Littlefield, 2001.

[12] Seyla Benhabib. Democracy and Difference: Contesting the Boundaries of the Political [M]. Princeton University Press, 1996.

二 外文论文

[1] Anastasia Deligiaouri, Panagiotis Symeonidis. "YouTube Debate": A New Era of Internetized Television Politics? [J]. International Journal of E-Politics, 2010, 1 (2).

[2] Annika M. Wille. Imaginary Dialogues in Mathematics Education [J]. Journal für Mathematik-Didaktik, 2017, (1).

[3] Anthony Dudo. Scientists, the Media, and the Public Communication of Science [J]. Sociology Compass, 2015, 9 (9).

[4] Bruce Drake, Kristi Yuthas, Jesse F. Dillard. It's Only Words—Impacts of Information Technology on Moral Dialogue [J]. Journal of Business Ethics, 2000, 23 (1).

[5] Christoph O. Meyer. Does European Union Politics Become Mediatized? The Case of the European Commission [J]. Journal of European Public Policy, 2009, 16 (7).

[6] Christoph Stückelberger. Dialogue Ethics: Ethical Criteria and Conditions for a Successful Dialogue Between Companies and Societal Actors [J]. Journal of Business Ethic, 2009, 84 (3).

[7] Daisy M. Ligon, Jonathan P. Deason. Improving Public Communication in Environmental Impact Assessments [J]. Federal Facilities Environmental Journal, 2001, 12 (2).

[8] Daniel Dayan. Conquering Visibility, Conferring Visibility: Visibility Seekers and Media Performance [J]. International Journal of Communication, 2013, 7.

[9] David Ongenaert, Stijn Joye. Selling Displaced People? A Multi-Method

Study of the Public Communication Strategies of International Refugee Organisations [J]. Disasters, 2019, 43 (3).

[10] Francesca D'Errico, Isabella Poggi. Blame the Opponent! Effects of Multimodal Discrediting Moves in Public Debates [J]. Cognitive Computation, 2012, 4.

[11] Fred Dallmayr. Dialogueamong Civilizations: Some Exemplary Voices [J]. Constellations1, 2006, 3 (3).

[12] Genevieve Fuji Johnson. The Discourse of Democracy in Canadian Nuclear Waste Management Policy [J]. Policy Sciences, 2007, 40 (2).

[13] G. Stoker Governance as Theory: Five Propositions [J]. International Social Science Journal, 1998, 155 (50).

[14] H. Tajfel, M. G. Billig, R. P. Bundy, C. Flament. Social Categorization and Intergroup Behaviour [J]. European Journal of Social Psychology, 1970, 2 (1).

[15] Ian Hutchby. Rhetorical Strategies in Audience Participation Debates on Radio and TV [J]. Research on Language & Social Interaction, 1999, 32 (3).

[16] James G. Stappers. Mass Communication as Public Communication [J]. Journal of Communication, 1983, 33 (3).

[17] Janice Peck. TV Talk Shows as Therapeutic Discourse: The Ideological Labor of the Televised Talking Cure [J]. Communication Theory, 1995, 5 (1).

[18] Joachim Trebbe, Philomen Schoenhagen. Ethnic Minorities in the Mass Media: How Migrants Perceive Their Representation in Swiss Public Television [J]. Journal of International Migration and Integration1, 2011, 2 (4).

[19] John Baker, Judy Walsh, Sara Cantillon. Kathleen Lynch. Equality: A Continuing Dialogue [J]. Res Publica1, 2007, 3 (2).

[20] John O'Hagan, Michael Jennings. Public Broadcasting in Europe: Rationale, Licence Fee and Other Issues [J]. Journal of Cultural Economics,

2003, 27 (1).

[21] Jonathan Hassid, Jennifer N. Brass. Scandals, Media and Good Governance in China and Kenya [J]. Journal of Asian and African Studies, 2015, 55 (3).

[22] Joshua Gamson. Taking the Talk Show Challenge: Television, Emotion, and Public Spheres [J]. Constellations, 1999, 6 (2).

[23] Karen Donders, Caroline Pauwels, Jan Loisen. Introduction: All or Nothing? From Public Service Broadcasting to Public Service Media, to Public Service Anything? [J]. International Journal of Media & Cultural Politics, 2012, 8 (1).

[24] Laura J. Solomon, Lee W. Frederiksen, Susan E. Arnold, Kathleen A. Brehony. Stress Management Delivered over Public Television: Steps Toward Promoting Community Mental Health [J]. The Journal of Primary Prevention, 1984, 4 (3).

[25] Martin Luginbühl. Conversational violence in political TV debates: Forms and functions [J]. Journal of Pragmatics, 2007, 39 (8).

[26] Noëlle McAfee. Three Models of Democratic Deliberation [J]. The Journal of Speculative Philosophy, 2004, 18 (1).

[27] Obvious Katsaura. Community Governance in Urban South Africa: Spaces of Political Contestation and Coalition [J]. Urban Forum, 2012, 23 (2).

[28] Peggy Ruth Geren. Public Discourse: Creating the Conditions for Dialogue Concerning the Common Good in a Postmodern Heterogeneous Democracy [J]. Studies in Philosophy and Education, 2001, 20 (3).

[29] Petros Iosifidis. Public Television in Small European Countries: Challenges and Strategies [J]. International Journal of Media & Cultural Politics, 2007, 3 (1).

[30] Philippe J. Maarek. Televised presidential debates: Parallel lessons from the 2012 American and French elections [J]. French Politics, 2016, 14.

[31] P. Rossler, H.-B. Brosius. Do Talk Shows Cultivate Adolescents' Views of

the World? A Prolonged-Exposure Experiment [J]. Journal of Communication, 2001, 51 (1).

[32] Robert B. Denhardt, Janet Vinzant Denhardt. The New Public Service, Serving Rather than Steering [J]. Public Administration Review, 2000, 60 (6).

[33] Roderick J. McDavis, Carolyn M. Tucker. Community Outreach Through Public Television [J]. Journal of Non-White Concerns in Personnel and Guidance, 1983, 12 (1).

[34] Rodney Benson. Shaping the Public Sphere: Habermas and Beyond [J]. The American Sociologist, 2009, 40 (3).

[35] Saori Ihara, Yukihiro Yazaki. Determinants of Public Service Broadcasting Size [J]. Economics of Governance, 2017, (18) 2.

[36] S. Davis, M.-L. Mares. Effects of Talk Show Viewing on Adolescents [J]. Journal of Communication, 1998, 43 (3).

[37] Sheila M. McAllister-Spooner, Michael L. Kent. Dialogic Public Relations and Resource Dependency: New Jersey Community Colleges as Models for Web Site Effectiveness [J]. Atlantic Journal of Communication, 2009, 17 (4).

[38] Stephanie Burkhalter, John Gastil, Todd Kelshaw. A Conceptual Definition and Theoretical Model of Public Deliberation in Small Face-to-Face Groups [J]. Communication Theroy, 2002, 12 (4).

[39] Suzanne Gordon. Nurses and Public Communication: Protecting Definitional Claims [J]. Journal of Nursing Management, 2004, 12 (4).

[40] Tomas Matza. Moscow's Echo: Technologies of the Self, Publics, and Politics on the Russian Talk Show [J]. Cultural Anthropology, 2009, 24 (3).

[41] William G. Kirkwood, Dan Brown. Public Communicationabout the Causes of Disease: The Rhetoric of Responsibility [J]. Journal of Communication, 1995, 45 (1).

[42] Will Kymlicka. Social Unity in a Liberal State [J]. Social Philosophy and

Policy, 1996, 13 (1).

[43] Yun-CheolHeo, Ji-Young Park, Ji-Young Kim, Han-Woo Park. The Emerging Viewertariat in the Republic of Korea: The Seoul Mayoral TV Debate on Twitter, Facebook, and Blogs [J]. Telematics and Informatics, 2016, 33 (2).

三 译著

[1]〔英〕安东尼·吉登斯. 超越左与右——激进政治的未来[M]. 李惠斌, 杨雪冬, 译. 北京: 社会科学文献出版社, 2000.

[2]〔英〕安东尼·吉登斯, 菲利普·萨顿. 社会学（第七版）[M]. 北京: 北京大学出版社, 2015.

[3] 巴赫金全集（第5卷）[M]. 白春仁、顾亚铃, 译. 石家庄: 河北教育出版社, 1998.

[4]〔苏联〕巴赫金. 陀思妥耶夫斯基诗学的问题[M]. 白春仁, 顾亚铃, 译. 北京: 生活·读书·新知三联书店, 1988.

[5]〔美〕彼得斯. 交流的无奈: 传播思想史[M]. 何道宽, 译. 北京: 华夏出版社, 2003.

[6]〔美〕罗伯特·A. 达尔. 多元主义民主的困境——自治与控制[M]. 周军华, 译. 长春: 吉林人民出版社, 2006.

[7]〔美〕罗伯特·D. 帕特南. 使民主运转起来[M]. 王列, 赖海榕, 译. 北京: 中国人民大学出版社, 2015.

[8]〔加拿大〕查尔斯·泰勒. 承认的政治[M]. 汪晖, 陈燕谷. 文化与公共性. 北京: 生活·读书·新知三联书店, 2005.

[9]〔美〕戴维·W. 约翰逊, 弗兰克·P. 约翰逊. 合作的力量: 群体工作原理与技巧[M]. 崔丽娟, 王鹏等, 译. 上海: 上海人民出版社, 2016.

[10]〔美〕兰德尔·柯林斯. 互动仪式链[M]. 林聚任, 王鹏, 宋丽君, 译. 北京: 商务印书馆, 2009.

[11]〔法〕弗朗索瓦·朱利安. 间距与之间: 论中国与欧洲思想之间的哲学策略[M]. 卓立, 林志明, 译. 台北: 五南图书出版股份有限公

司,2013.

[12] 〔德〕哈贝马斯.交往与社会进化[M].张博树,译.重庆:重庆出版社,1989.

[13] 〔德〕韩炳哲.精神政治学[M].关玉红,译.北京:中信出版社,2019.

[14] 〔德〕韩炳哲.他者的消失[M].吴琼,译.北京:中信出版社,2019.

[15] 〔德〕韩炳哲.在群中:数字媒体时代的大众心理学[M].程巍,译.北京:中信出版社,2019.

[16] 〔美〕汉娜·阿伦特.公共领域与私人领域[M]//汪晖,陈燕谷.文化与公共性.北京:生活·读书·新知三联书店,2005.

[17] 〔德〕汉斯-格奥尔格·加达默尔.真理与方法:哲学诠释学的基本特征(下卷)[M].洪汉鼎,译.上海:译文出版社,1999.

[18] 〔美〕亨利·罗伯特.罗伯特议事规则(第11版)[M].袁天鹏,孙涤,译.上海:格致出版社,上海人民出版社,2015.

[19] 〔美〕马克·E.沃伦.民主与信任[M].吴辉,译.北京:华夏出版社,2004.

[20] 〔美〕曼纽尔·卡斯特.认同的力量(第二版)[M].曹荣湘,译.北京:社会科学文献出版社,2006.

[21] 〔法〕米歇尔·福柯.规训与惩罚[M].刘北成,杨远婴,译.北京:生活·读书·新知三联书店,2007.

[22] 〔南非〕毛里西奥·帕瑟林·登特里维斯.作为公共协商的民主:新的视角[M].王英津等,译.北京:中央编译出版社,2006.

[23] 〔英〕尼克·库尔德里.媒介仪式:一种批判的视角[M].崔玺,译.北京:中国人民大学出版社,2016.

[24] 〔美〕诺埃里·麦加菲.民主审议的三种模式[M].谈火生,译.南京:江苏人民出版社,2007.

[25] 〔法〕皮埃尔·布尔迪厄.关于电视[M].许钧,译.南京:南京大学出版社,2011.

[26] 〔英〕齐格蒙特·鲍曼.共同体[M].欧阳景根,译.南京:江苏

人民出版社, 2007.

[27] 〔美〕乔尔·S. 米格代尔. 社会中的国家: 国家与社会如何相互改变与相互构成 [M]. 李杨, 郭一聪, 译. 南京: 江苏人民出版社, 2013.

[28] 〔英〕R. A. W. 罗兹. 理解治理: 政策网络、治理、反思与问责 [M]. 丁煌, 丁方达, 译. 北京: 中国人民大学出版社, 2020.

[29] 〔美〕莎伦·R. 克劳斯. 公民的激情: 道德情感与民主商议 [M]. 谭安奎, 译. 南京: 译林出版社, 2015.

[30] 〔美〕悉尼·胡克. 理性、社会神话和民主 [M]. 金克, 徐崇温, 译. 上海: 上海人民出版社, 1965.

[31] 〔法〕席里尔·迪翁. 人类的明天 [M]. 蒋枋栖, 译. 北京: 北京联合出版公司, 2018.

[32] 〔美〕亚伯拉罕·马斯洛. 动机与人格（第3版）[M]. 许金声, 译. 北京: 中国人民大学出版社, 2012.

[33] 〔美〕亚瑟·乔拉米卡利. 共情力 [M]. 耿沫, 译. 北京: 北京联合出版公司, 2017.

[34] 〔德〕尤尔根·哈贝马斯. 包容他者 [M]. 上海: 上海人民出版社, 2002.

[35] 〔德〕尤尔根·哈贝马斯. 交往行动理论: 行为合理性与社会合理化 [M]. 上海: 上海人民出版社, 2004.

[36] 〔德〕尤尔根·哈贝马斯. 认识与兴趣 [M]. 郭官义, 李黎, 译. 上海: 学林出版社, 1999.

[37] 〔德〕尤根·哈贝马斯. 公共领域 [M]//汪晖, 陈燕谷. 文化与公共性. 北京: 生活·读书·新知三联书店, 2005.

[38] 〔澳〕约翰·S. 德雷泽克. 协商民主及其超越: 自由与批判的视角 [M]. 丁开杰, 译. 北京: 中央编译出版社, 2006.

[39] 〔美〕约翰·罗尔斯. 正义论 [M]. 何怀宏等, 译. 北京: 中国社会科学出版社, 1988.

[40] 〔澳〕约翰·基恩. 生死民主 [M]. 安雯, 译. 北京: 中央编译出版社, 2016.

［41］〔美〕詹姆斯·T. 施莱费尔. 托克维尔之钥［M］. 盛仁杰，译. 上海：上海人民出版社，2020.

［42］〔美〕詹姆斯·W. 凯瑞. 作为文化的传播［M］. 丁未，译. 北京：华夏出版社，2005.

四　中文著作

［1］陈向明. 质的研究方法与社会科学研究［M］. 北京：教育科学出版社，2000.

［2］风笑天. 社会研究方法［M］. 北京：中国人民大学出版社，2018.

［3］高宣扬. 当代法国思想五十年［M］. 北京：中国人民大学出版社，2016.

［4］宫留记. 布迪厄的社会实践理论［M］. 开封：河南大学出版社，2009.

［5］宫留记. 资本：社会实践工具——布尔迪厄的资本理论［M］. 开封：河南大学出版社，2010.

［6］何包钢. 民主理论：困境和出路［M］. 北京：法律出版社，2008.

［7］何包钢. 协商民主：理论、方法和实践［M］. 北京：中国社会科学出版社，2008.

［8］何志武. 对话与协商：电视问政的理念［M］. 武汉：华中科技大学出版社，2018.

［9］何志武. 大众媒介与公共政策［M］. 武汉：武汉大学出版社，2008.

［10］寇延丁，袁天鹏. 可操作的民主：罗伯特议事规则下乡全纪录［M］. 杭州：浙江大学出版社，2012.

［11］李义天. 共同体与政治团结［M］. 北京：社会科学文献出版社，2011.

［12］刘海龙. 宣传：观念、话语及其正当化［M］. 北京：中国大百科全书出版社，2013.

［13］刘军宁. 自由与社群［C］. 北京：生活·读书·新知三联书店，1998.

［14］〔美〕刘康. 对话的喧声——巴赫金的文化转型理论［M］. 北京：北京大学出版社，2011.

[15] 王浦劬,臧雷振. 治理理论与实践：经典议题研究新解 [M]. 北京：中央编译出版社, 2017.

[16] 王晓升. 商谈道德与商议民主——哈贝马斯政治伦理思想研究 [M]. 北京：社会科学文献出版社, 2009.

[17] 王加兴. 对话中的巴赫金：访谈与笔谈 [M]. 董晓等, 译. 南京：南京大学出版社, 2014.

[18] 新闻学与传播学名词审定委员会. 新闻学与传播学名词 [M]. 商务印书馆, 2022.

[19] 徐贲. 明亮的对话：公共说理十八讲 [M]. 北京：中信出版社, 2014.

[20] 俞春江. 协商民主视域下的电视问政研究 [M]. 杭州：浙江大学出版社, 2018.

[21] 张康之,张乾友. 共同体的进化 [M]. 北京：中国社会科学出版社, 2012.

[22] 朱春阳. 新媒体时代的政府公共传播 [M]. 上海：复旦大学出版社, 2018.

[23] 朱德米. 公共政策制定与公民参与研究 [M]. 上海：同济大学出版社, 2014.

五 中文论文

[1] 蔡琳. 论"利益"的解析与"衡量"的展开 [J]. 法制与社会发展, 2015, (1).

[2] 常昕,杜琳. 微语态下短视频传播模式分析及趋势思考 [J]. 电视研究, 2017, (8).

[3] 陈芳. 电视谈话节目特性浅析 [J]. 新闻传播, 2014, (5).

[4] 陈天祥,黄宝强. 沉寂与复兴：公共行政中的公共利益理论 [J]. 中山大学学报（社会科学版）, 2019, (4).

[5] 陈昕瑜. 提问·倾听·交流——谈话类节目主持人的"三种意识" [J]. 新闻爱好者, 2009, (1).

[6] 陈信凌. 国内电视公共频道分析 [J]. 中国记者, 2004, (11).

[7] 陈信凌，刘西平．探析国内电视公共频道概念的模糊性［J］．新闻大学，2005，(1)．

[8] 陈蕴哲．当前电视问政类节目火爆的冷思考［J］．传媒，2014，(17)．

[9] 成中英，欧阳晓明，翟学伟．脸面观念及其儒学根源［C］．中国社会心理学评论（第二辑）．北京：社会科学文献出版社，2006．

[10] 仇蓓蓓．探索电视公共频道之路［J］，当代传播，2003，(1)．

[11] 崔亚娟．NHK电视节目的公共性诉求探析［J］．电视研究，2012，(8)．

[12] 笪素林．社会治理与公共精神［J］．南京社会科学，2006，(9)．

[13] 董明．环境治理中的企业社会责任履行：现实逻辑与推进路径——一个新制度主义的解析［J］．浙江社会科学，2019，(3)．

[14] 董天策，石钰婧，史磊．公共传播的研究传统与学理内涵［J］．新闻记者，2023，(11)．

[15] 方雪琴．广播电视公共服务绩效评估体系的构建［J］．现代传播（中国传媒大学学报），2011，(5)．

[16] 方雪琴，阎大荣．公共电视的本土化建构［J］．现代传播（中国传媒大学学报），2006，(6)．

[17] 冯建华．公共传播：在观念与实践之间［J］．现代传播（中国传媒大学学报），2017，(7)．

[18] 冯建华．后真相、公共传播与共同体构建［J］．宁夏社会科学，2019，(2)．

[19] 冯建三，卢迎安．公共电视：理念、实践与挑战——访台湾政治大学冯建三教授［J］．新闻大学，2008，(2)．

[20] 冯亚兵，王丽雅．浅析美欧公共电视发展的法律环境［J］．国际新闻界，2006，(7)．

[21] 符进叶．电视谈话节目主持人的情感表达［J］．现代传播（中国传媒大学学报），2011，(4)．

[22] 付博，彭爽．吉林省电视媒体问政类话题主持人会话打断现象研究［J］．东北师大学报（哲学社会科学版），2019，(3)．

[23] 葛明驷，何志武．电视问政十年：文化效应与反思［J］．中州学刊，

2015, (3).

[24] 耿云. 新区域主义视角下的京津冀都市圈治理结构研究 [J]. 城市发展研究, 2015, (8).

[25] 龚伟亮. 传播学的双重公共性问题与公共传播学的"诞生" [J]. 新闻界, 2013, (9).

[26] 顾肃. 多元社会的政治对话与权力合法性 [J]. 四川大学学报（哲学社会科学版）, 2017, (6).

[27] 顾亦兵. 武汉《电视问政》: 构建城市公共治理平台 [J]. 中国广播电视学刊, 2016, (1).

[28] 郭台辉. 公民身份认同: 一个新研究领域的形成理路 [J]. 社会, 2013, (5).

[29] 郭镇之. 美国公共广播电视的起源 [J]. 新闻与传播研究, 1997, (4).

[30] 韩璞庚, 张颖聪. 公共理性与民主刍议 [J]. 学术界, 2019, (12).

[31] 郝宇青. 基层社会治理的政治学论纲 [J]. 社会科学, 2020, (6).

[32] 何志武. 电视问政的协商理念及其实现保障 [J]. 中州学刊, 2017, (7).

[33] 侯红霞. 美国公共电视的资金机制及其问题 [J]. 现代传播（中国传媒大学学报）, 2013, (9).

[34] 侯月, 王升辰. 谈话类节目主持人的个性魅力与创新表达 [J]. 当代电视, 2018, (10).

[35] 胡百精. 公共协商与偏好转换: 作为国家和社会治理实验的公共传播 [J]. 新闻与传播研究, 2020, (4).

[36] 胡百精, 杨奕. 公共传播研究的基本问题与传播学范式创新 [J]. 国际新闻界, 2016, (3).

[37] 胡百精, 杨奕. 社会转型中的公共传播、媒体角色与多元共识——美国进步主义运动的经验与启示 [J]. 中国行政管理, 2019, (2).

[38] 胡桂林. 《电视问政》栏目的理念与实践 [J]. 电视研究, 2014, (5).

[39] 黄楚新, 彭韵佳. 公共传播视域下的注意义务 [J]. 新闻与写作,

2017,（7）.

[40] 黄斐．欧洲公共广播电视的制度悖论及其启示［J］．新闻界，2013，（10）.

[41] 黄河，王芳菲．新媒体如何影响社会管理——兼论新媒体在社会管理中的角色与功能［J］．国际新闻界，2013，（1）.

[42] 黄学建．公共电视的三种实践模式［J］．现代传播（中国传媒大学学报），2013，（10）.

[43] 黄学建．公共电视的四大难题——从台湾公视的经验和困扰说起［J］．现代传播（中国传媒大学学报），2008，（1）.

[44] 黄玉．瑞士：多元文化挑战公共电视［J］．电视研究，2000，（11）.

[45] 季元杰．商议性民主决策的运行与中国实践个案［J］．理论探讨，2006，（1）.

[46] 江小平．公共传播学［J］．国外社会科学，1994，（7）.

[47] 姜红，开薪悦．"可见性"赋权——舆论是如何"可见"的？［J］．苏州大学学报（哲学社会科学版），2017，（3）.

[48] 姜卫玲．浅析电视谈话节目的文化意义［J］．新闻界，2008，（3）.

[49] 姜笑君，孙守安．论电视媒体与新媒体舆论监督机制的共建——以武汉广播电视台《电视问政》栏目为例［J］．当代电视，2016，（9）.

[50] 姜智彬，徐屹丰．网络化治理：电视媒体服务供给新模式［J］．新闻爱好者，2019，（6）.

[51] 金月成，邵杨．社会治理模式与电视媒介职能的双重创新——以《我们圆桌会》为例［J］．中国广播电视学刊，2014，（1）.

[52] 匡素萍．我国电视谈话类节目分类研究［J］．新媒体研究，2016，（8）.

[53] 郎友兴．商议式民主与中国的地方经验：浙江省温岭市的"民主恳谈会"［J］．浙江社会科学，2005，（1）.

[54] 李彪．后真相时代网络舆论场的话语空间与治理范式新转向［J］．新闻记者，2018，（5）.

[55] 李兵，郭天一．话语共识与社会多元性整合——哈贝马斯审议民主理论探析［J］．思想战线，2019，（1）.

[56] 李怀峪，邹学骏．共有理念 协同理念 人本理念——福建省广播影视集团电视公共频道的运作之道 [J]．中国广播电视学刊，2004，(12)．

[57] 李继东．英国公共广播电视政策变迁的意识形态成因分析 [J]．新闻大学，2007，(3)．

[58] 李兢兢．电视谈话节目与传媒公共领域构建——解析凤凰卫视《一虎一席谈》对电视谈话节目的突破 [J]．新闻爱好者，2009，(24)．

[59] 李良荣，张华．参与社会治理：传媒公共性的实践逻辑 [J]．现代传播（中国传媒大学学报），2014，(4)．

[60] 李良荣，张健．公共频道呼唤电视媒介管理创新 [J]．电视研究，2003，(4)．

[61] 李鹏．浅析电视谈话节目的发展困境及对策 [J]．当代电视，2014，(3)．

[62] 李强，卢尧选．社会治理创新与"新清河实验" [J]．河北学刊，2020，(1)．

[63] 李书藏．欧洲公共广播电视的实质解读——以BBC为例 [J]．中国广播电视学刊，2008，(10)．

[64] 李子彪．思想教育应该从封闭式变为开放式 [J]．人民教育，1984，(7)．

[65] 梁国伟，候薇．虚拟现实：表征身体传播无限开放性的符号形式 [J]．现代传播（中国传媒大学学报），2008，(3)．

[66] 梁丽萍．论公共政策与公众认同的互动与融合 [J]．中国行政管理，2006，(7)．

[67] 梁宁．英、日、法三国公共电视财税体制及相关问题研究 [J]．中国广播电视学刊，2004，(3)．

[68] 廖爱秀．论对话理念下师生沟通的策略 [J]．当代教育论坛（管理研究），2011，(2)．

[69] 林升栋，刘霞，吕娇燕．传播的艺术：中美比喻说服的逻辑间距 [J]．现代传播（中国传媒大学学报），2017，(8)．

[70] 刘禀诚，刘海明．电视访谈节目的文化内涵及其传播 [J]．新闻爱好者，2016，(12)．

[71] 刘畅. 媒体在社会治理中的主体性探析 [J]. 编辑之友, 2019, (2).

[72] 刘红春. 电视谈话节目的困境与发展对策——以《艺术人生》为例 [J]. 新闻爱好者, 2012, (8).

[73] 刘宏, 李媛. 从重庆卫视改版看中国公共电视模式 [J]. 新闻与写作, 2011, (6).

[74] 刘建明. 传播的仪式观：仪式是传播的本体而非类比 [J]. 湖北大学学报（哲学社会科学版）, 2018, (2).

[75] 刘剑文, 王桦宇. 公共财产权的概念及其法治逻辑 [J]. 中国社会科学, 2014, (8).

[76] 刘全亮. 电视谈话节目的困境及创新策略分析 [J]. 中国电视, 2016, (9).

[77] 刘星. 契约司法：一种可能的基层审判制度塑造 [J]. 法学家, 2016, (3).

[78] 刘雨. 巴赫金对话理论与中国现代小说的对话性 [J]. 东北师大学报（哲学社会科学版）, 2001, (5).

[79] 刘祖云, 李烊. 元治理视角下"过渡型社区"治理的结构与策略 [J]. 社会科学, 2017, (1).

[80] 卢帕特·威格里夫, 肖俊洪. 从对话理论角度看因特网时代技术在思维教学中的作用 [J]. 中国远程教育, 2015, (3).

[81] 陆洲, 李少龙. 商议式司法视域中的农村解纷模式研究 [J]. 河北学刊, 2014, (6).

[82] 吕永峰, 何志武. 融媒体场域下电视内容精准化传播的实践逻辑及路径 [J]. 中州学刊, 2018, (10).

[83] 孟保安, 黄丹玮. 新媒体时代"电视问政"如何"问"出深度、锐度 [J]. 中国记者, 2017, (1).

[84] 倪燕, 赵曙光. 西方公共电视的节目评估：收视率悖论 [J]. 国际新闻界, 2004, (2).

[85] 潘飞. "公民建筑"理念的媒介性释解：基于公共传播的视角 [J]. 新闻界, 2013, (17).

[86] 潘可武, 王凤军. 人文视角中的电视谈话节目 [J]. 现代传播（中

国传媒大学学报），2012，（9）．

[87] 潘忠党．导言：媒介化时代的公共传播和传播的公共性［J］．新闻与传播研究，2017，（10）．

[88] 潘忠党．新闻改革与新闻体制的改造——我国新闻改革实践的传播社会学之探讨［J］．新闻与传播研究，1997，（3）．

[89] 祁晓冰．对话：人的存在特性——论巴赫金的对话主义［J］．广西社会科学，2008，（9）．

[90] 乔治·M.瓦拉德兹，何莉．协商民主［J］．马克思主义与现实，2004，（3）．

[91] 秦新春．论新传播环境下主流媒体社会功能的发挥——《向前一步》等的创新启示［J］．现代视听，2019，（3）．

[92] 邵晶．开创电视节目参与社会治理的有效路径——《向前一步》创作分析［J］．现代视听，2019，（3）．

[93] 石长顺，程洪涛．中国广播电视公共服务体系建构［J］．河南社会科学，2010，（5）．

[94] 石长顺，石永军．论新兴媒体时代的公共传播［J］．现代传播（中国传媒大学学报），2007，（4）．

[95] 石长顺，向培凤．公共电视与公共领域的建构［J］．现代传播（中国传媒大学学报），2006，（5）．

[96] 石长顺，周莉．公共电视的公共文化服务诉求［J］．中国广播电视学刊，2006，（12）．

[97] 石长顺，周莉．新兴媒体公共传播的核心价值［J］．华中科技大学学报（社会科学版），2008，（1）．

[98] 石力月．历史的视野与非本质化的"公共性"——论重庆卫视的改版［J］．新闻大学，2011，（4）．

[99] 石永军，龚晶莹．论公共传播消解"共识困境"的结构性作用［J］．现代传播（中国传媒大学学报），2020，（1）．

[100] 史安斌．新闻发布机制的理论化和专业化：一个公共传播视角［J］．对外大传播，2004，（10）．

[101] 宋辰婷．网络时代的感性意识形态传播和社会认同建构［J］．安徽

大学学报（哲学社会科学版），2015，（1）.

[102] 孙愈中，张珊珊. 城市台电视谈话类节目的议程设置 [J]. 当代电视，2009，（1）.

[103] 汤玉权，黄建荣. 后选举民主：村民权利实现与村民自治制度的完善——玉林市福绵区"村务商议团"的实践表达 [J]. 广西大学学报（哲学社会科学版），2017，（3）.

[104] 唐海江，孙佳乐. 试论我国广播电视公共服务财政支撑体系的建构 [J]. 现代传播（中国传媒大学学报），2011，（12）.

[105] 唐嘉仪. 媒体介入社会治理的作用探析——以"上广990"频率社区大讨论实践为例 [J]. 青年记者，2018，（3）.

[106] 唐世鼎，黎斌，郭振玺. 西欧公共电视机构的市场化改革 [J]. 电视研究，2001，（7）.

[107] 汪迎忠. 协商式电视问政与城市治理能力提升——以杭州文广集团《我们圆桌会》为例 [J]. 中国广播电视学刊，2018，（8）.

[108] 王嘉军. 列维纳斯的身体思想及其身体美学意义 [J]. 山东社会科学，2018，（4）.

[109] 王倩. 电视问政：话语权势的博弈与平衡 [J]. 青年记者，2018，（20）.

[110] 王润珏. 数字时代美国公共广播电视的现状、问题与趋势 [J]. 电视研究，2011，（11）.

[111] 王文杰. 我国广播电视公共服务均等化路径解析 [J]. 中国广播电视学刊，2011，（12）.

[112] 王锡锌，章永乐. 我国行政决策模式之转型——从管理主义模式到参与式治理模式 [J]. 法商研究，2010，（5）.

[113] 王晓升. 论国家治理行动的合法性基础——哈贝马斯商议民主理论的一点启示 [J]. 湖南社会科学，2015，（1）.

[114] 王晓升. 试析现代传媒对商议民主制度的挑战及其若干启示 [J]. 天津社会科学，2015，（6）.

[115] 王晓升. 宗教多元主义条件下的社会团结如何可能？——哈贝马斯的思考及其启示 [J]. 求是学刊，2019，（3）.

[116] 吴翠丽. 社会主义核心价值观嵌入日常生活的内在机理与实现路径 [J]. 南京社会科学, 2015, (2).

[117] 吴飞. 公共传播研究的社会价值与学术意义探析 [J]. 南京社会科学, 2012, (5).

[118] 吴飞. 公共传播与公共伦理规则 [J]. 新闻与传播评论, 2019, (6).

[119] 吴飞. 共情传播的理论基础与实践路径探索 [J]. 新闻与传播研究, 2019, (5).

[120] 吴麟, 胡俊. 商议式民调:实现传媒公共性的一种路径选择 [J]. 国际新闻界, 2012, (10).

[121] 吴雨蓉. 我国电视公共频道内容生产的再思考 [J]. 当代电视, 2014, (1).

[122] 夏涤平. 电视问政:莫让"问政"变"演政" [J]. 中国广播电视学刊, 2014, (6).

[123] 夏涤平. 电视问政:在公共性建构实践中延伸 [J]. 青年记者, 2019, (13).

[124] 肖瑛. 从"国家与社会"到"制度与生活":中国社会变迁研究的视角转换 [J]. 中国社会科学, 2014, (9).

[125] 谢金华. 从民生新闻到公共新闻——论电视新闻传播理念的嬗变与公共领域的构建 [J]. 湖南社会科学, 2011, (6).

[126] 谢进川. 新媒体语境中政治传播的实践形态与效力提升途径分析 [J]. 现代传播(中国传媒大学学报), 2019, (8).

[127] 谢晓旻. 互联网环境下传统公共电视媒体的转型——珠海广播电视台的经验 [J]. 当代电视, 2017, (1).

[128] 谢志平. 公共政策营销的体制性约束及其调适 [J]. 政治学研究, 2015, (3).

[129] 熊英. 本色·文化·平等——《锵锵三人行》成功因素分析 [J]. 新闻记者, 2008, (5).

[130] 徐帆. 身份与路径的双重否定:"公共频道"对公共电视在华发展的影响 [J]. 新闻大学, 2010, (3).

[131] 徐开彬. 争议性媒体事件中对话的可能或不可能:从对话理论探讨

汪辉与朱学勤事件[J]. 新闻大学, 2013, (5).

[132] 徐倩. 包容性治理：社会治理的新思路[J]. 江苏社会科学, 2015, (4).

[133] 许莲华. 车载公交视频作为公共电视运作的可能性探讨[J]. 编辑之友, 2009, (3).

[134] 薛强, 陈李君. 传媒与现代性——浅论约翰·B. 汤普森的传播思想[J]. 广西大学学报（哲学社会科学版）, 2011, (6).

[135] 闫斌. 哈贝马斯交往行动理论视域下的商议式司法[J]. 法学论坛, 2015, (2).

[136] 闫文捷, 潘忠党, 吴红雨. 媒介化治理——电视问政个案的比较分析[J]. 新闻与传播研究, 2020, (11).

[137] 闫文捷. 作为公共传播的民主商议及其意义——一项针对浙江基层商议实践的问卷调查[J]. 新闻与传播研究, 2017, (11).

[138] 阎慧. 危机和改组——欧洲广播电视业发展新趋势[J]. 新闻战线, 1992, (4).

[139] 杨国荣. 中国哲学中的理性观念[J]. 文史哲, 2014, (2).

[140] 杨明品, 李江玲. 发达国家公共广播电视的主要模式及其启示[J]. 中国广播电视学刊, 2011, (4).

[141] 杨明品. 中国广播电视公共服务发展模式选择[J]. 中国广播电视学刊, 2009, (4).

[142] 杨通进. 爱尔维修与霍尔巴赫论个人利益与社会利益[J]. 中国青年政治学院学报, 1998, (4).

[143] 姚大志. 善治与合法性[J]. 中国人民大学学报, 2015, (1).

[144] 尤华钰. 谈话节目主持人的角色定位[J]. 新闻爱好者, 2011, (23).

[145] 于泓. 电视谈话节目的分类[J]. 新闻爱好者, 1999, (S3).

[146] 俞春江. "电视问政"的社会协商功能及其实现路径——以杭州电视台《我们圆桌会》为例[J]. 中共杭州市委党校学报, 2017, (1).

[147] 俞虹, 王帆. 欧洲公共广播电视发展趋势与变革启示——从瑞士"取消收听收视费"公投说起[J]. 现代传播（中国传媒大学学

报),2018,(6).

[148] 俞可平.中国的治理改革(1978-2018)[J].武汉大学学报(哲学社会科学版),2018,(3).

[149] 俞可平.中国治理评估框架[J].经济社会体制比较,2008,(6).

[150] 原宝国,田进.现象级电视问政类节目《问政山东》养成记[J].中国记者,2019,(9).

[151] 曾超高,洪跃等.动态全息三维显示研究最新进展[J].物理学报,2015,(12).

[152] 曾少明,王丰.全新的电视文化体验——记海南广播电视台公共频道[J].当代电视,2003,(4).

[153] 张成福,李丹婷.公共利益与公共治理[J].中国人民大学学报,2012,(2).

[154] 张诚,刘祖云.公共领域视域下社会治理现代化的实现[J].宁夏社会科学,2018,(5).

[155] 张国涛.广播电视公共服务的基本内涵[J].现代传播(中国传媒大学学报),2008,(1).

[156] 张海东.风险应对视角中的社会治理精细化[J].社会发展研究,2020,(2).

[157] 张暑.论电视节目主持人的有效沟通能力——以电视谈话类节目为例[J].新闻界,2011,(7).

[158] 张华.网络社群的崛起及其社会治理意义[J].编辑之友,2017,(5).

[159] 张建红,张青青.公共频道的公共利益表达[J].现代传播(中国传媒大学学报),2005,(5).

[160] 张康之.论从竞争政治向合作政治的转变[J].浙江社会科学,2019,(3).

[161] 张康之.论风险社会中人的生命价值的优先性[J].中州学刊,2020,(5).

[162] 张立荣,宋祎玮,张金庆.电视问政与城市治理创新——以武汉市电视问政为例[J].浙江社会科学,2016,(7).

[163] 张利涛. 社会治理的公民"在场": 电视问政 [J]. 西安石油大学学报（社会科学版），2018，（5）.

[164] 张胜玉，郑佳. 公民资格与公共治理——基于公共领域的展望 [J]. 河南师范大学学报（哲学社会科学版），2010，（1）.

[165] 张淑华. 从学术到学科：2015年中国公共传播研究综述 [J]. 新闻大学，2016，（6）.

[166] 张斯琦. 大传媒时代的"新闻生活"：大众传播到公共传播的范式转型 [J]. 现代传播（中国传媒大学学报），2017，（9）.

[167] 张涛甫. 传播格局转型与新宣传 [J]. 现代传播（中国传媒大学学报），2017，（7）.

[168] 张涛甫. 新媒体语境下大众政治勃兴与协商民主建设 [J]. 南京社会科学，2014，（7）.

[169] 张晓雪. 政府公共传播中的内外认知差异化研究——以山东省文化厅近三年媒介传播绩效考核为例 [J]. 电子政务，2019，（11）.

[170] 张瑜烨，望丽红. 电视问政节目的传播机制解析——以武汉市电视台《电视问政》节目为例 [J]. 中国广播电视学刊，2013，（3）.

[171] 张政法. 关于中国广播电视公共服务的战略思考 [J]. 中国广播电视学刊，2008，（6）.

[172] 张志安. 从新闻传播到公共传播——关于新闻传播教育范式转型的思考 [J]. 暨南学报（哲学社会科学版），2016，（3）.

[173] 章平. 大众传媒上的公共商议——对医疗体制改革转型期报道的个案考察 [J]. 新闻大学，2010，（4）.

[174] 赵建国. 论共识传播 [J]. 现代传播（中国传媒大学学报），2019，（5）.

[175] 赵建国. 身体在场与不在场的传播意义 [J]. 现代传播（中国传媒大学学报），2015，（8）.

[176] 赵振宇. 认识和参与电视问政 [J]. 新闻战线，2013，（9）.

[177] 周光辉，刘向东. 全球化时代发展中国家的国家认同危机及治理 [J]. 中国社会科学，2013，（9）.

[178] 周红云. 全民共建共享的社会治理格局：理论基础与概念框架 [J].

经济社会体制比较, 2016, (2).

[179] 周平. 族际政治: 中国该如何选择? [J]. 政治学研究, 2018, (2).

[180] 周庆智. 改革与转型: 中国基层治理四十年 [J]. 政治学研究, 2019, (1).

[181] 周图伽, 沈丹. 微信问政: 自媒体时代的社会治理探索 [J]. 新闻界, 2014, (15).

[182] 朱江丽. 新媒体推动公民参与社会治理: 现状、问题与对策 [J]. 中国行政管理, 2017, (6).

[183] 朱玲琳, 欧阳康. 一元与多元之间的共识问题——引入"共识度"概念的考察 [J]. 学习与实践, 2013, (11).

[184] 朱天, 马超. 我国广电公共服务研究的文献追溯与价值辨析 (1980-2018) [J]. 新闻大学, 2019, (5).

附录1 受访对象基本情况一览表

单位：岁

序号	人员/代号	性别	年龄	学历	职业属性	职业	所在地	访谈时间
1	LZB	女	37	硕士研究生	事业单位	栏目主编	北京	2020年6月8日
2	YC	男	43	博士研究生	事业单位	教师	北京	2020年6月4日
3	YSJ	男	48	本科	政府部门	社区党委书记	北京	2020年6月10日
4	JDZ	男	54	硕士研究生	政府部门	H市常委	山西	2020年5月4日
5	LW	女	30	本科	私企	业务经理	北京	2020年5月15日
6	CHG	男	36	硕士研究生	国企	工程师	北京	2020年4月23日
7	HGL	女	35	硕士研究生	事业单位	教师	河南	2019年10月12日
8	LXL	男	35	硕士研究生	国企	银行经理	江苏	2019年9月12日
9	STT	女	31	硕士研究生	政府部门	检察官	山东	2019年10月18日
10	LCL	女	48	本科	政府部门	人事科长	山西	2019年9月28日
11	WLL	女	27	本科	私企	职员	黑龙江	2020年4月13日
12	LDX	男	36	高中	私企	工人	山西	2019年10月8日
13	LFL	男	63	本科	政府部门	退休所长	山西	2019年10月5日
14	DHS	男	78	高中	国企	退休工人	黑龙江	2020年4月15日
15	YGX	女	50	大专	私企	物业经理	河南	2020年4月15日
16	WKYM	女	28	硕士研究生	国企	党建干部	北京	2020年5月20日
17	CH	男	26	硕士研究生	学生	在校大学生	江苏	2020年5月12日
18	ZYQ	男	32	本科	自雇	个体经营者	河南	2020年5月14日

附录2 访谈提纲

访谈对象	访谈主要内容
节目导演、主编	1. 电视商议节目制作的一般流程有哪些? 2. 每期节目的议题是通过什么方式或途径确定的? 3. 每期节目录制前,栏目组如何确定邀请哪些政府职能部门参与对话?这些部门的官员通常需要采取什么途径和方式来邀请?他们是不是愿意来参加节目? 4. 新闻当事人(市民代表)、专家学者和观众是怎么动员和组织起来的? 5. 如何组织现场对话?程序和规则怎样落地?有没有遇到过突发情况?需要如何处理? 6. 录制完成后,在后期制作时一般会注意哪些问题? 7. 您认为电视商议的价值有哪些? 8. 您对电视商议的发展有什么展望?
参与节目的政府官员	1. 您为什么愿意参加节目呢? 2. 您认为自己在节目中发挥了哪些作用? 3. 通过参与节目,您对其他利益群体(如物业服务人员、流动摊贩、外卖人员等)公共形象的认知有没有产生新的变化? 4. 您认为电视商议的价值有哪些? 5. 与视频会议或者发生在小区会议室的对话相比,您认为电视商议本身有何优势和劣势? 6. 您对电视商议的发展有什么展望和建议?
参与节目的新闻当事人(市民代表)	1. 为什么愿意参加节目呢? 2. 想通过参与节目获取什么呢? 3. 通过参与节目,您对政府官员和他们的工作有没有形成新的认识? 4. 通过参与节目,您对其他利益群体(如物业服务人员、流动摊贩、外卖人员等)公共形象的认知有没有产生新的变化? 5. 在节目中表达意见和诉求,您会不会有一种存在感、满足感和成就感?什么情况下这种感觉最为强烈? 6. 通过参与节目,您的知识和能力有没有得到提升?如果有,那么这些知识和能力分别都是哪方面的? 7. 通过参与节目,您如何看待公共事务和公共问题?您觉得自己与他人是一种竞争关系还是合作关系?在公共事务中,您获取个人利益的"捷径"是什么?

续表

访谈对象	访谈主要内容
参与节目的新闻当事人（市民代表）	8. 通过参与节目，您对自己所在的城市（小区）是不是有了新的认识？您对自己在城市（小区）中的身份和角色是如何理解的？您觉得自己是城市（小区）里的一个完全独立的个体，还是城市（小区）建设的一分子？通过参与节目，您对城市（小区）的归属感和责任感有没有增强呢？ 9. 通过参与节目，您有没有认为政府、市场、公众是共生共在的关系？您是不是愿意跟他们组成一个团队，跟他们协同合作来共同解决公共问题？ 10. 您认为电视商议的价值有哪些？ 11. 与视频会议或者发生在小区会议室的对话相比，您认为电视商议本身有何优势和劣势？ 12. 您对电视商议的发展有什么展望和建议？
参与节目的专家	1. 为什么愿意参加节目呢？ 2. 您认为自己在节目中的作用有哪些？ 3. 在节目中表达意见和诉求，您会不会有一种存在感、满足感和成就感？什么情况下这种感觉最为强烈？ 4. 通过参与节目，您对政府官员和他们的工作有没有形成新的认识？ 5. 通过参与节目，您的专业知识是否得到了扩充，是否推动了自己的专业发展？ 6. 您认为电视商议的价值有哪些？ 7. 与视频会议或者发生在某小区会议室的对话相比，您认为电视商议本身有何优势和劣势？ 8. 您对电视商议的发展有什么展望和建议？
关注并收看节目的观众	1. 您愿意参加节目吗？ 2. 为什么愿意（或不愿意）参加呢？ 3. 通过收看节目，您对政府官员和他们的工作有没有形成新的认识？ 4. 通过收看节目，您对其他利益群体（如物业服务人员、流动摊贩、外卖人员等）有没有产生新的认识？ 5. 您觉得参与节目讨论，在节目中表达意见和诉求，会不会产生一种存在感、满足感和成就感？ 6. 通过收看节目，您如何看待公共事务和公共问题？您觉得自己与他人是一种竞争关系还是合作关系？在公共事务中，您获取个人利益的"捷径"是什么？ 7. 通过收看节目，您如何看待自己所在的城市（小区）？您对自己在城市（小区）中的身份和角色是如何理解的？您觉得自己是城市（小区）里的一个完全独立的个体，还是城市（小区）建设的一分子？通过收看节目，您对城市（小区）的归属感和责任感有没有增强呢？ 8. 通过收看节目，您有没有认为政府、市场、公众是共生共在的关系？您是不是愿意跟他们组成一个团队，跟他们协同合作，共同解决公共问题？ 9. 通过收看节目，您觉得自己哪方面的知识和能力得到了提升？ 10. 您认为电视商议的价值有哪些？ 11. 与视频会议或者发生在小区会议室的对话相比，您认为电视商议本身有何优势和劣势？ 12. 您对电视商议的发展有什么展望和建议？

附录 3 北京卫视《向前一步》主题统计

(2023 年 3 月至 2024 年 3 月)

日期	主题	参与嘉宾（组织）	公共问题	最终结果
2024 年 3 月 10 日	关于小区停车方案的问题	主持人、媒体评论员、物业专家、停车专家、律师、心理专家、街道办、社区党委书记、物管会、政府部门、停车公司、居民	1. 小区停车归谁管？ 2. 小区停车分档次谁制定？ 3. 停车公司谁投票选来的？ 4. 对物管会成立存疑 5. 对停车方案质疑 6. 对停车费用高质疑	达成共识
2024 年 3 月 5 日	鼓不鼓励年轻人创业	主持人、海淀区政府公职人员、中关村创业工作人员、公司老总、毕业的大学生	1. 你会选择创业吗？ 2. 创业初期没有办公室怎么办？ 3. 企业发展、办公空间不匹配怎么办？ 4. 创业 钱从何处来？ 5. 如何留住人才？	达成共识
2024 年 3 月 3 日	关于村民拆迁的问题	主持人、村民代表、开发企业、宋庄镇政府、通州区多个职能部门	1. 安置小区为何停工？ 2. 新旧两种方案有何区别？ 3. 家中人员变化如何补偿？	达成共识
2024 年 2 月 28 日	关于雪场影响居民日常生活的问题	主持人、律师、村民代表、村委会领导、雪场代表	1. 光照问题 2. 噪声扰民 3. 交通拥堵	达成共识
2024 年 2 月 18 日	关于小区违规地锁拆除却遭到居民反对的问题	主持人、律师、社区党委书记、街道办工作人员、消防代表、居民代表、物管会成员、物业公司代表、政府人员	1. 取消小区部分车位 2. 停车费涨价问题 3. 物业费缴纳	达成共识

附录 3　北京卫视《向前一步》主题统计

续表

日期	主题	参与嘉宾（组织）	公共问题	最终结果
2024年2月4日	关于"先交钱后消费"的预付费问题	主持人、媒体评论员、消费者、商家代表、监管机构	1. 预付费都有哪些风险？ 2. 预付费陷阱为何躲不开？ 3. 预付费治理有何良方？	达成共识
2024年1月28日	关于居民供暖的问题	主持人、物业专家、供暖企业、居民代表、属地政府	暖气烧得不热，供暖质量下降的问题	达成共识
2024年1月21日	一"门"心事：关于小区就一个门造成的问题	主持人、律师、居民代表、开发商、政府人员、物业人员	1. 小区只有一个门，为何不多开门的问题 2. 新门选址的问题	达成共识
2024年1月17日	关于历史文化名镇是发展传统民俗旅游还是研学旅游的问题	主持人、研学课程开发代表、中国旅行协会副秘书长、村民代表、镇政府代表	1. 研学旅游为何开展？ 2. 创收难题如何解决？ 3. 面对研学前景带来的多重担忧怎样安心？	达成共识
2024年1月14日	关于医美的问题	主持人、卫健委代表、市场监管人员、检察院代表、医美行业专家、众多求美人士	1. 求美者在做医美整形手术前，需要注意哪些问题？ 2. 如何正确选择医美机构？ 3. 医美手术后若产生纠纷，又该如何维权？	达成共识
2024年1月7日	关于抢车位的问题	主持人、律师、停车公司代表、政府人员、业务号、业主	1. 小区的停车困境 2. 管理难题 3. 关于停车收费的疑虑 4. 老旧小区的基层治理问题	达成共识
2023年12月25日	关于中国影都转型发展的问题	主持人、媒体评论员、政府部门、企业、剧组、师生代表	1. 发展遇瓶颈的问题 2. 入驻有担忧的问题 3. 如何落实营商环境优化？	达成共识
2023年12月24日	关于违规三、四轮车的问题	主持人、政府七部门、街道办工作人员、快递员、居民	出行困境如何解决	达成共识
2023年12月17日	北京强降雪48小时纪实	政府部门、企事业单位代表、记者	无	无
2023年12月13日	潘家园夜市商户共荣	主持人、媒体评论员、居民、商户、市场方、市场顾问代表、街道办	1. 市场外交通拥挤问题 2. 市场如何规范？	达成共识
2023年12月10日	百万取暖费消失	主持人、物业公司代表、政府部门、业主	1. 物业收取采暖费，是否合规？ 2. 采暖费一进一出，为何会有140万元差价？ 3. 业主希望计量收费，是否可行？	达成共识

续表

日期	主题	参与嘉宾（组织）	公共问题	最终结果
2023年12月3日	业委会成立遭遇困难	主持人、律师、物业、媒体评论员、社区党委书记、业主	1. 业主有没有资格成立业委会？ 2. 成立业委会别有用心，想炒房？	达成共识
2023年11月26日	棚改问题	主持人、律师、棚改负责人、媒体评论员、政府部门、国培源、村委会主任、村民	两方因遗产继承问题，耽误了棚改	达成共识
2023年11月19日	自建房拆除问题	主持人、律师、心理专家、物业专家、政府部门、媒体评论员、居民	1. 多年自建房为何一朝成违建？ 2. 合法买房为何存在违法建设？ 3. 街道能不能找到方法消除居民们的后顾之忧？	达成共识
2023年11月12日	业主和业委会之间的问题	主持人、律师、物业专家、媒体评论员、街道办主任、业委会、居民	1. 小区问题多，整体混乱 2. 业委会成立是否合法？ 3. 对业务会工作有争议	达成共识
2023年11月5日	两小区间的铁门是否拆除	主持人、物业专家、媒体评论员、心理专家、律师、政府部门、街道办、居民	铁门是否属于违建？	未达成共识
2023年10月29日	老字号"鲜鱼口"企业传承文化与做好经营间的问题	主持人、政府部门、北京政协委员、美食街负责人、经济专家、商户、居民	1. 老字号美食街是否坚持特色？ 2. 美食牌是要顺着市场打还是顺着定位打？	达成共识
2023年10月22日	直播套路带来的问题	主持人、北京电商协会副会长、主播、媒体评论员、互联网专家、律师、政府部门、心理专家、消费者、商家、电商运营者	1. 新消费都有哪些套路让人防不胜防？ 2. 谁是"避雷"第一责任人？ 3. 如何才能保护消费者？	达成共识
2023年10月18日	关于平房拆除的问题	主持人、媒体评论员、心理专家、政府部门、房东、商户、居民、街道办、宝义饭店老板	房子建造是否违法？	达成共识
2023年10月11日	突然降临的物业	主持人、媒体评论员、物业公司、心理专家、物业专家、物业公司、居民、社区干部、物管会	1. 需不需要物业服务？ 2. 物业费用还能是60元吗？ 3. 物业进驻是否合法？ 4. 物管会是否合法？	达成共识

续表

日期	主题	参与嘉宾（组织）	公共问题	最终结果
2023年10月8日	产业升级和城市更新共促	主持人、经济评论家、律师、设计师、物业专家、企业代表、居民、政府部门、街道办等	如何进行城市更新的问题	达成共识
2023年10月3日	无人驾驶	主持人、媒体评论员、自动驾驶企业、心理专家、中关村管委会、居民、出租车司机	1. 无人驾驶是否安全？ 2. 智能网联车是否可以大规模推广？ 3. 智能网联车遇到突发情况如何处理？ 4. 智能网联车是否导致出租车司机失业？ 5. 智能网联车是否可以违规？ 6. 无人配送车是否方便？	达成共识
2023年9月24日	关于休闲广场变成收费停车场的问题	主持人、律师、物业专家、政府部门、开发企业代表、居委会、居民、媒体评论员	1. 小区红线范围在哪里？ 2. 为何修建开放停车场？ 3. 开放停车场谁来维护？	达成共识
2023年9月17日	关于居民住的地方在铁路附近的问题	主持人、街道办、律师、心理专家、媒体评论员、综合执法队工作人员、居民	1. 房子违建定性依据是什么？ 2. "房条"是否有法律依据，能不能作为房屋合法的手续证明？ 3. 性质各不同，处置方案有哪些？	达成共识
2023年9月16日	北京儿童医院周边交通问题	主持人、媒体评论员、街道办、物业专家、工程师、院方代表、心理专家、政府部门、儿童家属、居民、停车公司	1. 医院停车问题 2. 西门为何不让进？如何分流？	达成共识
2023年9月10日	关于小区路是否人车分流的问题	主持人、律师、媒体评论员、政府部门、老居民、新业主、开发商	1. 小区道路是否实行人车分流？ 2. 谁能决定6米路的功能？ 3. 地面砌墙还是连通地库？	达成共识
2023年9月3日	关于小区面积变小、品质降低的问题	主持人、媒体评论员、律师、心理专家、镇领导、政府部门、居民、房地产公司	1. 小区面积范围怎么规定？ 2. 被占用面积如何补助？	部分达成共识，部分未达成共识

续表

日期	主题	参与嘉宾（组织）	公共问题	最终结果
2023年8月27日	关于小区里开汽车维修店的问题	主持人、媒体评论员、律师、物业专家、维修店老板、业主、政府部门	1. 维修店用的车位去备案，是否合法？ 2. 现在店所在的位置能否开设汽车维修店？营业执照的发放是否合法依规？ 3. 小区道路未表决，为何能经营？	达成共识
2023年8月20日	关于村里能否种果树等经济树木的问题	主持人、心理专家、媒体评论员、村委会、律师、村民、镇领导与工作人员	1. 为何停掉浇地的水？ 2. 为何要移除果树？ 3. 收回土地该如何补偿？	达成共识
2023年8月6日	关于小区热水被停的问题	主持人、律师、媒体评论员、社区党委书记、物业专家、物业公司、供热公司、居民代表	1. 为何要停止供热？ 2. 没有热水怎么办，是否有过渡方案？	达成共识
2023年7月31日	智能医疗的问题	主持人、海淀医院院长、媒体评论员、律师、医保中心领导、政府部门、医疗机械企业、市民	1. 什么是智能医疗，安全吗？ 2. 智能医疗费用贵不贵？ 3. 出现问题谁负责？	达成共识
2023年7月30日	时好时坏的小区电梯问题	主持人、媒体评论员、律师、物业专家、电梯专家、社区干部、物业、政府部门、居民	1. 20年电梯，"老"还是"不老"？ 2. 年检合格，换还是不换？ 3. 换电梯费用不低，出还是不出？	达成共识
2023年7月23日	关于小区物业费与停车费的问题	主持人、律师、心理专家、物业专家、媒体评论员、物业、开发商、居民、街道办、停车管理专家	1. 小区的定位是什么？ 2. 定向安置房的物业费与停车费是否有优惠？ 3. 39每平方的物业费怎么制定的？ 4. 高额物业费是否质价相符？ 5. 停车费为何高？	达成共识
2023年7月16日	水库生态环境与村民个人利益间的问题	主持人、媒体评论员、律师、副镇长、村干部、物业专家、村民	1. 自留地、宅基地是否合法？ 2. 赔偿问题	部分达成共识，部分未达成共识
2023年7月2日	关于居民出行的问题，希望安装电梯	主持人、心理专家、律师、物业专家、媒体评论员、区政协委员、街道办、电梯公司、社区干部、居民	1. 资金已经到位，电梯加装为何依然搁置？ 2. 为何坡下居民拒绝安装电梯？ 3. 谁有权利安装电梯？	达成共识

续表

日期	主题	参与嘉宾（组织）	公共问题	最终结果
2023年6月25日	关于老楼改建的问题	主持人、政府部门、媒体评论员、心理专家、律师、海淀区建筑行业协会会长、物业专家、设计师、房地产公司、居民	1. 房价标准不清晰 2. 缴费部分成本高难以承受 3. 新房新增面积少 4. 户型设计不合理	达成共识
2023年6月21日	关于集团化教育办学的问题	主持人、律师、心理专家、媒体评论员、政府部门、海淀区教委领导、学生家长、校长	1. 集团化学校是挂牌学校吗？ 2. 集团化学校如何保证教学质量？ 3. 优秀教师轮岗后如何保证总校的教学质量？ 4. 小学对口初中是否确定？ 5. 集团化后教育资源能否上升到高中？	达成共识
2023年6月18日	关于老旧小区改造问题	主持人、经济专家、社区干部、街道办、物业专家、空间设计师、心理专家、律师、政府部门、居民、小区改造负责人	1. 平台违建认定问题 2. 屋顶漏雨谁负责问题 3. 拆除平台面积变小	达成共识
2023年6月11日	关于农村自建房的问题	主持人、心理专家、媒体评论员、律师、镇政府、副镇长、房东、租户	1. 签订了合同为何不能继续租住？ 2. 租金能否退？ 3. 退租后住宿问题 4. 安居和安全谁重要？	达成共识
2023年6月7日	关于小区内外停车场的问题	主持人、律师、业委会、底商经营者、物业专家、媒体评论员、街道办、政府部门、心理专家、房地产开发公司、物业公司、居民	1. 为何小区外面的停车场要收费，权力何来？ 2. 小区外停车场归属谁？ 3. 对业主大会召开存疑 4. 对业主大会选票议题设置存疑 5. 停车场收费是否违法？	达成共识
2023年6月4日	关于古城升级改造的问题	主持人、媒体评论员、自产自销代表、心理专家、商铺店主、律师、停车管理专家、副镇长、镇长、古城改造负责人、古城商会代表、居民、镇政府部门、游客	1. 流动商户去哪？ 2. 有序管理和人间烟火如何兼容？ 3. 如何盘活人流？ 4. 店铺能否保留特色？	达成共识

续表

日期	主题	参与嘉宾（组织）	公共问题	最终结果
2023年4月30日	关于老字号的发展保护问题	主持人、北京文化青年学者、律师、经济专家、商会会长、媒体评论员、政府部门、检察院、老字号代表、游客、消费者	1. 对老字号侵权怎么惩罚？ 2. 为什么要保护老字号？ 3. 如何保护老字号？	达成共识
2023年4月19日	关于拆公园建路的问题	主持人、镇政府部门、媒体评论员、律师、物业专家、心理专家、居民	1. 同不同意拆公园修路？ 2. 能不能绕过公园修路？ 3. 拆公园费用高不高？ 4. 路修好了利用率多大？ 5. 修路为何要穿过小区？ 6. 对规划存在质疑	达成共识
2023年4月9日	关于电梯停运的问题	主持人、经济专家、媒体评论员、律师、物业代表、特种设备检测所副所长、物业专家、电梯专家、物管会、心理专家、街道办、业主	1. 电梯坏了为什么不修？ 2. 是修电梯还是换电梯？ 3. 是否更换物业？	达成共识
2023年4月2日	优化升级沙河"网红大集"，改造营商环境	主持人、媒体评论员、律师、政府部门、农贸市场管理者、村支书记、村民、商户、小区居民、顾客	1. 造成的交通拥挤问题如何解决？ 2. 质量问题如何避免？ 3. 如何避免缺斤短两？ 4. 市场环境问题如何解决？ 5. 如何对市场进行升级改造？	部分达成共识，部分未达成共识
2023年3月26日	针对涉案企业的"合规"改革工作	主持人、经济专家、北京物流商会会长、法学专家、律师、媒体评论员、企业、政府部门、检察院代表、第三方	1. 合规对其他企业合法吗？ 2. 如何定义侵权？ 3. 涉案企业都有机会吗？ 4. 如何确保企业整改真实有效？ 5. 是否意味着涉案企业和责任人免于处罚？	达成共识
2023年3月19日	优化北京营商环境和企业发展	主持人、经济专家、律师、媒体评论员、财经评论员、物业专家、中关村街道办领导、政府部门、企业代表	1. 税收如何优惠，如何智慧办理？ 2. 融资贷款问题 3. 办事流程如何省时省力？ 4. 政府如何帮助企业留住人才？	达成共识

续表

日期	主题	参与嘉宾（组织）	公共问题	最终结果
2023年3月12日	关于修村路的问题	主持人、媒体评论员、律师、心理专家、物业专家、镇政府、村委会、村民	1. 路迟迟没有修的原因是什么 2. 村民主张路是自家的，是否有依据	达成共识
2023年3月5日	关于两小区间通行小门关闭，小区内部通行权问题	主持人、媒体评论员、物业专家、社区干部、律师、心理专家、政府部门、物业、居民	1. 铁门归属问题 2. 土地规划问题 3. 铁门、围墙是否占据消防通道 4. 铁门开启对其他小区造成的影响	达成共识

附录4 杭州电视台《我们圆桌会》主题统计

(2023年3月至2024年3月)

日期	主题	参与嘉宾	公共问题
2024年3月31日	如何治理西湖景区的交通拥堵问题（二）	主持人、网约车司机、旅行社导游、西湖双峰村村委会委员、西湖城市管理局科员、西湖餐饮公司董事长、西湖公司董事长、资深媒体人、浙江工商大学副教授、杭州规划委员会委员、浙江工业大学教授、杭州道路秩序科科长、杭州公交运营总负责人、杭州市治堵办技术组组长、浙江大学某学院院长、杭州市文化市场行政执法队副队长、旅游博主、西湖街道净寺社区党委书记、旅行社总经理、西湖景区酒店董事长、市民	1. 西湖的定位是什么？ 2. 西湖景区交通换乘枢纽建设是否具备可行性？
2024年3月30日	如何治理西湖景区的交通拥堵问题（一）	主持人、网约车司机、旅行社导游、西湖双峰村村委会委员、西湖城市管理局科员、西湖餐饮公司董事长、西湖公司董事长、资深媒体人、浙江工商大学副教授、杭州规划委员会委员、浙江工业大学教授、杭州道路秩序科科长、杭州公交运营总负责人、杭州市治堵办技术组组长、浙江大学某学院院长、杭州市文化市场行政执法队副队长、旅游博主、西湖街道净寺社区党委书记、旅行社总经理、西湖景区酒店董事长	1. 是否支持西湖新"双限"管控措施？ 2. 新"双限"措施的实施效果如何？ 3. 是否支持在西湖景区的工作日实施限行措施？
2024年3月24日	政协视点：杭州如何在打造"三支队伍"上打头阵、当头雁	主持人、杭州市政协委员、上城区政协委员、浙江省政协智库专家、特约评论员	1. 全面加强"三支队伍"建设应该注重哪些方面？ 2. 杭州应如何引进和使用人才？ 3. 如何更好地营造人才成长环境？

附录4　杭州电视台《我们圆桌会》主题统计

续表

日期	主题	参与嘉宾	公共问题
2024年3月23日	如何让西湖龙井茶保护走得更远	主持人、茶农、茶业公司董事长、某公司总经理、杭州市农业农村局种植业和种业处副处长、资深媒体人、杭州市市场监管局副处长、西湖区转塘街道办科员、西湖街道农技站工作人员、杭州市茶业学会理事长、浙江大学研究员	1. 如何更好地保护西湖龙井茶？ 2. 如今西湖龙井茶保护成效怎样？ 3. 对西湖龙井茶保护的重点在哪些方面？ 4. 如何让消费者识别西湖龙井茶？
2024年3月17日	如何优化西湖景区新"双限"措施	主持人、杭州道路秩序科科长、西湖景区管委会城市管理局局长、交警支队西湖景区中队长、浙江工业大学教授、出租车司机、公交集团客运部副经理、杭州市治堵办技术组组长、热心市民、杭州市人大代表、浙江大学某学院院长	1. 新"双限"实施的效果如何？ 2. 还有哪些优化提升空间？ 3. 怎样完善西湖景区的交通管理和服务措施？
2024年3月16日	如何保障新就业形态劳动者的劳动权益	主持人、杭州市人力资源和社会保障局劳动关系处一级主任科员、杭州市劳动保障维权中心副主任、律师、杭州市总工会劳动关系部副部长、浙江工业大学教授、网约车公司党群负责人、外卖员、网约车司机、青团社市场部负责人、中国社会保障学会副会长、杭州市总工会保障工作部一级主任科员	1. 新就业形态是什么？ 2. 杭州的新就业形态劳动者的劳动保障权益情况如何？ 3. 怎样加大对这一群体的劳动权益保障力度？
2024年3月10日	如何升级转型老年食堂	主持人、杭州市市场监管局餐饮处一级主任科员、热心市民、杭州市民政局养老服务和老龄工作处副处长、民评代表、杭州市政协委员、浙江工商大学副教授、杭州某餐饮公司董事长、杭州某养老服务公司董事长、浙江大学教授、西湖区东山弄夕阳红膳厅负责人、媒体评论员、杭州餐饮旅店行业协会常务理事	1. 对老年食堂转型的态度是什么？ 2. 如何助推指导意见更好地落地？ 3. 老年食堂向社区食堂转型如何行稳致远？
2024年3月9日	宁静小区的建设管理问题	主持人、杭州市生态环境局大气环境处二级主任科员、热心市民、拱墅区东新街道综合执法队副队长、律师、拱墅区东新街道党工委委员办事处副主任、拱墅区东新街道万家星城社区党委书记、万家星城小区居民、万家星城小区居民、资深媒体人、特约评论员、浙江大学研究员、律师	1. 什么是宁静小区？其标准是什么？ 2. 试点小区的设备费用谁出？ 3. 如何做好宁静小区的治理？ 4. 如何保障社区居民的权益？

· 255 ·

续表

日期	主题	参与嘉宾	公共问题
2024年3月3日	人大视窗：如何以法为帆 护航乡村共富路	主持人、余杭区径山镇小古城村党委书记、建德市钦堂乡党委委员人武部长、浙江省乡村旅游研究院研究员、富阳区交通建设服务保障中心主任、杭州市公路与港航管理服务中心农村公路处处长、杭州市人大常委会法工委立法工作处副处长、杭州市人大代表、萧山区宁围街道宁新村党委副书记村委会副主任、浙江大学某学院副院长	1. 农村公路的发展带来哪些新变化？ 2.《杭州市农村公路条例》具体有哪些亮点内容？ 3. 公路管养的难处有哪些？ 4. 如何助推《杭州市农村公路条例》更好落地？
2024年2月25日	杭州的经济发展体量为什么是两万亿	主持人、专家、媒体评论员、职能部门官员代表、政协委员、企业代表、热心市民	1. 杭州的经济结构是怎样的？ 2. 杭州发展的成功因素有哪些？ 3. 杭州面临哪些未来挑战？有何对策？ 4. 杭州各行业存在哪些问题？
2024年2月24日	杭州的城市管理如何更加精细化	主持人、媒体评论员、职能部门官员代表、街道办事处代表、企业代表、热心市民	1. 杭州的春节旅游数据是怎样的？ 2. 人流管理与安全方面存在哪些问题？ 3. 交通管理与优化上有哪些亟待解决的问题？ 4. 服务理念与具体执行中存在哪些不足？ 5. 科技应用与信息共享方面存在哪些挑战？
2024年2月10日	杭州如何更好地发展	主持人、专家、浙江大学教授、媒体评论员	1. 这个活动的起源与发展是怎样的？ 2. 该活动的核心价值是什么？ 3. 这次活动有哪些亮点，以及它们产生了怎样的影响？ 4. 数字经济在城市治理中扮演了怎样的角色？
2024年2月4日	关于杭州的民生实事	主持人、杭州市人大代表、媒体评论员、热心市民、民情观察员	1. 杭州的老年助餐服务与健康保障体系现状如何？ 2. 当前杭州面临的住房紧张与就业难题具体有哪些？ 3. 杭州在环境保护与基础设施完善方面存在哪些挑战？

续表

日期	主题	参与嘉宾	公共问题
			4. 杭州的教育资源分配与文化传承发展面临哪些问题？ 5. 杭州的交通网络构建与公共服务水平如何，有哪些待改进之处？ 6. 如何评价杭州在保障居民健康与安全方面的措施与成效？ 7. 杭州在推动城乡共同富裕与数字乡村建设上有哪些探索与难题？
2024年2月3日	政协视点：关于杭州如何更好发展	主持人、杭州市政协委员、专家、媒体评论员	1. 中国人民政治协商会议第十二届杭州市委员会第三次会议主要讨论了哪些议题？ 2. 杭州在经济发展与城市建设方面面临哪些关键问题？ 3. 杭州在改善民生和提升公共服务方面有哪些待解难题？ 4. 杭州的文化保护与旅游开发之间存在哪些平衡性问题？ 5. 杭州城市发展中哪些高频词汇反映其发展趋势和重点？
2024年1月28日	杭州的水上旅游如何出圈	主持人、专家、媒体评论员、职能部门官员代表、企业代表、热心市民代表	1. 杭州市区的水上旅游项目发展现状如何？ 2. 杭州水上旅游产品与服务创新的方向是什么？ 3. 杭州水上旅游的政策与规划最近有哪些调整？对未来发展有何影响？ 4. 杭州如何满足市场需求并提升用户的旅游体验？
2024年1月27日	社区菜市场的品质提升与改造	主持人、专家、媒体人、职能部门官员代表、企业代表、设计师、商户代表、热心市民	1. 目前杭州市的社区菜市场更新与改造工作进展如何？ 2. 菜市场如何提升社区居民的生活品质？ 3. 商户与居民对于杭州的菜市场更新有什么反馈意见？ 4. 在菜市场更新过程中，面临着哪些挑战？又蕴含着哪些机遇？ 5. 如何进一步推进杭州市的菜市场改造和品质提升工作？

续表

日期	主题	参与嘉宾	公共问题
2024年1月21日	政协视点：关于杭州的城市发展	主持人、杭州市政协委员、专家学者、媒体评论员	1. 这次政协会议的背景与目标究竟是什么？ 2. 杭州在经济发展与民生改善方面有哪些举措和成效？ 3. 从产业视角看，杭州的科技创新有哪些亮点？ 4. 杭州在深化改革与优化营商环境上有哪些作为？ 5. 杭州如何实现城乡融合与区域协调发展？
2024年1月20日	关于小区绿化树的管理问题	主持人、专家、律师、媒体评论员、街道社区负责人、物业企业代表、热心市民、小区居民	1. 小区绿化如何影响居民生活？ 2. 当前情况与挑战是什么？ 3. 小区绿化影响居民楼采光问题的解决策略有哪些？ 4. 小区居民生活质量怎样能够持续提升？
2024年1月14日	人大视窗：杭州如何做深做实"后亚运"文章	主持人、人大常委会代表、社会工委代表、专家、学者、杭州市人大代表、职能部门官员代表、企业代表、热心市民	1. 如何持续放大亚运效应？ 2. 场馆综合利用方面存在哪些问题？ 3. 市民参与和反馈的情况是怎样的？ 4. 会展方向将如何变化？ 5. 城市能级提升的具体策略有哪些？
2024年1月13日	怎样过一个有杭州味的年	主持人、专家、媒体评论员、职能部门官员代表、热心市民	1. 如何将杭州年特色与IP建立联系？ 2. 城市烟火气与平民生活相结合的方法有哪些？ 3. 政府扮演的角色是什么？ 4. 怎样有效提升市民的共创参与度？
2024年1月7日	2023年"我们圆桌会"主题回顾（二）	主持人、专家、媒体评论员、青年观察员、热心市民	1. 节目回顾与展望 2. 2023年节目关键词与主题是什么？ 3. 关注青年群体话题问题 4. 关注民生话题深化问题 5. 未来挑战与期待

续表

日期	主题	参与嘉宾	公共问题
2024年1月6日	2023年"我们圆桌会"主题回顾（一）	主持人、专家、媒体评论员、青年观察员、热心市民、媒体人	1. 亚运的成就与影响有哪些？ 2. 杭州经济发展的新方向是什么？ 3. 交通变革与管理创新的方式与手段有哪些？ 4. 亚运给杭州城市发展带来的启示是什么？
2023年12月31日	如何实现城市和年轻人的双向奔赴	主持人、青年代表、专家、媒体人、职能部门官员代表、团市委代表、企业代表	1. 杭州在哪些方面对年轻人有吸引力？ 2. 青年需求是否能够很快得到政策响应？ 3. 青年的住房保障问题现状如何？ 4. 就业创业支持方面的现状和问题有哪些？ 5. 关于政策营销与优化的建议有哪些？
2023年12月30日	关于公共设施不合理问题	主持人、专家学者、媒体评论员、职能部门官员代表、公交集团代表、热心市民	1. 杭州的城市公共设施存在哪些不便利性影响了市民和游客的体验？ 2. 杭州的城市管理与服务理念是如何体现的？哪些方面值得改进或创新？ 3. 公交站台的设计和使用中，存在哪些具体问题影响了乘客的出行便利性？ 4. 消防栓与花坛的设置是否存在安全隐患？如何确保它们既美观又安全？ 5. 隔离设施与道路设计在保障交通安全的同时，是否存在一些不合理之处？
2023年12月24日	关于根治地铁口附近非机动车停车难问题	主持人、专家、媒体评论员、职能部门官员代表、地铁集团代表、市政协委员代表、热心市民	1. 杭州市区非机动车停车难具体表现在哪几个方面？ 2. 嵌入式停车方案是什么？ 3. 深井式停车技术是什么？ 4. 在城市规划与设计中，存在哪些具体问题导致了地铁口附近停车难问题？

续表

日期	主题	参与嘉宾	公共问题
			5. 在解决地铁口附近停车难问题上，各部门之间的协作是否顺畅？机制创新方面有哪些提升举措？
2023年12月23日	关于杭州如何打造国际赛事之城问题	主持人、专家、媒体评论员、职能部门官员代表、企业代表、体育场馆负责人代表、热心市民	1. 赛事活动对城市的发展有哪些积极影响？具体体现在哪些方面？ 2. 城市为了成功举办赛事，通常会提供哪些方面的支持？ 3. 要成功打造一座国际知名的赛事之城，需要具备哪些关键要素？ 4. 如何构建和完善一个全面且有影响力的赛事体系，以提升城市的国际影响力？
2023年12月17日	如何高效进行老旧小区改造项目	主持人、专家、媒体评论员、律师、职能部门官员代表、街道办事处代表、居民代表、建设单位代表	1. 该项目的背景是什么？它的发展历程又是怎样的？ 2. 此次改造的规模有多大？具体的改造方案是如何规划的？ 3. 这个项目有哪些创新之处，使其在众多类似项目中脱颖而出？ 4. 社区居民对于该项目的实施有何反馈，他们的满意度如何？
2023年12月16日	如何预防呼吸道感染疾病	主持人、杭州市教育局德育与体育卫生艺术教育处处长、杭州市第二人民医院呼吸科副主任医师、杭州市卫生健康委员会代表、杭州市疾控中心主管医师、热心市民	1. 当前呼吸道疾病的发病状况及趋势是怎样的？ 2. 针对呼吸道疾病，有哪些有效的防控措施和建议？ 3. 面对公共卫生事件，我们应如何有效应对？
2023年12月10日	政协委员关于杭州城市发展的建议	主持人、杭州市政协委员、专家、媒体评论员	1. "十大攀登行动"实施的背景是什么？ 2. "十大攀登行动"的具体内容有哪些？ 3. "十大攀登行动"的实施策略与意义是什么？ 4. "十大攀登行动"的核心理念是什么？

续表

日期	主题	参与嘉宾	公共问题
2023年12月9日	杭州如何更好地前行发展	主持人、专家、媒体评论员、博物院代表、街道办事处代表、企业代表、热心市民	1."良渚论坛"具有怎样的意义与影响？ 2.作为展示窗口，"良渚论坛"发挥着怎样的作用？ 3.杭州市的发展现状与未来定位是怎样的？有何特色？ 4.在提升城市形象与影响力方面，城市传播力扮演着怎样的角色？
2023年12月3日	杭州如何做好国际传播	主持人、政府官员代表、专家、学者、媒体评论员	1.城市品牌的重要性体现在哪些方面？它又具有怎样的影响力？ 2.在数字时代背景下，城市品牌建设面临着哪些新的挑战和机遇？ 3.国际传播中，有哪些有效的策略与技巧可以提升城市品牌的知名度？ 4.如何精准地进行品牌定位，并选择合适的国际传播路径来推广城市品牌？
2023年12月2日	杭州如何做好城市品牌传播	主持人、专家、学者、媒体评论员、杭州市委宣传部副部长、中国公共关系协会政府公关委员会副主任、《都市快报》副总编辑、杭州市民意互动研究中心主任	1.杭州城市品牌的独特亮点体现在哪些方面？ 2.杭州在推进国际化传播时采取了哪些策略？ 3.杭州城市品牌的内涵是如何进行升级与深化的？ 4.杭州城市品牌在未来的发展方向上应该如何规划？
2023年11月26日	如何有效推进未成年人保护工作	主持人、杭州市人大常委会监察和司法工委代表、检察机关官员代表、律师、社工代表、家长代表	1.未成年人检察工作的现状是怎样的？ 2.职能部门在未成年人保护方面采取了哪些具体措施？ 3.司法社工在未成年人保护工作中扮演着怎样的角色？ 4.怎样进一步有效推进未成年人的保护工作？

续表

日期	主题	参与嘉宾	公共问题
2023年11月25日	如何激发公交持续发展新活力	主持人、专家、媒体评论员、杭州市公交集团代表、热心市民	1. 公交服务中有哪些创新亮点值得关注和探讨？ 2. 在数字化转型的背景下，公交服务如何实现服务升级？ 3. 公交服务目前面临着哪些挑战？未来又有怎样的发展展望？ 4. 用户对于公交服务的反馈如何？专家对此有哪些改进的建议和意见？
2023年11月19日	政协视点：杭州如何借助"千万工程"，实现更好地发展	主持人、市政协委员、专家、媒体评论员、职能部门官员代表、村镇代表	1. "千万工程"的实施取得了哪些显著的成效？ 2. "千万工程"接下来将如何深化和迭代，以适应新时代的需求？ 3. 阿里巴巴在"千万工程"中的着力点是什么？有哪些建议值得参考？ 4. 未来，有哪些展望和具体的实施策略？
2023年11月18日	关于大型体育赛事闭幕后，体育场馆的可持续利用问题	主持人、专家、媒体评论员、职能部门官员代表、企业代表、场馆负责人代表、热心市民	1. 当前场馆的利用状况如何？面临着哪些挑战？ 2. 赛事经济对场馆运营模式产生了哪些影响？如何优化这一模式？ 3. 专业委员会在赛事规划中发挥着怎样的作用？其规划策略是怎样的？ 4. 如何实现场馆的多元化利用，同时保持其公益属性不被削弱？ 5. 在场馆的运营与发展中，市场与政府之间应如何有效合作？
2023年11月12日	杭州文旅如何借助"亚运"引流	主持人、专家、媒体评论员、职能部门官员代表、杭州市人大代表、杭州市旅游文化中心主任、中国国旅（浙江）国际旅行社董事长、企业代表、青年观察员、热心市民	1. 亚运流量如何转化为杭州"留量"？ 2. 在杭州借助"亚运"引流的过程中，如何有效促进文旅融合并实现产品创新？ 3. 杭州如何利用"亚运"契机，推动体育休闲活动与场馆的后续多元化利用？

续表

日期	主题	参与嘉宾	公共问题
			4. 市场化运作与品牌建设在杭州"亚运"引流文旅方面扮演着怎样的角色，应如何加强？
2023年11月11日	杭州如何激发更多年轻人的力量	主持人、专家、媒体人、医务部工作人员、体育馆展示导演、人民政府工作人员、体育展示与颁奖仪式运行团队副指挥长、志愿指导中心主任	1. 杭州城市发展中，如何有效激发和利用青年力量？ 2. 年轻人的重要性有哪些？ 3. 青年力量在亚运会中如何展现？ 4. 杭州城市发展与年轻人积极参与是什么关系？
2023年11月5日	杭州如何借助亚运助推现代服务业发展	主持人、专家、学者、企业代表、杭州市发改委服务业发展处处长、杭州市体育局党组成员、杭州市信局技术创新处（人工智能产业处）处长	1. 为什么杭州被视为全国科技成果转化的首选之地？ 2. 杭州如何成为全国先进生产性服务业的重要聚集地？ 3. 政策与项目在杭州的落地实施情况如何？ 4. 企业与人才在杭州的发展得到了哪些政策支持？ 5. 产业与市场导向在杭州的经济发展中起到了怎样的作用？ 6. 为促进开放与创新，杭州采取了哪些具体措施？ 7. 在推动区域聚集与协调发展的过程中，杭州有哪些独到的经验做法？
2023年11月4日	后亚运时代杭州如何挖掘经济新动能	主持人、专家、杭州市体育局党组成员、杭叉集团党委副书记、杭州市商务局会展处副处长、其他行业代表	1. 亚运会的经济贡献体现在哪些方面？ 2. 现代服务业的重点领域在哪里？ 3. 杭州现代服务业的布局是怎样的？应如何优化？
2023年10月29日	杭州如何做好科技强农、机械强农工作	主持人、杭州市农业农村局农业机械化与数字化处处长、浙江大学中国农村发展研究所教授、建德市大同镇助农农机服务专业合作社负责人、杭州市农业科学研究院高级畜牧师、杭州市农业发展集团党委副书记、杭州市农业科学研究院科技处副处长、杭州市农业农村局农业机械化与数字化处处长、杭州市人大常委会农工委办公室主任、资深媒体人、萧山浦阳现代	1. "农业双强行动"的内容是什么？ 2. 杭州市近年来科技强农与机械强农具体实践有哪些？ 3. "农业双强行动"的成效与挑战是怎样的？ 4. 杭州如何进一步做好科技强农、机械强农工作？ 5. 杭州农业发展路径如何具体施行？

续表

日期	主题	参与嘉宾	公共问题
		化农业服务中心负责人、萧山区种子管理站站长	
2023年10月28日	关于杭州城市交通问题	主持人、浙江工商大学旅游与城乡规划学院副教授、杭州市综合交通运输研究中心副主任、杭州市公安局交警支队道路秩序处道路秩序科科长、杭州西湖风景名胜区管理委员会城市管理局副局长、杭州公交集团客运管理部副经理、杭州市地铁集团运营管理部部长、热心市民、网约车司机代表、媒体评论员	1. 杭州市交通管理工作的亮点有哪些？ 2. 杭州市在交通管理方面进行部门协同与创新的经验有哪些？ 3. 景区交通治理的创新做法有哪些？ 4. 后亚运时代应如何更好地提升城市交通治理效能？ 5. 如何进行经验推广与学习？
2023年10月22日	杭州亚运会给杭州的发展带来的启示	主持人、浙江工商大学旅游与城乡规划学院副教授、资深媒体人、江尚悦文化体育发展（杭州）有限公司总经理、热心市民、杭州亚组委办公室（总体策划部）项目策划处处长、浙江省社会科学院经济所研究员、上城区凯旋街道南肖埠社区党委书记、民情观察员、浙江工业大学公共管理学院教授、律师	1. 亚运会给城市发展与提升方面带来的启示有哪些？ 2. 亚运会给经济与产业推动方面带来的启示有哪些？ 3. 亚运会给社会与文化影响方面的启示有哪些？ 4. 亚运会给治理与服务优化方面的启示有哪些？
2023年10月21日	杭州为亚残会做的准备	主持人、热心市民、杭州亚残运会火炬手、杭州师范大学体育学院教授、杭州亚残组委竞赛指挥中心竞赛协调组副主任、里约残奥会S8级男子100米蝶泳冠军、杭州亚残组委体育展示与颁奖仪式运行团队副指挥长、杭州市残疾人联合会党组成员、杭州亚残组委场馆建设部无障碍主管、杭州亚残组委志愿者部综合处处长、浙江工商大学旅游与城乡规划学院副教授	1. 亚残运会的场馆与设施准备情况如何？ 2. 亚残运会有哪些观赛亮点？ 3. 亚残运会的志愿者参与服务情况怎样？ 4. 亚残运会的社会影响与社会期待有哪些？ 5. 如何提升亚残运会的观众体验与参与度？
2023年10月15日	杭州亚运会为杭州的发展带来的经验	主持人、浙江财经大学公共管理学院副教授、杭州亚组委志愿者部综合处处长、杭州市志愿者工作指导中心主任、杭州亚运会赛会志愿者、杭州地铁运营有限公司党委委员副总经理、杭州市公共交通集团有限公司运营总负责人、杭州市公安局交警局道路秩序处副处长、杭州西湖风景名胜区管委会城市管理局局长、杭州市园文局园林绿化处（行政审批处）处长、民情观察员、浙江农林大学城乡规划专业学生、媒体评论员	1. 亚运会成功举办的关键因素有哪些？ 2. 亚运会推动了城市管理与服务的哪些创新？ 3. 亚运遗产对于杭州的城市未来发展有哪些作用？ 4. 如何用好亚运遗产赋能城市发展？

续表

日期	主题	参与嘉宾	公共问题
2023年10月14日	杭州如何放大亚运效应,进一步推动城市传播	主持人、媒体评论员、浙江传媒学院文化创意与管理学院教授、杭州亚组委宣传部副部长、杭州市文化广电旅游局区域合作与促进处处长、浙江大学国际传播研究中心副主任、中国社科院财经战略研究院研究员、热心市民、资深媒体人	1. 亚运会影响力与城市品牌传播的关系是怎样的？ 2. 杭州城市品牌传播的战略与建议有哪些？ 3. 杭州如何放大亚运效应,进一步推动城市品牌传播？
2023年10月7日	杭州亚运会的精彩时刻	主持人、浙江工商大学旅游与城乡规划学院副教授、杭州亚运击剑馆体育展示运行团队灯光师、杭州师范大学人文学院副院长、浙江广厦球迷协会会长、特约评论员、杭州亚组委体育展示与颁奖仪式运行团队副指挥长、意法商业集团企划经理、杭州亚组委信息技术指挥中心项目主管、杭州宇树科技有限公司市场推广经理、杭州亚组委环境保障部综合处处长、热心市民	1. 杭州亚运会的亮点有哪些？ 2. 杭州亚运会的社会与文化影响有哪些？ 3. 杭州亚运会的未来展望与期待有哪些？
2023年10月1日	杭州如何更好地服务游客	主持人、杭州市道路运输管理服务中心公交轨道处处长、杭州公交集团运营总负责人、浙江工商大学旅游与城乡规划学院副教授、杭州亚运5号线接驳线司机、杭州市道路运输管理服务中心公交轨道处处长、浙江大学城乡规划设计研究院交通与市政规划分院院长、杭州巴士传媒市场策划部负责人、浙江大学城乡规划设计研究院交通与市政规划分院院长、热心市民	1. 怎样做好亚运会开幕式的交通保障？ 2. 如何做好绿色出行与公共交通优化工作？ 3. "City bus城市特别打卡活动"是什么？ 4. 双节来临的交通压力应如何应对？
2023年9月30日	杭州亚运会的幕后故事	主持人、杭州亚运会开幕式主创人员代表、浙江工商大学旅游与城乡规划学院副教授、热心市民、特约评论员	1. 杭州亚运会开幕式有哪些亮点？ 2. 文化与技术融合体现在哪些方面？ 3. 对闭幕式与亚残运会有何期待？ 4. 对杭州的城市发展有哪些建议？

续表

日期	主题	参与嘉宾	公共问题
2023年9月24日	工匠精神如何促进经济发展	主持人、胜达集团有限公司创始人总顾问、浙江工商大学浙商研究院执行副院长、浙江恒逸集团有限公司董事长、开元旅业集团有限公司创始人、德意控股集团有限公司董事长、杭州明成木业有限公司董事长、杭州茶厂有限公司总经理、杭州茶加文化发展有限公司首席技术官、浙江东南网架集团有限公司总经理、浙江工商大学浙商研究院执行副院长、特约评论员	1. "四千"精神的内涵是怎样的？ 2. 工匠精神与企业家精神之间有哪些关联？ 3. 时代变迁下的工匠精神应如何传承？ 4. 工匠精神在企业发展中有什么作用？ 5. 工匠精神在社会层面有哪些意义？
2023年9月17日	人大视角：人大代表为亚运会建言献策	主持人、桐庐县人大代表、西湖区人大代表、杭州市人大代表、临平区人大代表、杭州市人大常委会教科文卫工委办公室主任、上城区望江街道徐家埠社区居民、杭州市人大常委会社会工委办公室主任、浙江水文化研究院常务副院长教授、《人民代表报》华东首席记者	1. 人大代表的角色和贡献是什么？ 2. 在亚运保障和代表参与方面，人大代表做了哪些工作？ 3. 数字赋能生态下，人大工作应如何创新？ 4. 从人大代表的作用和职责来看，如何助力办好亚运会？
2023年9月16日	政协视点：杭州如何延续历史文脉，提升城市品质	主持人、译河文创公司创始人、浙江大学文学院教授、杭州市政协委员、上城区政协委员、资深媒体人、中国书法家协会成员、热心市民	1. 杭州亚运吉祥物如何助力杭州的城市文化传播？ 2. 文化应当如何赋能城市品质的提升？ 3. 杭州文化传承与创新的路径有哪些？ 4. 杭州亚运会如何持续推进城市文化传承？
2023年9月10日	杭州如何做好"站城融合"工作	主持人、杭州市交通投资集团有限公司副总经理、浙江工业大学公共管理学院教授、杭州规划委员会专家委员会委员、杭州市铁路建设管理中心主任、杭州市钱塘高铁新城开发有限公司董事长、杭州抖嘉科技有限公司首席执行官、杭州兴耀房地产集团有限公司副总经理、浙江工商大学旅游与城乡规划学院副教授、杭州市钱塘区商务局局长、钱塘高铁新城开发建设指挥部负责人、热心市民	1. "站城融合"项目是什么？ 2. "站城融合"的核心理念是什么？ 3. "站城融合"运营与规划挑战有哪些？ 4. "站城融合"成功案例带来的启示是什么？ 5. "站城融合"在社区与文化层面是如何体现的？ 6. 杭州如何做好"站城融合"工作？

续表

日期	主题	参与嘉宾	公共问题
2023年9月9日	杭州铁路的城市布局与未来发展	主持人、杭州抖嘉科技有限公司首席执行官、杭州市交通投资集团有限公司总经理、杭州机场高铁有限公司董事长、浙江省经济信息中心营商环境首席专家、杭州市铁路建设管理中心主任、杭州市规划和自然资源局一级调研员、杭州规划委员会专家委员会委员、浙江工业大学公共管理学院教授、杭州市规划和自然资源局一级调研员、钱塘高铁新城开发建设指挥部负责人、热心市民	1. 钱塘枢纽的建设内容有哪些？ 2. 钱塘枢纽的规划与设计理念是什么？ 3. 钱塘枢纽的区域辐射与功能有哪些？ 4. 钱塘枢纽建设的挑战有哪些？ 5. 钱塘枢纽对杭州的城市布局与未来发展影响有哪些？
2023年9月3日	杭州公共自行车租借设70岁上限问题	主持人、浙江理工大学法政学院教授、浙江省人大代表、杭州市公交集团自行车公司总经理、杭州师范大学教授、杭州市轨道交通运行和公用事业保障中心副主任、律师、民情观察员、热心市民、特约评论员	1. 规定出台的背景是什么？ 2. 规定出台后的社会反响（专家、市民、媒体）有哪些？ 3. 从法律与政策视角来看，这个规定是否具备科学性、合理性？ 4. 如何解决这个问题？
2023年9月2日	如何保护好家里种的花，营造良好"花花世界"	主持人、杭州市妇女联合会家庭和儿童工作部部长、"美丽阳台"女主人、"美丽庭院"女主人、"美丽楼道"楼道长、上城区采荷街道洁莲社区党委书记、杭州市园林文物局绿化处处长、浙江大学建筑工程学院讲师、浙江工业大学公共管理学院教授、杭州植物园景观营建中心高级工程师、热心市民	1. 萧山区《"迎亚运 美环境"美丽家园整治攻坚行动实施方案》的创建标准和开展情况如何？ 2. "美丽庭院示范户""美丽阳台"创建中，社区与个人有哪些实践经验？ 3. 从专家视角看，开展这项工作的意义有哪些？ 4. 从国际比较视角看，如何更好地开展这一工作？ 5. 这项工作可持续开展面临哪些挑战？解决方案有哪些？
2023年8月27日	杭州如何提升标识系统的国际化水平	主持人、杭州市人大代表、杭州市人大常委会民宗侨外事工委办公室主任、杭州市容景观发展中心科长、杭州市人民政府外事办公室涉外管理处副处长、杭州市公安局交通警察支队道路秩序处副处长、杭州市规范公共外观标识项目专家委员会主任、媒体评论员、浙江工业大学公共管理学院教授、热心市民	1. 杭州标识系统的现状与问题是什么？ 2. 从专家和市民的视角看，杭州应如何提升标识系统的国际化水平？ 3. 相关职能部门应如何采取行动？ 4. 杭州国际化标识系统规范化建设的机制与流程是什么？ 5. 未来如何持续推动杭州国际化标识系统规范化建设？

续表

日期	主题	参与嘉宾	公共问题
2023年8月26日	杭州city walk"新景观"	主持人、浙江工商大学旅游与城乡规划学院副教授、城市互动记者、十一届市政协委员、杭州市文化和旅游推广中心会奖综合部负责人、资深媒体人、旅游博主、热心市民、媒体评论员	1. 什么是city walk？其火爆的社会心理机制是怎样的？ 2. 杭州city walk近年来开展的情况是怎样的？ 3. 杭州城市特征与city walk元素有哪些？ 4. city walk的挑战与机遇有哪些？ 5. 政府与社会应如何借助city walk推动城市形象塑造和旅游业发展？
2023年8月20日	杭州如何展现特色，让世界看到风采（二）	主持人、浙江工商大学旅游与城乡规划学院副教授、江尚悦文化体育发展（杭州）有限公司总经理、来可友交友社团主理人、杭州市文化和旅游发展中心副主任、杭州市商旅集团资产管理部部长、上城区文商旅集团副总经理、上城区湖滨街道党工委委员、杭州电视台记者、成都市广播电视台记者、浙江传媒学院文化创意研究院院长	1. 杭州应该如何汲取大运会精华？ 2. 杭州如何办好亚运会？ 3. 杭州如何展现特色，让世界看到风采？
2023年8月19日	杭州如何展现特色，让世界看到风采（一）	主持人、热心市民、浙江工商大学旅游与城乡规划学院副教授、江尚悦文化体育发展（杭州）有限公司总经理、浙江传媒学院文化创意研究院院长、成都市广播电视台记者、杭州电视台记者、杭州市文化和旅游发展中心副主任、印尼留学生、来可友交友社团主理人、上城区文商旅集团副总经理、上城区湖滨街道党工委委员、资深媒体人	1. 成都大运会有哪些亮点？ 2. 杭州亚运会筹备过程中应注意哪些方面的工作？ 3. 如何借鉴成都大运会的经验，把杭州亚运会办得更加精彩、更加有特色？
2023年8月13日	政协观点：杭州如何推进共同富裕和乡村振兴	主持人、杭州市政协委员、余杭区中泰街道紫荆村村民、杭州市发改委社会建设综合协调处副处长、杭州市农业农村局发展规划处处长、之江实验室智能社会治理研究中心研究员、浙江大学中国农村发展研究院研究员、萧山区临浦镇横一村党委书记	1. 杭州如何全面贯彻党的二十大精神，推进杭州实践？ 2. 杭州应怎样推进公共服务与民生改善？ 3. 杭州缩小三大差距的成效与优势有哪些？ 4. 杭州推进共同富裕和乡村振兴面临的挑战有哪些？ 5. 如何跨越困境和挑战？

续表

日期	主题	参与嘉宾	公共问题
2023年8月12日	如何让杭州市的老年食堂办得更好	主持人、杭州市民政局官员代表、浙江省老年服务业协会常务副处长、拱墅区民政局副局长、浙江绿城椿龄科技集团有限公司执行总经理、杭州舟之宝餐饮管理有限公司董事长、杭州心蕙餐饮管理有限公司总经理、上城区小营街道公共服务办公室主任、浙江大学公共管理学院教授、浙江工商大学公共管理学院教授、媒体评论员、热心市民	1. 杭州市老年食堂现状是怎样的？ 2. 老年食堂运营的挑战与机遇有哪些？ 3. 如何推进老年食堂的优化转型和可持续发展？
2023年8月6日	杭州如何立法推动老字号品牌保护和传承发展	主持人、杭州皇饭儿王润兴酒楼有限公司总经理、浙江英特医药药材有限公司副总经理、杭州朱炳仁铜艺股份有限公司董事长、杭州思味王食品有限公司董事长、杭州新侨饭店总经理、浙江省老字号企业协会副秘书长、杭州市商务局消费促进处正处长级专员、浙江金道律师事务所首席合伙人、杭州市人大常委会法工委备案审查处副处长、浙江大学管理学院教授	1. 什么是老字号？其重要性有哪些？ 2.《杭州老字号传承与发展条例（草案）》的主要内容有哪些？ 3. 针对草案内容，如何优化条款，来推动老字号守正创新发展？
2023年8月5日	京杭运河杭州段二通道、港口如何助力杭州发展	主持人、杭州港务集团有限公司党委书记董事长、东芝物流（杭州）有限公司业务一部副部长、杭州长安民生物流有限公司总经理、特约评论员、临平区政协委员、钱塘区政协委员、杭州市规划设计研究院交通一室副主任、浙江工业大学公共管理学院教授、浙江省社会科学院经济所研究员	1. 下沙港开港有什么重要意义？ 2. 开港对于企业来说有什么便利？成本节约在哪几方面？ 3. 开港的配套设施有哪些？ 4. 港口与城市发展之间的关系是怎样的？ 5. 企业选择港口是如何考虑成本与效率的？ 6. 应如何利用好京杭运河杭州段二通道、港口，来助力杭州的经济社会发展？
2023年7月30日	亚残运会观赛礼仪	主持人、临平体育中心体育馆运行团队竞赛副指挥长、里约残奥会S8级男子100米蝶泳冠军、浙江音乐学院人文社会科学部教授、中国志愿服务高级培训师、杭州电视台记者、浙江省盲人门球队总教练、杭州亚组委亚残运工作处副处长、全国第十届残疾人运动会跆拳道女子K44-49公斤级冠军、浙江农林大学学生	1. 体育观赛礼仪有哪些？ 2. 亚残运会的项目是如何普及与宣传的？观赛氛围应如何营造？ 3. 杭州亚运会的社会责任如何体现？如何融合？ 4. 如何通过宣传和教育，更好地传播和践行亚残运会观赛礼仪？

续表

日期	主题	参与嘉宾	公共问题
2023年7月29日	医院交通如何更便捷	主持人、杭州市儿童医院副院长、杭州市儿童医院神经内科护士长、杭州市中医院副院长、杭州市卫生健康委员会副处长、杭州市交通运输管理服务中心公交轨道处处长、杭州市公共交通集团有限公司客运部副经理、浙江工商大学公共管理学院教授、民情观察员、热心市民、资深媒体人	1. 公交进医院服务的现状与成效是怎样的？ 2. 公交进医院服务的社会反响如何？ 3. 政府与公交集团如何合作，使得公交进医院服务更加精准有效？ 4. 未来如何推动公交进医院服务持续发展？
2023年7月23日	人大视点：如何提升杭州的营商环境	主持人、杭州市发展和改革委员会营商环境处副处长、杭州市市场监督管理局行政审批处注册分局副局长、杭州市行政审批服务管理办公室审批管理处处长、杭州市人大常委会法工委办公室主任、宏盛粮油集团股份有限公司总经理、杭州悦芽健康科技集团有限公司创始人、天申（杭州）文化发展有限公司负责人、浙江华策影视股份有限公司高级会计师、杭州市人大法制委员会委员、浙江工业大学中国中小企业研究院副院长、资深媒体人、浙江金道律师事务所律师、浙江华策影视股份有限公司高级会计师	1. 杭州市营商环境现状与成就有哪些？ 2. 杭州市优化营商环境的法规亮点有哪些？ 3. 怎样推进有关法规的顺利实施与有效落地？ 4. 进一步优化营商环境的建议有哪些？
2023年7月22日	京杭运河杭州段二通道的开通如何影响杭州和浙江的发展	主持人、杭州市公路与港航管理服务中心航道处处长、杭州金松优诺电器有限公司总经理、杭州京杭运河二通道建设投资有限公司董事长、杭州港务集团有限公司党委书记董事长、杭州市园林文物局京杭运河（杭州段）综合保护中心主任、杭州市规划设计研究院工程师、浙江工业大学公共管理学院教授、浙江省社会科学院经济所研究员、热心市民	1. 京杭运河杭州段二通道开通的意义与影响有哪些？ 2. 京杭运河杭州段二通道开通带来了哪些技术与功能升级？ 3. 京杭运河杭州段二通道开通如何进行文化遗产保护与利用？ 4. 京杭运河杭州段二通道开通对于城市规划与未来发展有何影响？ 5. 京杭运河杭州段二通道开通的社会期待与建议有哪些？
2023年7月16日	如何解决钱塘快速路的交通拥堵问题	主持人、杭州市治理堵办技术组组长、杭州市城乡建设发展研究院战略规划研究所副所长、浙江大学城乡规划设计研究院专家、浙江工业大学公	1. 钱塘快速路网建设概况是怎样的？ 2. 建设钱塘快速路网的意义有哪些？

续表

日期	主题	参与嘉宾	公共问题
		共管理学院教授、杭州市规划设计研究院交通二室主任、杭州市公安局交通警察支队道路秩序处秩序科科长、律师、杭州市公安局交通警察支队高架大队直属中队副中队长、热心市民	3. 快速路网开通后面临哪些挑战？有何对策？ 4. 未来如何管理和优化钱塘快速网路？
2023年7月15日	如何解决电动自行车治理难题	主持人、临平区政协委员、杭州市公安局交通警察支队事故对策处预防科副科长、浙江工业大学公共管理学院教授、杭州市自行车电动车行业商会会长、杭州市人大代表、律师、杭州市公安局交通警察支队车辆管理处副所长、杭州市市场监督管理局科长、热心市民、媒体评论员、民情观察员	1. 杭州市电动自行车违规加装问题现状是怎样的？ 2. 加装后的电动自行车面临哪些安全问题？带来哪些治理挑战？ 3. 相关法规是如何界定的？ 4. 如何平衡需求与安全的关系？ 5. 怎样进行综合治理？
2023年7月9日	亚运灯箱如何装扮城市	主持人、杭州亚组委宣传部文化教育处副处长、杭州市容景观发展中心副主任、北京清华同衡规划设计研究院照明院创室主任、浙江工业大学教授、杭州师范大学教授、浙江工商大学副教授、宁波大学科学技术学院视觉传达设计专业教师、十一届市政协委员、热心市民、资深媒体人	1. 亚运氛围应如何营造？ 2. 怎样以亚运为契机，使用好、构建好杭州的城市美学？ 3. 如何规范地利用亚运灯箱来装扮城市？
2023年7月8日	如何落实好亚运会的观赛礼仪	主持人、中共杭州市委宣传部社会文明协调处处长、杭州亚组委办公室观众服务业务领域负责人、杭州市体育局机关党委副书记、中国舞蹈家协会街舞委员会浙江联盟副主任、浙江大学礼仪与形象管理中心主任、浙江工业大学教授、浙江广厦球迷协会代表、杭州市陈经纶体育学院篮球高级教练、杭州市陈经纶体育学校世界游泳冠军、杭州电视台记者、数字AI主持人小雨、大学生排球运动员	1. 观赛礼仪的重要性有哪些？ 2. 不同体育项目的观赛礼仪有何不同？ 3. 如何推进观赛礼仪的普及与教育？ 4. 观赛礼仪有哪些重要的具体内容？ 5. 如何落实好亚运会的观赛礼仪？
2023年7月2日	热搜"送花郎"的出圈带给我们的思考	主持人、浙江工商大学旅游与城乡规划学院副教授、非遗青年学者、传统文化爱好者、汉服文化行业从业者、杭州丹森文化传播有限公司主理人、杭州市上城区竹礼传统文化交流中心理事长、杭州市文化和旅游推广中心高级经济师宣传委员、汉服爱好者、资深媒体人、媒体评论员、在校研究生	1. 汉服文化兴起的社会影响有哪些？ 2. 如何推进年轻人对中华传统文化的认知和认同？ 3. 古装文化如何推动文旅产业发展？ 4. 杭州作为典范，应采取哪些策略持续发力？

续表

日期	主题	参与嘉宾	公共问题
2023年7月1日	如何对待"平民英雄"	主持人、中共杭州市委宣传部公民道德建设处处长、浙江传媒学院教授、杭州市发改委官员代表、杭州市政府见义勇为二等功获得者、杭州市政府见义勇为积极分子、临平区政协委员、特约评论员、浙江大学文学院博士后、杭州市见义勇为基金会常务理事长、浙江大学医学院附属第一医院护士、中国邮政物流有限公司杭州分公司揽投员	1. 从彭清林事件的视角来看,城市荣誉与个人价值观有什么关系? 2. 平民英雄的特质有哪些? 3. 如何传播与传承平民英雄的精神,保持城市温度?
2023年6月25日	政协视角:杭州商业外摆的提升改造	主持人、政协委员、专家、媒体评论员、职能部门代表、企业代表	1. 商业外摆应遵循的原则有哪些? 2. 商业外摆为城市管理带来了哪些挑战? 3. 商业外摆应该如何创新内容和形式? 4. 如何借鉴国内外成功经验,提升杭州商业外摆的水平?
2023年6月24日	电动自行车消防安全治理如何再升级	主持人、专家、媒体评论员、职能部门官员代表、律师、企业代表、社区代表、热心市民	1. 《杭州市电动自行车消防安全管理办法》有哪些内容? 2. 《管理办法》未来在电动自行车消防安全管理方面能发挥怎样的作用? 3. 《管理办法》的相关条款有没有需要完善的地方?
2023年6月18日	人大视窗:关于杭州的婴幼儿托育工作	主持人、市人大代表、专家、媒体评论员、职能部门官员代表、托育机构代表、家长代表	1. 杭州婴幼儿照护服务的推进情况如何? 2. 杭州婴幼儿照护服务是否能真正满足家长们的托育需求? 3. 人大代表对杭州婴幼儿照护服务给予了怎样的评价和建议?
2023年6月17日	0-3岁婴幼儿阶段宝宝教育问题	主持人、专家、职能部门官员代表、行业代表、家长代表	1. 0~3岁婴幼儿自我意识发展问题有哪些? 2. 0~3岁婴幼儿社会交往问题有哪些? 3. 0~3岁婴幼儿利他行为问题有哪些? 4. 0~3岁婴幼儿社会适应问题有哪些?

续表

日期	主题	参与嘉宾	公共问题
2023年6月11日	关于楼顶打造晾衣场问题	主持人、专家、媒体评论员、职能部门官员代表、企业代表、热心市民	1. 居民需要怎样的楼顶晾晒场？ 2. 星级公寓小区的做法有没有值得其他小区借鉴的经验？ 3. 怎样规范搭建楼顶晾晒场，提升居民生活品质？
2023年6月10日	杭州如何以亚运为契机，提升城市标识系统的规范性、功能性和特色性	主持人、专家、媒体评论员、职能部门官员代表、市政协委员、热心市民	1. 标识的中外文翻译问题应如何解决？ 2. 怎样提升标识系统的功能性与特异性？ 3. 如何实现标识系统规范性与个性化的平衡？
2023年6月4日	如何提高杭州标识系统的国际化水平	主持人、专家、职能部门官员代表、杭州市人大代表、地铁集团代表、公交集团代表、热心市民、留学生	1. 杭州市区地铁、公交站名的英文翻译不一致问题的具体有哪些？ 2. 如何提升城市标志系统的国际化、规范化和精细化水平？ 3. 如何进行跨部门的合作、专业化的指导？
2023年6月3日	如何解决地铁口非机动车乱象问题	主持人、专家、媒体评论员、市政协委员、职能部门官员代表、公交集团代表、热心市民	1. 杭州地铁口非机动车乱象的原因是什么？ 2. 这些乱象应如何治理？
2023年5月28日	人大视窗：如何以法为盾守护杭州湿地	主持人、杭州市人大常委会法工委委员、专家、媒体评论员、职能部门官员代表、湿地管护单位代表、社会组织代表、热心市民	1. 湿地对城市发展有什么重要意义？ 2. 杭州为什么要为湿地保护立法？ 3. 如何推动这部法规更好地实施？
2023年5月27日	如何以亚运为媒，推动杭州旅游业高质量发展	主持人、专家、媒体评论员、市政协委员、杭州亚组委职能部门代表、企业代表	1. 如何推动亚运旅游的创新发展？ 2. 怎样推动亚运场馆的惠民开放与利用？ 3. 如何推进体育与旅游创新融合？ 4. 怎样进行旅游业品牌建设？
2023年5月21日	0~3岁婴幼儿养育照护问题（二）	主持人、专家、媒体评论员、职能部门官员代表、医生、幼托机构代表、婴幼儿家长代表	1. 孩子的0~3岁成长期有多重要？ 2. 家长在0~3岁婴幼儿养育照护方面，应该注意哪些问题？

· 273 ·

续表

日期	主题	参与嘉宾	公共问题
2023年5月20日	0~3岁婴幼儿养育照护问题（一）	主持人、专家、媒体评论员、职能部门官员代表、医生、幼托机构代表、婴幼儿家长代表	1. 父母参与对于建立安全型依恋关系有多重要？ 2. 如何科学应对孩子营养、语言发展和情绪管理的需求？ 3. 如何理解并支持孩子的独特性？ 4. 怎样保持语言环境的相对稳定？
2023年5月14日	杭州如何进一步推进城乡一体化发展（二）	主持人、专家学者、街道办事处代表、村干部、村民	1. 杭州在公共服务供给与软环境提升方面有哪些变化？ 2. 乡村生活方式的变化，给治理理念带来了哪些变化？ 3. 如何更好地统筹推进杭州的城乡一体化发展？
2023年5月13日	杭州如何进一步推进城乡一体化（一）	主持人、专家学者、街道办事处代表、村干部、村民	1. 如何进行道路建设与升级工作？ 2. 怎样进行农村污水治理？ 3. 如何进行农房建设与改造工作？ 4. 怎样推进绿道建设与美丽城镇建设？ 5. 如何推进城乡风貌整治？
2023年5月6日	如何管好城市的公共绿地	主持人、专家、媒体评论员、职能部门官员代表、企业代表、热心市民	1. 露营热潮给城市公共绿地带来哪些问题？ 2. 什么是草坪文化？目前杭州市草坪文化现状如何？ 3. 怎样健全和优化管理服务，以应对公共绿地的管理挑战？
2023年4月29日	杭州通过立法推进全民阅读	主持人、市委宣传部官员、市文化广电旅游局官员、杭州图书馆工作人员、专家、媒体评论员、行业企业代表、街道办事处代表、热心市民	1. 杭州通过立法深化全民阅读，建设书香杭州的背景是什么？ 2. 在具体实践中，应该通过哪些具体方式和手段，深化全民阅读？
2023年4月23日	如何通过立法保护和发展杭州这座历史文化名城	主持人、市人大常委会法工委专家、市人大代表、职能部门官员代表、企业代表、热心市民	1. 《杭州市历史文化名城保护条例》出台的背景和主要内容是什么？

续表

日期	主题	参与嘉宾	公共问题
			2. 如何通过法治力量保护和发展历史文化名城？ 3. 如何保护历史文化遗产的真实性和完整性？ 4. 如何平衡保护与开发的关系？
2023年4月22日	如何利用科学理念和技术，解决杭州治堵问题	主持人、专家、媒体评论员、职能部门官员代表、市政协委员、道路沿线单位代表、居民代表、热心市民	1. 文二路、文三路"单改双"案例给治堵工作带来哪些启示？ 2. 杭州在交通制度创新上还进行了哪些探索？ 3. 这些举措在城市交通综合治理中的意义有哪些？
2023年4月16日	如何更好地使用全民健身设施	主持人、专家、媒体评论员、职能部门官员代表、市政协委员、热心市民	1. 全民健身设施为何会疏于管理？ 2. 如何让市民到户外健身锻炼更安全、更舒心？ 3. 如何建立长效管理机制，使健身设施助力全民健身和健康中国建设？
2023年4月15日	如何更好地推进柴油车的淘汰升级	主持人、专家、媒体评论员、职能部门官员代表、行业协会代表	1. 淘汰补助政策的具体内容是什么？ 2. 为何鼓励国二及以下柴油叉车更新为新能源叉车？ 3. 如何考虑企业实际情况，提供合理补助？有哪些具体建议？
2023年4月9日	政协视点：如何打响"善城杭州"品牌，推动城市向美而生、向善而行	主持人、市政协委员、专家、社区代表、热心市民	1. 如何通过制度创新驱动杭州慈善事业发展？ 2. 如何通过慈善教育专业化推动杭州慈善事业发展？ 3. 如何通过平台建设推动杭州慈善事业发展？
2023年4月8日	如何解决西湖景区交通拥堵问题	主持人、专家、媒体评论员、职能部门领导代表、社区代表、企业代表、热心市民	1. 西湖景区的交通拥堵问题背后有哪些原因？ 2. 西湖景区的交通之困究竟该如何破解？

续表

日期	主题	参与嘉宾	公共问题
2023年4月2日	杭州如何能够吸引人才	主持人、专家、媒体人、行业和企业代表、热心市民	1. 杭州应如何留住熟练工人？ 2. 如何加强杭州的城市规划、社会建设、文化事业建设，助力杭州的引才工程？ 3. 如何为不同年龄段和需求的人才提供物质和精神激励？
2023年4月1日	如何优化公共交通票价优惠措施	主持人、专家、媒体评论员、职能部门领导代表、市政协委员、地铁集团代表、公交集团代表、水上发展集团代表、城市通交通卡代表、热心市民	1. 如何优化杭州公共交通的支付方式？ 2. 如何实现卡码同权？ 3. 如何简化卡码的使用流程？ 4. 如何拓展优惠政策至更广泛的人群？
2023年3月26日	如何使商业外摆更契合杭州气质	主持人、专家、媒体评论员，职能部门领导代表，商圈和商业特色街商户代表，企业代表、设计师、热心市民	1. 杭州商业外摆如何更好体现城市气质和时代特色？ 2. 如何引导和帮助商业外摆更加注重美学、秩序、实用性和人性关照？
2023年3月25日	如何更好地助企纾困，不断优化营商环境	主持人、专家、媒体评论员、职能部门领导代表、市政协委员、企业代表	1. 怎样优化营商环境，提升企业服务质量？ 2. 如何解决政企信息不对称和政策理解难题？ 3. 政府如何整合政策资源，助企纾困？ 4. 临平区企业服务中心的实践经验有哪些可供借鉴和推广？
2023年3月19日	为杭州亚运会建言献策	主持人、专家、杭州亚运组委代表、职能部门领导代表、民意平台代表、"我为亚运献策"获奖代表	1. 如何在亚运会开幕前持续保持市民的热情？ 2. 如何通过媒体、民意互动平台和相关部门的合作，将市民有建设性的建议转化落地为具体实践？
2023年3月18日	机关党建如何为共同富裕赋能	主持人、杭州市委直属机关工委代表、专家、媒体评论员、机关党组织代表、行业企业代表、街道办事处代表、热心市民	1. 机关党建活动的成效如何？ 2. 怎样破解残疾人群体的就业难题？ 3. 在助力共同富裕的进程当中，党建引领究竟能够发挥怎样的作用？

续表

日期	主题	参与嘉宾	公共问题
2023年3月12日	商业外摆与市容美化	主持人、专家、媒体评论员、杭州市人大代表、职能部门领导代表、商家设计师、热心市民	1. 杭州的商业外摆是否还有更大的提升空间? 2. 如何让商业外摆既有烟火气又有高颜值? 3. 如何借助商业外摆的优化来提升消费潜力? 4. 如何保障商业外摆的自主权,从而激发其主观能动性?
2023年3月11日	如何让公共交通更好地服务市民	主持人、专家、媒体评论员、职能部门领导代表、杭州公交集团代表、热心市民	1. 怎样优化公交线路? 2. 如何改善公交设施? 3. 怎样提高服务质量? 4. 怎么实现绿色、便捷出行?
2023年3月5日	路口遮阳棚如何满足不同居民的需求	主持人、专家、媒体评论员、律师、职能部门领导代表、热心市民	1. 杭州的遮阳棚建设如何更加人性化? 2. 遮阳棚建设的长期规划是什么?如何保障其可持续发展? 3. 如何保障市区遮阳棚分布的公平性?
2023年3月4日	园林绿化如何装扮杭州,迎接亚运	主持人、专家、媒体评论员、职能部门领导代表、市政协委员、行业协会代表、热心市民	1. 如何增加杭州的高质量景观? 2. 怎样实施区域针对性绿化策略? 3. 如何保障关注短期展示与长期保持之间的平衡?

后 记

2017年9月,我离开了工作八年之久的信阳师范大学传媒学院,脱产到华中科技大学新闻与信息传播学院攻读博士学位,2020年12月顺利毕业。在华中科技大学三年半的"修炼",对我的人生轨迹产生了重要影响——进入而立之年又一次踏入校园进行全日制学习,是一种珍贵和美妙的体验!我着迷于华科校园的博大秀丽,沉醉于森林大学的鸟语花香,沉浸于1037号所特有的学术氛围。西十六舍、逸夫图书馆、东九楼、西十二楼、青年园、梧桐语、百景园、枫林湾、西华园……我在这些地方都留下了自己的足迹和感情,爱上了美丽的华科大,也爱上了武汉这座"热情"的江城。2021年7月,我入职武汉体育学院新闻传播学院,彼时,它刚获批成为中共湖北省委宣传部和武汉体育学院"部校共建新闻传播学院"。接下来就是2022年教育部人文社科项目的免于鉴定结题,以及湖北省教育厅科学技术研究项目的顺利立项。坦率地说,湖北省教育厅科学技术研究项目"脱胎"于我的博士学位论文,当然,这本书,亦是如此。

读博之前,我是一名"理科男"——学士和硕士学位都为理学,好在媒介融合时代,给了我从理科"跨越"到文科的机遇和勇气,因为,在这个时代,"研究新闻传播学是绕不开技术的"(这句话是从中国社会科学院新闻与传播研究所所长胡正荣教授的报告中听到的)。而关注公共传播和电视商议,是与恩师何志武教授在马鞍山森林公园的绿道上散步交流时得到的启示。

在国家治理体系和治理能力现代化建设的背景下,基层协商、共识达成和治理共同体的构建,比以往任何时候都更加重要。电视媒体应当发挥其公共性优势,积极参与社会治理,推进政府、市场、公众、社会组织等多元主体的对话协商和共识达成。于是，作为一种新兴的电视节目形态，以北京卫视《向前一步》、杭州电视台《我们圆桌会》为代表的电视商议被我关注并作为了研究对象，我重点对这类节目的空间建构、主体参与、议题确认、互动呈现、目标达成等核心要件进行全面考察，这本书也就应运而生了。窃以为，深入考察作为公共传播的电视商议的实践逻辑与路径，一方面对于完善公共传播理论具有重要意义，另一方面可以为电视媒体的公共性实践提供具有启发意义的经验和思路，从而丰富和创新电视媒体公共性实践的方式和手段，进一步增强主流电视媒体的传播力、引导力、影响力、公信力。

感谢华中科技大学新闻与信息传播学院教授、知名评论员曹林在百忙之中，抽出时间为拙著作序。

感谢我的恩师何志武教授在本书写作过程中对我的悉心指导和帮助。

感谢中国社会科学院新闻与传播研究所、中国社会科学院大学新闻传播学院的胡正荣教授；知名数字经济学者、工信部信息通信经济专家委员会委员、DCCI互联网研究院院长刘兴亮研究员；湖北省人大常务委员会委员、湖北省新闻工作者协会主席向培凤；新华社高级记者、湖北省老新闻工作者协会会长方政军；湖北省新华书店（集团）有限公司总经理陈栋；武汉大学的单波教授、王瀚东教授、张卓教授；华中科技大学新闻与信息传播学院的张昆教授、张明新教授、郭小平教授、李华君教授、石长顺教授、钟瑛教授、余红教授、陈先红教授、刘洁教授、牛静教授、李一君副教授、陈天明师弟，公共管理学院的王国华教授、马龙副教授；北京外国语大学国际新闻与传播学院的邓秀军教授；山西师范大学的王云教授、马毅老师、董红兵师弟；信阳农林学院的李益民教授；信阳师范大学的焦素娥教授；南宁师范大学的黄国华教授、莫永华教授；长治学院的曹景川教授；江西师范大学的陈旭鑫教授；广东外语外贸大学的朱秀凌教授；安徽大学的葛明驷教授；中国石油大学（北京）的赵春龙副教授；合肥学院的陈呈副教授。感谢他们给予我的指导、关怀和鼓励。

感谢北京广播电视台、杭州广播电视台、中国电信研究院等单位在调研过程中给予的配合和支持。

感谢武汉体育学院新闻传播学院对于本书写作的全力支持。

感谢我的硕士生杨建、肖瑶、张佳怡、邹昕在案例收集和数据统计过程中的贡献。

最后,特别感谢社会科学文献出版社的周琼编审,她在本书出版过程中认真耐心地与我沟通、商讨细节,她的专业能力、敬业精神和职业操守令我敬佩。

本书是湖北省教育厅科学技术研究项目"城市社会治理视域下的公共传播研究"(Q20224108)的成果,同时也得到了"湖北省楚天学者计划"的资助。由于本人学识和水平有限,书中可能存在一些疏漏和认识肤浅的地方,敬请学界与业界的专家和朋友不吝赐教。

吕永峰

2024 年 12 月 30 日于武汉东湖畔

图书在版编目(CIP)数据

作为公共传播的电视商议：实践逻辑与路径 / 吕永峰著 . --北京：社会科学文献出版社，2025.4.
ISBN 978-7-5228-5132-7

Ⅰ.G229.2

中国国家版本馆 CIP 数据核字第 20258CV189 号

作为公共传播的电视商议：实践逻辑与路径

著　　者 / 吕永峰

出 版 人 / 冀祥德
责任编辑 / 周　琼
文稿编辑 / 陈彩伊
责任印制 / 岳　阳

出　　版 / 社会科学文献出版社（010）59367126
　　　　　　地址：北京市北三环中路甲 29 号院华龙大厦　邮编：100029
　　　　　　网址：www.ssap.com.cn
发　　行 / 社会科学文献出版社（010）59367028
印　　装 / 三河市尚艺印装有限公司

规　　格 / 开　本：787mm×1092mm　1/16
　　　　　　印　张：18.5　字　数：291 千字
版　　次 / 2025 年 4 月第 1 版　2025 年 4 月第 1 次印刷
书　　号 / ISBN 978-7-5228-5132-7
定　　价 / 98.00 元

读者服务电话：4008918866

版权所有 翻印必究